中国政法大学科研创新项目资助（项目号：20ZFG82008）

中央高校基本科研业务费专项资金资助

互联网新型不正当竞争行为研究

刘继峰　赵　军◎主编

撰稿人◎（按姓氏笔画为序）

马梦雅　卢人豪　孙蕾蕾　何国华

吴佳宝　陈佳莉　杨佳莹　李　勇

张素伦　张　博　周梦静　郑赛娜

秦莉佳　高晓颖　黄　军　崔佳琪

曾晓梅　缪　慧　薛锦华

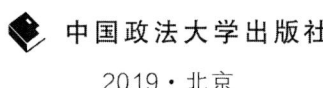
中国政法大学出版社

2019·北京

图书在版编目（ＣＩＰ）数据

互联网新型不正当竞争行为研究/刘继峰，赵军主编. 一北京：中国政法大学出版社，2019.12

ISBN 978-7-5620-9443-2

Ⅰ.①互… Ⅱ.①刘… ②赵… Ⅲ.①互联网络－应用－反不正当竞争－经济法－研究－中国 Ⅳ.①D922.294.4

中国版本图书馆 CIP 数据核字 (2019) 第 300892 号

出　版　者	中国政法大学出版社
地　　　址	北京市海淀区西土城路 25 号
邮寄地址	北京 100088 信箱 8034 分箱　邮编 100088
网　　　址	http://www.cuplpress.com (网络实名：中国政法大学出版社)
电　　　话	010-58908285(总编室) 58908433（编辑部）58908334(邮购部)
承　　　印	保定市中画美凯印刷有限公司
开　　　本	720mm×960mm　1/16
印　　　张	18.25
字　　　数	290 千字
版　　　次	2019 年 12 月第 1 版
印　　　次	2019 年 12 月第 1 次印刷
定　　　价	69.00 元

CONTENTS

目 录

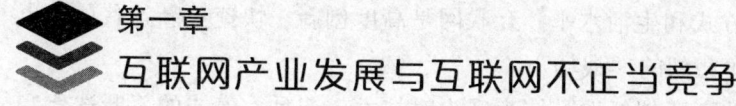

第一章
互联网产业发展与互联网不正当竞争

一、互联网产业发展的特征

相较于实体经济，互联网产业本身是在充分竞争的基础上形成和发展的。由于互联网市场的开放性和透明性，企业只有不断更新技术、产品才能维持其在行业中的生命力。与此同时，一些互联网企业为了获取竞争优势频繁采取反竞争行为，[1]这些行为中有的属于垄断行为，但更多属于不正当竞争行为。

基于《反不正当竞争法》的视角，纵观互联网产业演变历程，互联网产业发展呈现出如下三个主要特征。

（一）充分竞争性

竞争是市场经济的天然产物，有市场的地方必然会出现竞争。实体经济的竞争主要是区域之内或行业之内的企业和竞争者之间的竞争。互联网产业的竞争则不再仅限于部分地域或行业，它的竞争范围基本上是全国性的，也具有明显的行业跨越性。相较于实体经济，互联网产业基于其高度创新性和开放性，具有充分竞争的特征。

1. 高度创新性

互联网产业的高度创新性表现在，市场主体必须通过不断创新产品和技术来维持它的竞争优势，新的市场主体也必须通过创新来获得市场地位。从这个角度看，互联网产业是一个技术为王、创新驱动的产业。每一个市场主体都拥有自己独特的优势并且不断寻求创新，才造就了这个产业的高速发展，如共享单车、互联网金融等都是互联网产业高度创新的产物，它们显著地改

---

〔1〕 刘继峰：《竞争法学》，北京大学出版社 2016 年版，第 373 页。

善了人们的生活方式和生活水平。互联网是高度创新、快速更新迭代的，也因此成了一块竞争激烈的"战场"。

互联网产业的高度创新性具体表现为对技术、产品、模式的不断迭代和升级。互联网技术在不断发展和创新中推动着产业本身的发展。毫无疑问，技术是互联网产业最基础、最重要的根基，技术的升级对产业的发展起着至关重要的作用。根据中国互联网络信息中心（CNNIC）发布的第 41 次《中国互联网络发展状况统计报告》（以下简称"报告"）显示，我国在人工智能、5G 技术、超级计算机、量子通信和量子计算、区块链等新技术和新领域呈现出快速发展的态势。截至 2017 年 6 月，全球人工智能企业总数达到 2542 家，其中美国拥有 1078 家，占 42.4%，中国其次，拥有 592 家，占 23.3%；中国的 5G 技术标准研发引领全球，为移动互联网的进一步发展打下坚实的基础；超级计算机自主研发技术取得突破，连续四年占据全球超算排行榜的最高席位；量子计算机研究领域迈入世界先进水平行列；区块链技术探索和研发正在起步，即将惠及亿万网民。[1] 例如网易星球手机 APP 的发布，网易公司声称该"星球"是基于区块链生态的价值共享平台，旨在通过区块链加密存储技术帮助用户管理数字资产，让用户的数据真正为自己所有。

互联网产品或服务（以下简称"产品"）也在不断升级，它们在升级中优化，在优化中留住用户。截至 2018 年 3 月 31 日，微信 APP 的版本已经更新到 6.6.5，手机淘宝 APP 更新到 7.7.0，360 安全卫士 PC 端更新到 11.4。涵盖手机端和电脑端的整个互联网产业中，应用软件的升级频率有加快之势。笔者作为移动互联网用户，几乎每天都能收到各个 APP 的更新提示。不难看出，当前互联网企业对产品的优化动力增加、市场竞争加剧。

互联网产业的技术创新是宏观的基本支撑，产品升级是微观的常态表现，商业模式的创新则是介于二者之间的、中观的行业革新。知识付费便是这些新兴模式的代表。最初，互联网让每一个人获取信息的成本降低，而今又让用户为获取精确的信息和知识付出成本，不得不说，在知识型社会的今天，这种模式的产生有其必然性和必要性。因为知识无价，无价的东西绝不应该是免费的。在互联网上，用户只需支付较小的价格就可以花费较少的时间了

---

〔1〕 参见中国互联网络信息中心："第 41 次《中国互联网络发展状况统计报告》"，载 http://www.cac.gov.cn/2018-01/31/c_1122347026.htm，最后访问日期：2019 年 11 月 28 日。

解到他所需要的、精确的信息或知识，另一边的分享者也可以通过知识共享将自己的知识变现。典型的如知乎 LIVE、微博问答、悟空问答、职问学院等。

2. 开放性

互联网产业是开放的，它包容各色各样的业态存在和竞争，人们真切地感觉到生活效率的提高和选择成本的降低。

互联网产业的开放性从主体来看，包括企业和消费者两个层面。对于互联网产业的企业而言，除了互联网金融行业设立准入制度外，其他行业基本未对企业的市场准入做过多的干涉；同时，与传统行业需要购买设备和原材料生产商品不同，互联网企业进入市场的成本是相对较低的。在当前的信息化条件下，互联网产业领域中技术的独立性和创新性发展变化很快，技术、知识的传播和共享不再受时间、地域的限制，依靠技术竞争的互联网企业，很容易被其他企业在技术上模仿或超越，加之风险投资机制愈加完善，技术创新的障碍进一步降低，使得新的互联网企业进入市场的门槛降低。[1]对于现有的企业而言，它要面对的是随时可能出现的新的竞争者的挑战。在这样的市场环境下，互联网产业企业数量不断增加，行业内的竞争必然更加激烈。对于消费者而言，他们的弱势地位有所改善，消费者可以得到更全面的市场信息，更加自由地选择企业。互联网是开放的，企业可以较容易地进入市场，消费者可以自由地选择企业。这就对企业从内在的行业压力到外在的用户选择上都施加了竞争压力，它们必须保持优势，积极参与竞争，才能继续存活下去。

互联网产业的开放性还包括地域上的开放性和时间上的开放性。在地域上，互联网企业所面对的市场是全国性乃至全球性的市场，与传统经济相比，区域之间的壁垒被打破，互联网这张无形的大网将所有企业囊括进一个共同的市场中。以奇虎公司的产品为例，360 安全卫士几乎出现在了每一台中国电脑上，它的市场覆盖丝毫不受地域的影响，人们只用在电脑上点击下载、安装，就能轻松体验它的服务。除此之外，互联网区别于大部分传统企业的朝九晚五，它没有任何时间上的限制。用户可以选择在任何时间打开手机或电

---

〔1〕 参见杨崇："我国互联网产业相关产品市场界定的研究"，湖北大学 2016 年硕士学位论文。

脑，企业在任何时间都对用户开放产品和服务。跨地域性和时间性使得一切互联网行为变得全面、高效和自由，也使得互联网领域内的竞争更加充分。

互联网产业的开放性具体表现在以下三个方面。

第一，用户主体数量庞大。根据 CNNIC 发布的第 41 次报告显示，截至 2017 年 12 月，我国网民规模达到 7.72 亿，普及率达到 55.8%，超过全球平均水平（51.7%）4.1 个百分点，广大人民群众在共享互联网发展成果上拥有了更多获得感。

第二，互联网企业数量仍在增加。虽然互联网市场已经趋近饱和，但是在各个细分领域企业仍然有充分的发展空间。网约车、在线外卖已经是一片红海，网络文化娱乐产业却才刚刚进入全面繁荣期，网络娱乐类应用、用户规模在 2017 年均保持了高速增长，网络直播应用层出不穷，游戏直播和真人秀直播势头迅猛。下一片蓝海在哪里仍然未知，但可确信的是，它一定会出现，并且它将代表当代广大网民尤其是年轻人的喜好。需求将造就下一个风口，互联网企业数量在可见的未来仍然会进一步增加。

第三，线上线下产业融合加速。互联网不仅在线上对自身的对象（企业和用户）保持开放，它与线下的实体经济的界限也在逐渐模糊，两者互相融合，线上产业有包容线下产业之势。最为显著的是移动支付在线下的深入使用——随处可见的支付二维码，彻底改变了消费者的支付方式。支付宝、微信支付竞争得难舍难分，银联公司后续发力推出"云闪付"，意图抢夺失去的市场；腾讯公司入股永辉超市旗下生鲜超市"超级物种"，沃尔玛超市入驻京东商城，阿里巴巴将银泰、百联、三江、高鑫零售、盒马生鲜等囊括旗下，360 公司（奇虎公司）开始生产手机。互联网巨头纷纷布局线下产业；公共服务线上化步伐加快，水电费动动手指就能缴纳，坐公交车可以刷手机，如今甚至可以在互联网上做公益了（如蚂蚁森林和蚂蚁庄园）。

（二）双边市场性

市场经济永恒地追求生产效率和资源配置效率的最大化，互联网市场更甚。在互联网领域的各个市场中，每一个个体都在竭尽所能地达成自身效用最大化的目标，不仅是互联网企业，用户也是如此，这是一切经济分析的基本前提。在互联网产业竞争中，最显著的经济原理是双边市场理论和网络外部性。

双边市场在经济学上的定义通常是指，在某交易市场中，平台向参与方 A 索取的价格为 P_a，向参与方 S 索取的价额为 P_S，则平台向需求双方索取的价格总水平 $P = P_a + P_s$，此时若平台所实现的交易总量 V 仅仅取决于平台的价格总水平 P，而对双边用户的价格分配无关时，则可把该市场看作"单边市场"；若当平台的价格总水平 P 保持不变时，平台所实现的交易总量 V 随着双边用户价格结构的变化而变化时，则可把由平台实现的交易市场称为"双边市场"。[1]双边市场广泛存在于传统经济和互联网新经济之中。传统行业的双边市场比如商场，互联网双边市场更是普遍存在。除去线上线下的差异，两者的共同点在于都是三角结构，也就是说双边市场的主体除了需求双方外，还有一个不可忽视的中介——平台，双方的需求都要通过平台寻求满足。互联网产业是典型的双边市场，这一特征建立在互联网平台经济的基础上。

双边市场的分类方式多种多样，其中被普遍采用的是 Evans 的分类方法，他从实证的角度讲双边市场分为三种类型：第一，市场制造型，这类双边市场的特点是方便双方用户的交易，通过交易平台提高搜寻交易对象的效率和双方交易成功的概率。例如各类电子商务平台、购物商场、房屋中介等。第二，受众创造性，这类平台需要吸引足够多的观众、读者、网民等，这样企业才愿意到平台上发布广告信息。例如免费电视、免费通讯软件等。第三，需求协调型，主要是使平台两边的用户在这一平台上满足一定的需求，如操作系统平台。[2]

双边市场有以下三个基本特征：第一，具有交叉网络外部性。平台上买卖双方都是以对方的数量来作为选择平台的依据，并从需求协同中增加效用。这一点在下一部分将会详述。第二，双边市场用户间的相互依赖性及需求互补性。只有双边用户同时参与到平台中，平台的产品或服务在促成双边用户达成交易方面是互相补充的，该平台才能获利，因此平台几乎要同时满足双边用户的需求。这也是平台经济中著名的"鸡蛋相生难题"：客户甲方只因为客户乙方的存在而参加平台，反之也是如此；平台建立者必须几乎同时向平

---

〔1〕　参见孙怡："基于双边市场理论的移动互联网应用平台研究"，北京邮电大学 2011 年硕士学位论文。

〔2〕　See Evans，D.，"The Antitrust Economics of Multi-Sided Platform Markets"，*Yale Journal on Regulation*，*vol.* 20，2004，pp. 325-382.

台参加双方提供承诺。第三，价格结构非对称性。在双边市场，平台的收益水平不仅仅取决于其总价格的绝对水平，同时还取决于对双边用户的收费结构，即总价格在平台需求双方之间的分配是敏感的。[1]第四，用户多归属。用户同时归属于多个平台，这在双边市场中是很常见的现象，理性的用户都愿意尽可能多地享受不同平台带来的外部性收益。

在双边市场的影响下，互联网企业的竞争策略主要包括定价策略和非定价策略。第一，不同于按照边际成本原则来定价的传统单边市场，双边市场针对两边用户的价格不反映边际成本及其变化，而是按照价格总水平来进行决策。互联网企业必须同时考虑和平衡双边需求，合理分配双边价格，促进双边用户同时对平台产生需求。第二，非定价策略主要包括差异化策略和排他性策略。差异化策略是为了应对用户的多平台归属现象。没有两个完全定位相同、产品相同的平台，尤其在定位类似的情况下，平台自身的特色、与其他竞争对手之间的差异能帮助其获得最大限度的竞争优势。排他性策略通常发生在平台具备一定规模之后。由于用户中的消费者多平台归属在双边市场是常态，平台的排他一般仅仅针对商家用户。在双边市场中，平台排他不是一种普遍现象，或者说不是一个效果显著的市场手段。

（三）网络外部性

外部性又称溢出效应、外部效应，通常是指一个人或一群人的行动和决策因另一个人或一群人受损或受益的情况，分为正外部性和负外部性。正外部性是某个经济行为个体的活动使他人或社会受益，而受益者无须花费代价，负外部性是某个经济行为个体的活动使他人或社会受损，而造成负外部性的人却没有为此承担成本。网络外部性是外部性的一种派生概念，最早由 Katz, M. 和 Shapiro, C. 等人提出，它是指随着使用同一产品或服务的用户数量的变化，每个用户从消费此产品或服务中所获得的效用的变化。[2]本章中的网络外部性均指正的网络外部性。

网络外部性既存在于传统行业中，也存在于互联网行业中。传统行业如

---

〔1〕 参见丁宏、梁洪基："互联网平台企业的竞争发展战略——基于双边市场理论"，载《世界经济与政治论坛》2014 年第 4 期。

〔2〕 参见喻世华："基于网络外部性的电信市场竞争研究"，北京邮电大学 2008 年博士学位论文。

铁路运输业、电信行业、银行业、传统零售业等，互联网行业如社交网络、搜索引擎、电子商务、网络游戏等。虽然传统行业与互联网行业都存在网络外部性并依赖网络经济，但两者之间有显著不同。第一，传统行业的资产具有沉淀性的特征，企业在经营初期时，要投入大量的资金进行基础网络的建设，这些产业网络形成了大规模的固定资本，它们折旧时间长，变现能力差，从而导致了整个行业大量的资本沉淀。互联网行业则不需要进行前期的基础网络建设，因此不存在这样大量的、可能沉没的成本；第二，由于互联网信息流动更快，聚集人流、物流、信息流、资金流、交易流的功能更强，互联网产业的网络外部性程度比传统行业的更强烈。

网络外部性贯穿互联网产业发展的方方面面，不仅是用户与用户、商家与商家的互联互通，还包括用户与商家之间的互相推进。网络外部性的差异会影响互联网企业的竞争。这类外部性是正的外部性，包括直接网络外部性和间接网络外部性。互联网产业的直接网络外部性又称组内网络外部性或自网络外部性，是指互联网用户（厂商）在某一互联网平台中获得的效用会随着同一平台用户（厂商）数量的增加而增加，用户（厂商）对平台的评价也会影响其他用户（厂商）的决策，从而影响该产品整体的用户规模。以天猫商城为例，依托淘宝网和支付宝广大的用户群，伴随着天猫商城自身的快速发展，其用户数量在不断增加。用户越多，其能提供给其他用户的评价反馈和给天猫商城的数据反馈就越多，这样商城本身的发展就会进入一个良性循环，最终将是用户受益。间接网络效应又称为组间网络效应或者交叉网络效应，是指用户的效用会随着互联网平台另一边——厂商数量的增加而增加，最终给用户带来产品的改善，如质量更高，价格更低等。同样以天猫商城为例，天猫国际不断引入新的国际品牌商，丰富了商城的产品层次，为用户提供了更多元化的选择空间。

二、互联网不正当竞争行为的产生背景

互联网不正当竞争行为，是互联网产业发展到一定阶段的必然产物。分析其产生背景，我们需将该行为放入互联网产业历史发展进程中，分析其从产生至发展的时间段内，互联网产业究竟发生了什么。既要观察互联网产业内部的变化，也要考虑国家政策、科技进步等外部背景。这点与波特从公司

内部制定竞争战略时的观察是一致的，"形成竞争战略的实质就是将一个公司与其环境建立联系。尽管相关环境的范围广阔，包含着社会的、也包含着经济的因素"[1]。

(一) 互联网产业迅速发展

中国互联网络信息中心（CNNIC）于 2018 年 1 月发布了第 41 次《中国互联网络发展状况统计报告》，报告指出，截至 2017 年 12 月，我国网民规模达 7.72 亿，全年共计新增网民 4074 万人。互联网普及率为 55.8%。[2]对比同一机构在不同时间段作出的统计报告，如 2011 年 6 月我国网民为 4.85 亿，而 1997 年《第一次中国互联网络发展报告》显示我国网民人数仅为 62 万，单从网民规模可窥互联网产业发展之迅速。互联网不正当竞争行为的产生背景，从互联网产业内部角度，可分两条主线，一是互联网产业时间纵向发展情况，一是互联网横向产业类型发展情况。

1. 产业纵向发展情况

1987 年，中国第一个国际互联网电子邮件节点建成，标志着中国互联网的起步。自 1987 年至今，中国互联网经历了天翻地覆的变化，正是这些变化改变了互联网行业的市场环境，孕育了互联网不正当竞争行为。

以时间为主线，划分中国互联网发展的历史阶段，不同研究者有不同看法。有研究者以中国互联网发展进程中的转折性事件为节点，将其划分为四个历史阶段，包括电子邮件开始应用的萌芽阶段（1986~1992 年）、基础设施建设和初步应用阶段（1993~1999 年）、门户网站实现盈利的应用繁荣阶段（2000~2002 年）和国家信息化、全民信息化形成的网络社会阶段（2003 至现在）。[3]有的互联网从业者则以互联网行业创业和新兴行业出现为依据，认为中国互联网经历了三次浪潮：第一次浪潮（1994~2000 年）主要为 BAT[4]创立阶段，第二次浪潮（2001~2008 年）主要为搜索引擎与社交网络兴起阶

---

〔1〕 [美] 迈克尔·波特著，陈丽芳译：《竞争战略》，中信出版社 2014 年版，第 8 页。

〔2〕 参见中国互联网络信息中心："第 41 次《中国互联网络发展状况统计报告》"，载 http://www.cac.gov.cn/2018-01/31/c_ 1122347026. htm，最后访问日期：2018 年 7 月 23 日。

〔3〕 参见胡少东、林丹明："中国互联网的发展进程研究——基于理论制度的解释"，载《汕头大学学报（人文社会科学版）》2009 年第 3 期。

〔4〕 BAT 为百度、阿里、腾讯互联网三巨头的简称，采三家名称首字母组成。

段，第三次浪潮（2009 至现在）主要从 PC 互联网到移动互联网并且井喷式出现新的互联网经营模式。三次互联网浪潮对应的大事记详见下表[1]。此外还有研究者从社交网络角度将中国互联网分为 8 个阶段，等等。

表 1　中国三次互联网浪潮对应大事记

浪潮时间	对应标志性事件
第一次（1994~2000）	1994 年，正式接入国际互联网。 1997 年 6 月，丁磊创立网易公司。 1998 年，张朝阳正式成立搜狐网。 1998 年，邮箱普及；第一单网上支付完成。 1998 年 11 月，马化腾、张志东等五位创始人创立腾讯。 1998 年 12 月，王志东先生创立新浪。 1999 年，聊天软件 QQ 出现，当时叫 OICQ，后改名腾讯 QQ 风靡全国。 1999 年 9 月 9 日，马云带领下的 18 位创始人在杭州正式成立了阿里巴巴集团。 2000 年 1 月 1 日，李彦宏在中关村创建了百度公司。
第二次（2001~2008）	2001 年，中国互联网协会成立。 2002 年，博客网成立。 2002 年，个人门户兴起，互联网门户进入 2.0 时代。 2003 年，淘宝网上线，后来成为全球最大 C2C 电商平台；下半年，阿里巴巴推出支付宝。 2004 年，网游市场风起云涌。 2005 年，博客元年。 2007 年，电商服务业确定为国家重要新兴产业。 2008 年，中国网民首次超过美国。
第三次（2009 至现在）	2009 年，SNS 社交网站活跃，以人人网（校内网）、开心网、QQ 等 SNS 平台为代表。 2010 年，团购网站兴起，数量超过 1700 家，团购成为城市一族最潮的消费和生活方式。 2011 年，微博迅猛发展对社会生活的渗透日益深入，政务微博、企业微博等出现井喷式发展。 2012 年，手机网民规模首次超过台式；微信朋友圈上线。 2012 年，"双 11 购物节"阿里天猫与淘宝的总销售额达到 191 亿。

[1]　参见陈金凌："中国互联网发展简史（1994-2017 进化史）"，载 http://www.sohu.com/a/163544466_108048，最后访问日期：2018 年 7 月 23 日。

浪潮时间	对应标志性事件
	2014 年，打车软件烧钱发红包，滴滴快的巨资红包抢用户，"互联网+交通"出行。 2015 年，首次提出"互联网+"。 2016 年，"魏则西事件"引发网络平台监管责任边界大讨论。 2016 年，网络直播、网红等热词"风靡全国"，短视频造就第一网红 papi 酱。 2016 年，自媒体百家争鸣，互联网 BAT 第一梯队、第二梯队等纷纷砸金压自媒体平台（百家号、搜狐号、网易号、大 yu 号、京东号、迅雷号等）。 2016 年 12 月 3 日，知识付费崛起。 2017 年 5 月 17 日，微信推出看一看、搜一搜。

虽然不同研究者从不同角度来划分中国互联网历史发展阶段，阶段的长短、次数或者有所不同，但从各个研究者罗列的大事记来看，2003 年之后互联网大事记数量增多且均对我国互联网行业产生深刻影响，以淘宝为代表的电子商务，以社交网络为代表的 QQ、微博和微信，2013 年以后移动互联网的迅速发展，新兴互联网行业出现井喷模式，如自媒体、互联网金融、滴滴打车……

不正当竞争行为是市场竞争的产物，因此我国互联网不正当竞争行为必定以互联网产业的市场发展为前提，产业市场发展得越充分，经营者为追求利益采取的竞争手段越多。部分经营者为追求利益最大化，在互联网市场竞争中采取不正当的行为方式。按此逻辑，互联网产业的发展情况轨迹应当与互联网不正当竞争行为的发生频率具有相当的一致性。这一点笔者也通过实际情况得到了证实。以"互联网不正当竞争"为关键词在无讼案例网站上搜索，得到的案例发生情况（见图 1）与上述互联网发展阶段是一致的。2013 年至今，互联网不正当竞争案件发生数量更呈直线上升趋势。因此，互联网不正当竞争行为的产生与互联网产业各个阶段的发展是息息相关的。

图1　互联网不正当竞争案件发生时间折线图（2008~2017）

2. 产业横向发展情况（滴滴、共享经济）

上文梳理了我国互联网发展的历史阶段，从中解读出互联网产业的发展阶段与互联网不正当竞争行为产生及发生频率存在对应关系。那么从时间纵向的视角切换到产业横向发展的视角，1994年的中国互联网产业与2017年的中国互联网产业究竟发生了什么变化导致互联网不正当竞争行为的产生与否及频率高低出现极大差异？下文笔者将通过梳理互联网产业的横向演变寻求答案。

（1）互联网产业结构分析

互联网的世界起源于二进制数，音乐、电影、广告、图片本质上均是不同的二进制代码，因此互联网的核心是数据。围绕数据，根据产业上下游的关系，可将互联网结构分为可以分为三类，如下图2所示：一是基础设施类产业，如基础电信运营商、硬件提供商，为数据的承载、传输提供物理介质；二是数据服务提供商，为数据的基本架构及数据收集与建立提供服务；三是面向普通用户的互联网服务提供商，如社交网络、电子商务、网络文化服务提供者，主要为数据输出、交流与再收集过程提供服务。

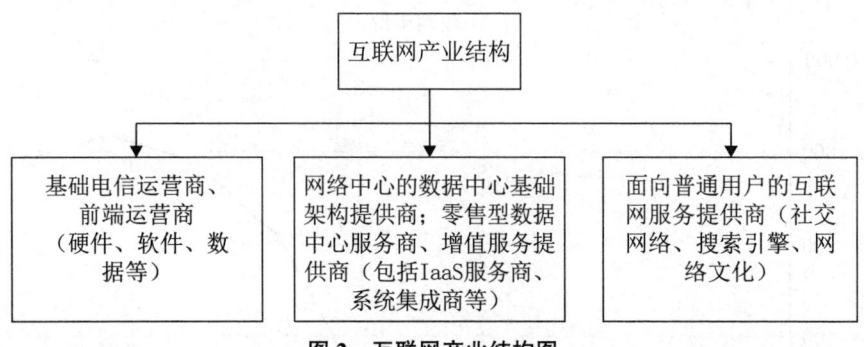

图 2　互联网产业结构图

三类产业的市场竞争环境大不相同，第一类与第三类的竞争环境差异尤为明显。波特在《竞争战略》中提及五种竞争作用力，包括进入威胁、替代威胁、买方侃价能力、卖方侃价能力、现有竞争对手的竞争。[1]而第一类中的基础电信运营商属于国家政策设置行业进入壁垒的特许经营行业，因此市场竞争趋于平稳；第三类为面向普通用户的互联网服务提供商，提供服务的形式多样，经营模式不同，进入门槛较低，且不断处于变革更新状态，因此竞争环境最为激烈，这也是互联网不正当竞争行为在第三类产业中出现频率最高的原因。

（2）新兴行业产生

互联网产业结构的下游——第三类面向普通用户的互联网行业经营者所处的市场日新月异。根据 CNNIC 于 2000 年 7 月发布的统计报告，当时我国互联网仍是新兴事物，网民数量为 1690 万，上网计算机数仅为 650 万台，用户最常使用的网络服务为电子邮箱、搜索引擎和网上聊天室。而下图 3 为 2018 年第三类互联网产业的行业类别，与 2000 年的互联网服务对比，从数量、经营模式、依赖技术、普及程度等各个方面都有翻天覆地的变化。

---

〔1〕　参见 [美] 迈克尔·波特著，陈丽芳译：《竞争战略》，中信出版社 2014 年版，第 12 页。

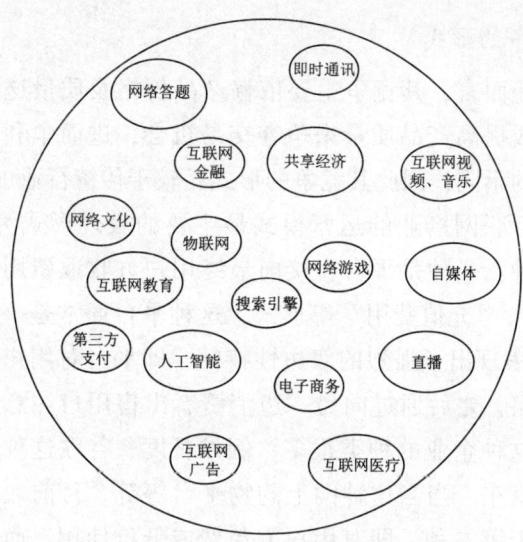

图 3 2018 年第三类互联网产业类目图

共享经济、自媒体、网络直播、人工智能……这些近两年出现并迅速掀起互联网风暴的新兴互联网行业，无疑会对从 2000 年出现并存续的搜索引擎、网络社交等市场带来冲击，从而改变竞争环境。企业为应对互联网市场新加入者的冲击，保持或者获取竞争优势，积极制定竞争策略，采取竞争行为是不可避免的。

（3）传统行业加入

除了新兴行业的不断加入，传统行业也步入互联网浪潮，如教育、拍卖、医疗等行业。与新兴行业从零开始不同，发展"互联网+传统行业"模式的，多为线下已有一定资产、经验、技术的企业。虽行业经营模式各有千秋，然最基础的数据+吸引用户模式却万变不离其宗。无疑，这些传统行业的加入，也改变了互联网产业的横向结构，改变了互联网产业的竞争环境。

因此，互联网不正当竞争行为诞生在一个动荡、变革、演进、飞跃的互联网产业中。

（二）互联网竞争的形式与实质

由于互联网产业本身的特点，其内部产生的竞争无论是在形式上还是实质上都与传统产业存在差异。

1. 互联网竞争的形式

对于传统产业而言，其竞争主要依赖产品价格及质量这两大工具，即通过降低产品价格或提高产品质量来争夺交易机会，进而牟利。而互联网产业由于其经营模式的不同，因此其竞争的形式相较于传统行业也大相径庭。

目前，我国互联网产业的运营模式最主要的表现形式为免费平台模式，具体来说包括两种：一种是平台直接向最终用户方收取费用，这种费用通常表现为"会员费"、"充值费用"等形式，这种平台通常是一些互联网游戏企业；[1] 另一种则表现出了强烈的双边性特征，即平台对用户方采取低价或免费使用的商业策略，之后通过向另一边消费者出售用户注意力而获取的费用作为收入来源。这种企业的种类很多，例如百度、谷歌这种网络搜索服务引擎平台，淘宝、京东、当当这种网上购物平台等等。目前大多数互联网产业的盈利模式都属于第二种，即对用户方免费或低价使用，而向第三方消费者收费。

对于前者而言，其竞争的主要形式在于该游戏企业所提供的游戏内容是否会吸引用户游玩并进行充值，例如点卡费用、游戏虚拟货币充值等等。一般而言，充值的用户数量往往与游戏用户的基数成正比例关系，而决定游戏用户基数的关键则在于该游戏企业所提供的服务是否能够满足一般游戏用户的游戏需求与体验，例如游戏本身的画面、风格，虚拟物品的获取难度、游戏本身的可玩性以及游戏内部的系统是否完善等。

而对于后者而言，双边市场条件下的该种互联网产业具有明显的交叉网络外部性，也就是说，这种产业的自身价值随着消费或使用该平台的用户数量的增加而增加。因此，对于第二种商业模式的互联网产业平台而言，只有市场两边的消费者在平台中一并出现，并对该平台提供的产品或服务有需求时，平台的产品或服务才真正有价值；否则，即使两类消费者同时处在平台中，只要其对该平台产品或服务没有需求，该平台产品或服务的价值也不存在。[2] 对此，为同时满足两边消费者的需求，吸引更多的用户进入到双边市场中以获取更多的利润，平台往往会对外部性较强的一边采取免费使用或成

---

〔1〕 参见刘继峰：《竞争法学》，北京大学出版社 2018 年版，第 370 页。

〔2〕 参见李剑："双边市场下的反垄断法相关市场界定——'百度案'中的法与经济学"，载《法商研究》2010 年第 5 期。

本转移的手段,以吸引其进入平台并完成交易。即平台通过对用户一方采用免费的商业策略以获取大量用户的注意力之后,再将获取的注意力出售给相关的广告企业或销售企业以盈利。

因此,对于这种商业模式而言,平台最主要、最激烈的竞争便主要集中于如何能够获取大量用户的注意力上。在这种情况下,平台本身功能以及服务的多样化、个性化、包容性便是吸引使用平台用户注意力的决定性因素。与前者一样,其竞争的主要形式也集中在平台本身服务和功能方面。例如,QQ与MSN在最开始时都是即时通讯聊天工具,二者在即时文字通讯和语音、视频通讯方面所提供的功能和服务大致相似。但是在之后的发展中,相对于基本的即时通讯聊天功能,QQ则在此之上进行了扩展,添加了空间、社区、音乐播放器等MSN不包括的形形色色的功能,极大地丰富了用户可选择的空间并改善了用户使用软件的体验,因此吸引了更多的用户使用,牢牢地占据了国内即时通讯聊天工具市场。这是因为对于一般的用户而言,由于平台的免费策略,其使用平台的成本几乎为零。因此,哪一个平台所提供的功能越丰富、服务越周到,对用户的吸引力就越强。所以,对于非游戏企业的互联网平台企业而言,其竞争的主要形式是通过不断开发自身新颖、多样的功能和服务来不断吸引消费者,进而持续盈利。

2. 互联网竞争的实质

无论是传统产业抑或是新兴的互联网产业,竞争一词的本质与核心都离不开争夺与消费者的交易机会这一层面。但由于互联网产业的特点,相较于传统产业,其竞争的本质则更集中于对用户(即消费者)注意力的竞争,通常表现在使用软件、平台的用户流量大小以及使用时间长短上。因此,一些不公平地夺取其他平台用户的注意力的技术手段和行为就可能会被认定是反不正当竞争法上的违法行为,例如恶意抓取其他经营者的用户信息、插入链接强制跳转以及恶意对其他经营者所提供的软件或服务不兼容等恶意分流并剥夺用户注意力的行为。除此之外,互联网竞争的本质还包括在获取用户注意之后,如何阻止消费者的注意力向其他平台发生转向方面,即平台对用户的锁定效应。

互联网竞争的实质首先体现在平台需要在激烈的竞争环境中吸收大量用户的注意力。在上述两种我国目前互联网产业的经营模式中,对于第一种经营模式而言，掌握了稳定的用户群体也就掌握了稳固的盈利渠道，拥有越多的注意力，则意味着经营者可以从用户方获取更多的充值费用；而对于第二种经营模式而言，获取了更多用户的注意力便意味着其能吸引更多的广告商以及投资者加入，从而收取更多的费用。其中，吸引用户注意力的关键在于平台是否在激烈的市场竞争中脱颖而出，提供相较于其他经营者更加优质、多样、丰富的服务。

其次，在获取了用户的注意力之后，在进入成本较低且同质化严重的互联网市场中，如何在激烈的竞争中保留住用户注意力不转向其他经营者，是互联网产业竞争的实质的另一部分。在传统市场中，成本主要发生在生产与销售环节之中，扩大产出的能力可能受到经济实力和技术水平的限制，而在互联网产业之中，成本则集中于研发阶段，一旦进入生产阶段后，边际成本将接近于零。[1]例如我国互联网产业三巨头"BAT"等，每一个用户接触不同的互联网平台的机会是同等的且进入平台都是零门槛、无成本的。对于平台而言，其最主要的成本在于搭建该平台过程中所产生的研发费用以及平台日常和发展的维护费用。一旦平台搭建完毕正式运营后，对互联网产业经营者而言平台的产能突破了传统产业中对产能的限制，是接近无限的。增加任何一名新的用户都不会给平台带来成本上的负荷，恰恰相反，吸引到用户的注意力越多，平台的利润也会随之水涨船高。

与此同时，在高速竞争的互联网市场中各经营者所提供的服务具有同质性的特点，用户接触各平台的机会都是相同的。因此，在这种情况下要想从激烈的互联网产业的竞争之中盈利，除了需要在最开始的阶段通过平台优质的服务和功能吸引用户的注意力之外，还必须在使用过程中阻止用户的注意力向其他经营者的服务发生转向。而阻止用户注意力发生转向的关键则在于平台对用户所产生的锁定效应。

锁定效应是指优先进入市场的产品"凭借其优先进入市场的优势，从可预期性、高效性、灵活性和便利性方面进行锁定，从而实现收益递增的良性

---

[1] 参见许光耀："互联网产业中双边市场情形下支配地位滥用行为的反垄断法调整——兼评奇虎诉腾讯案"，载《法学评论》2018年第1期。

循环，进而在竞争中胜出"。[1]在互联网产业之中，锁定效应则集中体现在服务质量以及转换成本上。对于服务质量而言，自然不难理解，在同类型的互联网市场竞争中，越是优质的服务越能够吸引用户接触并持续地适用该平台。除此之外，随着用户使用时间的增长，另一要素——转换成本也在不断地提高，往往表现为相关市场上的先行的经营者凭借其较早进入市场的时间优势以及较为成熟的技术优势吸引了大量用户，且用户放弃该平台转用其他平台的转换成本则由于长而复杂的学习时间以及难以割舍的主观感情成本而十分高昂，由此加强了平台对用户的锁定效应，使得用户的注意力很难向其他平台发生转向。以 3Q 大战为例，在腾讯与奇虎 360 的较量中，腾讯迫使用户放弃 360 杀毒软件主要凭借的便是其对于用户的锁定效应。对于用户而言，QQ 上所留存的大量私人聊天记录、交际网络资料等，都寄托了用户的浓厚的个人感情，是难以割舍的。与此同时，放弃 QQ 再选择其他的即时通讯服务软件也意味着用户需要花费大量的时间用来接触和熟悉新软件，转换平台的时间成本也十分高昂。正是因为这种感情成本和转换的时间成本，才使得腾讯 QQ 产生了极强的锁定效应，而正是这种锁定效应也使得腾讯相对于奇虎 360 拥有了优势地位，用户在面临二选一的困境时通常会选择保留转换成本更高的 QQ 而卸载奇虎 360 安全卫士。

与此同时，互联网竞争争夺注意力的本质以及部分企业运营模式双边市场化的特征也导致了另一个与传统竞争的不同点，即经营者所经营的服务或商品的种类的界限被打破，一个平台不再只是在一个市场与其他网络平台服务商发生竞争，其往往会与多个提供交叉服务的经营者竞争，这增加了相关市场界定的难度。以具有双边市场特征的搜索引擎平台百度为例：首先，其需要面对与其同样具有双边市场特征的搜索引擎平台的竞争，如谷歌、必应等；其次，其还需要面对仅在市场的一边与其发生的竞争者，在吸引广告商投资一边，其需要面对如报纸商等传统广告行业经营者的竞争，而在提供搜索信息服务一边，则需要面对如 114 查号台等其他信息查询服务提供者的竞争；最后，还面临着同样具有双边市场特征的但仅在一边市场与之竞争的经

---

〔1〕 参见许光耀："互联网产业中双边市场情形下支配地位滥用行为的反垄断法调整——兼评奇虎诉腾讯案"，载《法学评论》2018 年第 1 期。转引自 Brian W. Arthur，"Competing Technologies，Increasing Returns，and Lock-In by Historical Events"，*The economic journal*，Vol. 99，No. 394.，1989，pp. 116-131.

营者。因此，相对于传统的相关市场界定方法，互联网竞争首先要求执法机关在界定相关市场时考虑需要界定几个市场的问题，其次则需要执法机关考虑传统的相关市场界定方法，例如 SSNIP、HM 等方法是否适用于互联网产业的相关市场界定。当传统的市场界定方法和新型的市场模式相遇，传统的理论模型和实证结果可能不再奏效，如何准确地界定互联网产业相关市场，是互联网产业竞争行为分析的起点，也是理论研究所面对的难题。

争夺注意力是一切商业活动最底层的逻辑，互联网产业兴起之后，注意力的争夺战便逐渐进入白热化，在互联网时代，用户接触互联网的成本和门槛都接近于零，这便为经营者争夺注意力提供了便利。虽然随着时代的变化，工具、产业和商业模式都焕然一新，但是在互联网时代，争夺交易机会、抢夺注意力依然是市场竞争的本质，并且相较于传统产业而言，争夺注意力的激烈程度则有过之而无不及。互联网产业竞争的实质是互联网产业的经营者通过向用户提供更加优质的服务的手段从而获取用户的注意力，同时更完备的服务和高昂的转换成本也增强了对用户的锁定效应，有效地阻碍用户的注意力转向其他互联网平台，进而直接或间接地盈利。

（三）互联网不正当竞争行为的特殊性

近年来，互联网产业中反竞争行为频发，对市场秩序造成了一定的负面冲击，其中较知名的案件有：北京奇虎科技有限公司、奇智软件（北京）有限公司与腾讯科技（深圳）有限公司、深圳市腾讯计算机系统有限公司不正当竞争纠纷案（下文简称"3Q 大战"）[1]、北京微梦创科网络技术有限公司与北京淘友天下技术有限公司等不正当竞争纠纷案[2]（下文简称"新浪诉脉脉案"）等，部分案件在社会上引起了较大的反响，学界和实务界也逐渐对互联网领域的不正当竞争行为给予了更多的关注。互联网不正当竞争行为区别于传统行业不正当竞争行为，主要表现在竞争主体范围的扩大、对垄断性行为进行不正当竞争化规制两个方面。

1. 竞争主体范围的扩大

互联网中的不正当竞争行为不再局限于企业与竞争者之间，出现了上下

---

〔1〕 参见最高人民法院（2013）民三终字第 5 号民事判决书。
〔2〕 参见北京知识产权法院（2016）京 73 民终 588 号民事判决书。

游合作者之间的竞争关系，这无疑是对实体经济中企业行为的一个重大突破。新浪诉脉脉案中，新浪公司与脉脉签订了新浪微博开放平台的《开放者协议》，通过微博平台 OpenAPI 进行合作，新浪公司为脉脉提供接口获取新浪微博用户相关数据信息。新浪公司主张脉脉非法抓取、使用新浪微博用户职业信息、教育信息，通过技术手段非法获取、使用用户手机通讯录联系人与新浪微博用户的对应关系等等，法院支持了新浪公司的两个主张。双方本是数据信息交易的上下游合作者，分处不同的交易环节，在本案中却变成了竞争关系的双方。由此反映出在互联网产业发展中，对于竞争关系的认定不能局限于企业与竞争者之间，只要存在业务范围重合，即应该认定为竞争关系成立，并以此作为认定不正当竞争行为的基础。

2. 对垄断性行为进行不正当竞争化规制

在传统领域，不正当竞争与垄断的认定离不开对竞争关系的界定与对相关市场的界定，这被认定为是重要的构成要件；而在互联网领域，受到侵害的企业所在的领域可能互不重合，不正当竞争行为可能会同时侵害多个企业，而且这种情况还可能发展为常态。[1]在"3Q 大战"中，最高人民法院对互不具有重合特征的企业间产生竞争关系的实质作出了剖析。法院认为，互联网行业发展至今，选择何种免费产品或服务吸引用户只是搭建平台的手段不同，但竞争的实质就是互联网企业相互之间在各自的应用平台上开展增值服务和广告业务的竞争。这也正是腾讯公司与奇虎公司虽然各自经营通讯和安全杀毒产品，却会爆发"3Q 大战"的真正原因所在。[2]目前学界已经达成了普遍共识，应当采用广义的竞争关系认定，对竞争关系的认定也逐步淡化。

同时，互联网的发展给相关产品市场的认定也带来了挑战，传统的分析方法在适用互联网垄断行为时存在诸多问题。需求替代分析法的作用原本在于测试产品之间的可替代性，但它无法精确地界定出相关市场的外延，在客观上存在一定的缺陷。特别是在互联网产业领域，由于互联网技术都是在数据之上衍生而来的，互联网产品之间有着很强的同质性，并且随着互联网技术的不断发展，互联网产品之间的边界也变得日益模糊，越来越难以判断产

---

〔1〕 参见杨彬露："互联网领域不正当竞争与垄断的融合趋势研究"，西南政法大学 2016 年硕士学位论文。

〔2〕 参见最高人民法院（2013）民三终字第 5 号民事判决书。

品之间的可替代性范围。[1]供给替代分析法也不能完全适用互联网产业。只有在市场形成初期，各家企业才存在互相替代的可能。然而一旦某一产品在竞争中获得胜利，其就会迅速占领市场，影响其他互联网企业进入市场的最大障碍就是互联网产业的用户锁定效应，因此供给替代的方法无法精确测算出互联网产业相关产品市场的范围。[2]假定垄断者测试方法（SSNIP, Small but Significant Not-transitory Increase In Price）同样存在困境。SSNIP 是指一个数额很小但是很重要的非临时性涨价，但是这种方法对互联网产业的作用较小。互联网企业通常采用免费的营销模式从而获得大量的互联网用户群体，然后再通过向广告商收取费用来获得利润，这种"一边免费一边收费"的双边市场模式使得互联网企业面向用户的哪怕1%的提价也会导致用户的大量流失，而面向广告商哪怕是10%的涨价，只要企业仍然对互联网用户有强大的吸引力，广告商也不一定会受到大幅涨价的影响。因此价格因素不能成为互联网相关市场界定的核心因素，通过涨价来测算相关产品市场范围的 SSNIP 方法在互联网产业难以适用。

在互联网领域，相关市场的界定难题使得垄断行为的界定也变得困难，与此同时，对竞争关系在互联网产业领域内的认知变得日渐统一起来，互联网领域内的诉讼纠纷类型开始转向以不正当竞争为主。

三、互联网不正当竞争行为的频发原因

在无讼案例网站上以"互联网不正当竞争"为关键词进行搜索发现，2013 年以后案例数量呈直线上升。从最初的"3Q 大战"引发各界对互联网不正当竞争行为的关注，到最近几年"新浪诉脉脉案""大众点评诉百度地图案""百度诉搜狗案"等案件，互联网不正当竞争行为的发生频率增加、行为类型众多化、案情复杂化。为何互联网不正当竞争行为会频频发生呢？

（一）经济因素

1. 双边市场模式

前文已分析双边市场的经济学原理，现代入具体的互联网企业来具体分

---

[1] 参见杨崇："我国互联网产业相关产品市场界定的研究"，湖北大学 2016 年硕士学位论文。
[2] 参见杨崇："我国互联网产业相关产品市场界定的研究"，湖北大学 2016 年硕士学位论文。

析。面向普通用户的互联网服务提供商，包括网络游戏、搜索引擎、直播等互联网平台经营者，所处的均为双边市场。以搜索引擎的竞价排名服务为例，其是一个具有中间性质的平台，在这项 Buy-Search-Click 服务中存在明显的三方：消费者（搜索者）、搜索引擎运营商、购买竞价排名服务者。搜索引擎平台双边用户对平台服务的需求存在显著的互补性特征，而在传统的市场中一对互补性产品通常是由一个消费者消费，比如一个消费者购买乒乓球和乒乓球拍才能打球，竞价排名市场中这种互补性为平台连接的两方或多方拥有，经济学将这种市场定义为"双边市场"。

双边市场最显著的特征就是交叉网络外部性——市场利益在不同终端用户之间相互溢出，并且溢出效应[1]与市场规模成正比。[2]在双边市场中，平台的构建成为至关重要的一环，平台越大其针对终端两边的用户影响就越大，用户基于溢出效应对平台的依赖也就越大，平台运营商本身的市场势力也就越大。理解互联网经营者的双边市场模式，对下文分析其盈利模式、竞争利益，回答不正当竞争行为频发的问题是基础且关键的。

2. 盈利模式同质化

流量，是互联网时代家喻户晓的词语。流量与互联网相关的释义有两个：一指网站的访问量，二指记录手机上网页访问消耗的字节数；本处为第一个释义。流量背后是经营者用户数量以及操作习惯，用户数量越多，对操作依赖越高，经营者的流量也就越大。根据上文的双边市场模式分析，用户数量与流量呈正相关，用户数量越多意味着经营模式的溢出效应越大，经营者获利越多。可以说，用户数量与流量乃互联网领域"兵家必争之地"。

图 4 为本文总结的互联网企业各阶段经营模式，如图所示：（1）初创期企业多以提供免费服务的方式吸引用户注册、使用，需投入大量的宣传、研发、人力成本。由于该阶段用户数量不足，企业难以吸引广告商等合作主体，双边市场发展不充分，溢出效应微弱，资本投入大。（2）发展期企业经过前期大量投入宣传、研发、人力等成本，提供免费服务吸引的用户数量较为可观，流量较初创期呈几倍甚至几十倍增长，广告商等合作商增多，企业在此阶

---

〔1〕　若 A、B 互为互补品，消费者对 A 产生需求，同时也会产生对 B 的需求。

〔2〕　参见陈宏民、胥莉：《双边市场：企业竞争环境的新视角》，上海人民出版社 2007 年版，第 27 页。

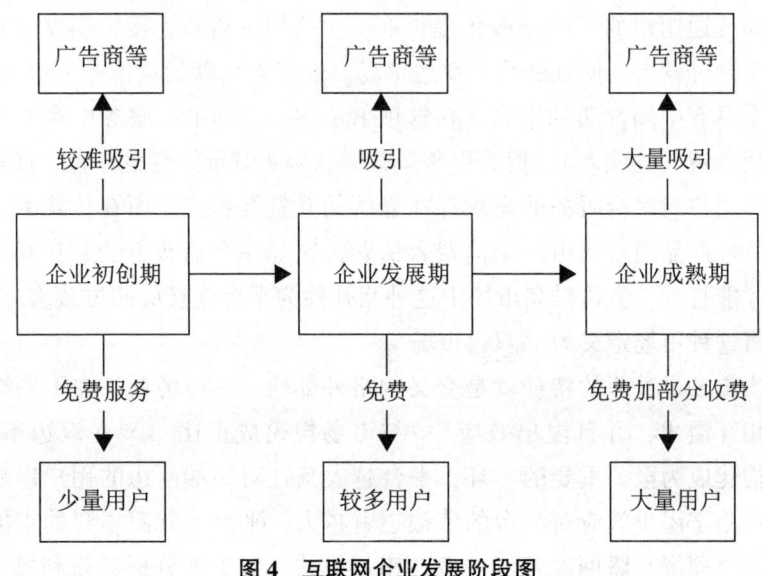

图4 互联网企业发展阶段图

段可能实现盈利。（3）企业成熟期阶段，经过初创期吸引新用户、发展期吸引新用户和养成用户使用习惯，已经积累了大量用户且培养出用户的使用依赖，因此合作商种类增加，部分企业开始向用户提供收费服务，并且借助流量规模尝试新的互联网服务类型。

从上述三个发展阶段可见流量、用户数量对互联网企业发展的重要程度。各个互联网企业提供的互联网服务类型不同，但盈利模式和盈利基础却趋于同一化，互联网企业为获取用户付出的成本、企业本身的流量都会影响竞争的重要因素。正因如此，近年来互联网不正当竞争案件中，对于竞争关系的判断不再拘泥于传统的"竞争关系"，而着眼于双方的实质竞争利益。"大众点评诉百度地图不正当竞争案"中，百度地图抓取大众点评用户评论数据，百度抗辩其与大众点评不具有竞争关系。法院认为将网络用户吸引到自己的网站是经营者开展经营活动的基础。即使双方的经营模式存在不同，只要双方在争夺相同的网络用户群体，即可认定为存在竞争关系，只要双方在争夺相同的网络用户群体，即可认定为存在竞争关系。由于存在普遍的用户和流量争夺，互联网行业的竞争关系远远广于传统行业，不正当竞争行为频频发生。

此外，近年来互联网创业与经营方向多为复合式，即一个网站（APP）

同时提供几种互联网服务。以阿里旗下的淘宝 APP 为例，淘宝从原本单一的电子商务平台，增加了"淘宝资讯""淘宝达人""淘宝买家群"等模块，变为"电子商务+社交网站"模式；又如西瓜视频 APP，集电视电影放映、直播、答题互动为一体；微信也从简单的即时通讯，接入电子商务、网络游戏……提供复合型服务往往发生在互联网企业的发展后期或成熟期，原因在于发展后期及成熟期经营者的用户基数大，用户对经营者形成依赖习惯的可能性高，借助经营者原有服务的流量开展新的互联网服务，直接解决了互联网创业最迫切的流量和用户难题，节约了大量经营成本。复合型服务对已有用户基础的经营者大有裨益，但对互联网竞争市场而言，这种现象意味着原本服务类型差距较大的经营者（如淘宝和微信），在目标群体上有了更高范围的重合，竞争利益更为显著，采取的竞争行为更为激烈，互联网不正当竞争行为发生的几率更大。

3. 资本力量冲击

上文分析互联网企业处于双边市场，依赖用户数量和用户习惯带来的流量构建商业模式。在企业初创期，吸引用户需要大量研发、宣传、人力等资本投入；而在企业发展期，养成用户习惯、增加用户数量仍需要高额成本。波特在《竞争战略》中认为高风险或不可回收的前期投入型行业，投资本身可构成壁垒的组成部分。[1]对于前中期投入高的互联网行业，资本成为左右竞争环境的力量。

下图5为2008年~2017年中国 VC、PE 和天使投资[2]的总规模和总数量的变化情况，从数据中我们可以看到信息技术占比不论是从规模还是数量上，自2008年至2017年均保持上升趋势，其中2013年开始规模占投资比例迅速上升，数量占投资比例也超过 50%。这意味着中国资本的流向自2013年以后迅速且大量涌入互联网行业。这样大规模的资本涌入，对互联网竞争环境产生了什么影响呢？

---

〔1〕　参见 ［美］迈克尔·波特著，陈丽芳译：《竞争战略》，中信出版社2014年版，第14页。

〔2〕　VC（Venture Capital）指风险投资；PE（Private Equity）指私募股权投资；天使投资（Angel Investment），三者均为权益资本投资的形式。

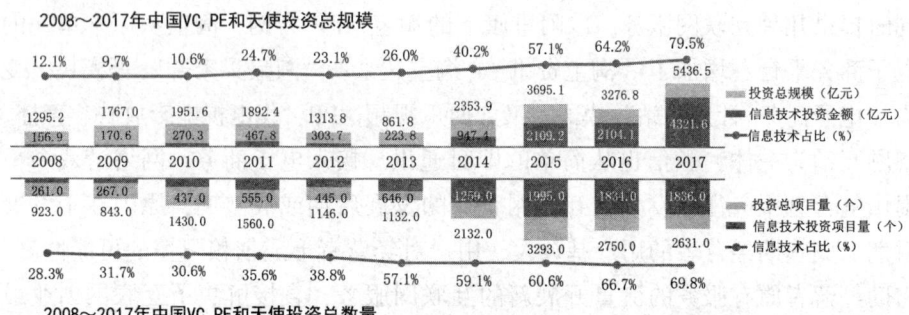

图5　2008～2017 中国 VC、PE 和天使投资总规模和总数量〔1〕

　　资本是竞争战略实施的关键，而前期通常采用免费模式吸引用户使用、养成用户使用依赖的互联网企业在竞争中对资本的依赖度更高。大规模的资本涌入互联网市场，首先使得互联网市场竞争者的竞争力变强。"砸钱"吸引用户的案例比比皆是，如 2014 年滴滴和快的分别接受腾讯、阿里投资后开始双向补贴大战以迅速占领市场，又如 ofo 和摩拜单车在创立的前几个月的免费共享，此外支付宝和微信两家为争夺第三方支付市场开展的"红包大战"……资本的涌入使得互联网经营者采取竞争行为的空间变大、力度变强，加剧了市场的激烈竞争程度，不正当竞争行为更易发生。其次，资本使得互联网市场短期内竞争对手迅速增加。这与互联网创业投资圈一个有趣的现象分不开——即一旦新兴行业出现，会迅速吸引 BAT 等互联网巨头和各家投资机构的资本涌入，从而出现大批创业公司及它们身后试水观望的投资人。以 2017 年共享单车行业为例，ofo 于 2017 年 7 月完成由阿里巴巴领投的超 7 亿融资，摩拜单车于同年 6 月完成由腾讯领投的 E 轮 6 亿美元融资，此外还有小蓝单车、优拜单车、小鸣单车等创业公司先后获得融资。短短几个月，市场上就出现大量同行业竞争者，使得竞争激烈化。

　　除了资本对互联网经营者的支持作用外，目前互联网行业的权益性投资模式同样增加了互联网不正当竞争行为的发生频率。互联网新兴行业获得巨额融资的情况并不罕见，但新兴行业市场占领战中总会有落败的经营者，投资者为了不让钱白"烧"，往往在投资协议中增加苛刻的业绩标准和大量的保

---

〔1〕　艾瑞咨询："2018 年《中国互联网产业发展报告》"，载 http://report. iresearch. cn/report_pdf. aspx? id=3131，最后访问日期：2018 年 3 月 20 日。

护性条款。最为典型的应当属对赌协议[1]（Valuation Adjustment Mechanism）——约定互联网企业在一定时间内达成业绩要求，否则投资方将有权以一定方式收回投资金额并退出公司股权结构。对赌协议往往存在高投资金额、高业绩要求的特点，且约定时间一般为 2~3 年。互联网企业为了完成对赌业绩，采取的竞争手段很可能出现"不正当"的部分。

因此，2013 年以来互联网不正当竞争行为的频发与资本的力量是分不开的，资本通过影响经营者的竞争能力、市场内竞争者数量、经营者竞争行为等方式，改变了互联网市场竞争环境，潜在地增加了不正当竞争行为发生的频率。

（二）技术因素

1. 技术更新

互联网的产生是信息技术运用的成果，互联网经济的发展是信息技术创新被不断赋予新的内涵的过程。互联网的产生和运用不仅为传统企业的发展创造了方便的条件，还催生了一批互联网企业，这些企业的发展紧紧依附于互联网技术创新。换而言之，互联网企业的竞争，核心是技术的竞争。互联网企业的竞争优势主要来自于技术的创新和先发制人，企业想要吸引并留住更多的用户，就要提高产品或服务的质量，这背后需要强有力的技术支持。因此，互联网企业比传统企业更加重视技术的创新和应用。从 20 世纪 90 年代起，互联网技术经历了日新月异的发展，从 web1.0 时代的万维网技术到 web2.0 时代的移动通信和智能移动终端技术，到当下云计算、人工智能、物联网、区块链等新一代互联网技术风起云涌，整个历程不过三十年而已。如上所述，互联网企业之间的技术竞争创造了互联网技术蓬勃发展的局面。反之，技术的"加速度"发展又强化了互联网企业间的竞争。"快速迭代，快速失败、廉价失败、包容失败构成了今天互联网经济的一个特色。"[2]因此，互

---

[1]　对赌协议：收购方（包括投资方）与出让方（包括融资方）在达成并购（或者融资）协议时，对于未来不确定的情况进行一种约定。如果约定的条件出现，融资方可以行使一种权利；如果约定的条件不出现，投资方则行使一种权利。

[2]　刘凤："腾讯公司发展战略研究——基于互联网技术创新的视角"，石河子大学 2015 年硕士学位论文。

联网经济被贴上创新驱动的标签，技术的变化和发展不断催生新的竞争模式，并为不正当竞争行为的滋生提供了天然的温床。

一方面，互联网信息技术的发展会催生大量新型不正当竞争行为。比如《中华人民共和国反不正当竞争法》（以下简称"《反不正当竞争法》"）第14条规定的"插入链接、强制进行目标跳转"行为，"误导、欺骗、强迫用户修改、关闭、卸载"行为、"恶意不兼容"行为都是基于早期互联网技术的发展而衍生出的新型不正当竞争行为。其本质皆是互联网企业在恶劣的PC桌面环境下抢夺用户、劫持流量的常用伎俩。随着法律规范和技术标准的确立和明晰，以上基于早期互联网技术而产生的不正当行为逐渐消失。大数据时代的到来，数据挖掘技术迅猛发展，互联网企业间的数据争夺之争也不断涌现。数据取代了石油、天然气，成为了最重要的资源。互联网企业视数据为宝贵的无形资产，并采取技术措施对其进行保护。多数网站会通过Robots协议表明网站上哪些数据可以被抓取，哪些数据不可以被抓取，用以规范网络爬虫抓取数据的行为。但是Robots协议在技术效果上来讲并非坚不可摧，善意的爬虫会遵守协议，而恶意的爬虫可以通过技术更新手段绕过Robots协议获得数据。在近期的司法判例中，法院认为互联网服务商违反Robots协议强行抓取数据并使用的行为违反商业道德构成不正当竞争。另外，随着视频播放技术以及广告植入技术的发展，视频网站经营企业的商业模式有了很大的变化，其盈利方式更多的通过用户播放量以及广告播放量来实现。但是用户为了观看免费的视频不得不观看视频播放之前或者播放之中的商业广告，这就带来了不太愉快的用户体验。一些浏览器服务提供商、软硬件厂商为了迎合用户需求，通过技术研发，向用户提供"视频广告过滤"功能的浏览器或技术插件，并诱导用户安装使用，以上行为违反商业道德、侵害了视频网站的正当商业利益构成不正当竞争。难以预见，现在炙手可热的VR/AR技术、人工智能技术的发展又会带来怎样的竞争局面。但可以预知，技术越发展，企业的竞争行为越具有创新性和多样性，其行为的合法性判断也会变得越来越复杂。

另一方面，移动通信技术的发展引发新型的不正当竞争行为。互联网产业竞争移动互联网泛指以移动通信网络作为接入网络的互联网应用、业务及服务，是移动通信技术和互联网技术融合演进的结果。[1]基于移动通信技术的发展，人类步入了 4G 网络时代，4G 移动通信技术能够实现更高的数据传输速度、更高抗干扰性和更强的兼容速率，该技术推动了互联网产业从 PC 端到移动智能终端的跨越式发展。硬件厂商、网络服务提供商、系统厂商、应用软件开发者等互联网相关企业将竞争的主战场从桌面环境转向移动互联网，不正当竞争行为也随之转变。伴随着苹果、安卓等系统厂商对系统的控制权的逐渐增强，早期在桌面环境下诞生的静默捆绑安装软件和插件、赖皮难卸载软件、广告弹窗、网页插标、恶意不兼容等不正当竞争行为在更小的智能手机以及 iPod 屏幕上难以实现而逐渐消失。与此同时，一些新型的不正当竞争技术手段，如 APP 视频聚合盗播、应用商店强制下架竞争对手 APP、APP分享链接屏蔽等则纷纷粉墨登场。[2]因此，移动通信技术的根本性、飞跃性变更对互联网企业所采取的竞争策略及竞争行为的影响是巨大的。

2. 技术中立

如上所述，互联网行业的发展离不开技术的推动。技术本身，从价值评判上来说是中立的，没有善恶、好坏之分。技术的功能及作用的实现有赖于人们的使用行为，使用者的主观意图将决定技术的客观效果。因此，不能因为某些主体利用技术实施侵害他人合法权益的行为，就认定技术本身是有"原罪"的，甚至要求技术的提供者承担侵权责任。一个产品或技术被用于合法用途或非法用途，非系产品或者技术提供者所能预料和控制，因而无从仅仅因为产品或技术成为侵权工具而使提供者为他人侵权行为负责。这是"技术中立"的真谛。[3]技术中立是美国最高联邦法院在"索尼案"中确立的一项认定侵权责任的标准，即"实质性非侵权用途"标准。该标准作为一种保护技术创新的理念，被广泛适用于著作权、专利权间接侵权认定领域，为技术提供者间接侵权提供了豁免责任的可能。近年，我国互联网呈现出创新驱动的特点，技术创新引发的争议不断，技术不带价值评判色彩的特征模糊了互联网企业正当经营行为和不正当竞争行为之间的边界，技术中立也似乎演

---

〔1〕 参见卢卫、陆希玉："4G 时代移动互联网的发展趋势"，载《电信科学》2014 年第 5 期。

〔2〕 参见李杨："互联网领域新型不正当竞争行为类型化之困境及其法律适用"，载《知识产权》2017 年第 9 期。

〔3〕 参见张今："版权法上'技术中立'的反思与评析"，载《知识产权》2008 年第 1 期。

变为互联网服务提供商的保护伞，并被频频作为规避其侵权责任的抗辩理由。

技术的提供者是否能够因为技术本身的价值中立而豁免其侵权责任呢？我们暂且不论技术是否会在客观上侵害他人的合法权益，不容忽视的一个重要事实是，任何技术的研发者在技术的创造过程中均会存有一定的主观意图，其主观目的可能存在多种，如果研发者在技术发布过程中特别强调工具的侵权用途，并有引诱他人侵权的意思表示，或者实质性地采取了行动鼓励他人侵权，其技术研发及推广使用行为的意图则明显具有侵权的意图，应当对第三人的侵权行为承担法律责任。以上观点是美国联邦法院在"Grokster 案"中对技术中立原则作出的进一步解释，至此，技术中立原则的内容更为完善和合理。析言之，技术中立并不构成免责的必然事由，在判定某项技术是否符合价值中立性要求时，要结合技术提供者的主观状态来综合评价。相较于一般领域而言，互联网市场有着较高的技术壁垒，并存在很多的模糊地带，判断技术提供者的主观意图及其行为的性质是一项繁冗而复杂的工作，部分互联网经营者以违反商业道德和诚实信用原则的方式使用中立性技术，造成他人合法利益和竞争秩序的损害。技术中立嬗变为互联网经营者掩盖其恶意、混淆公众视听并侥幸推脱法律责任的护身符。也为互联网经营者在技术模糊地带采取高频、力度大的竞争行为提供了可能。

（三）法律因素

1. 法律滞后

我国的《反不正当竞争法》制定于 1993 年，处于我国市场经济体制建设的初期。彼时我国的互联网行业发展才刚刚起步，立法采用了"概括"加"列举"模式，在列举的类型化条款中并无针对互联网不正当竞争行为的专门规定。在 20 世纪 90 年代中后期，互联网行业发生翻天覆地的变化，电子商务、社交网络、第三方支付、人工智能……飞跃的技术与开放自由的环境不断孕育出新的行业模式，互联网经济规模日益庞大。随着互联网企业的兴起和壮大，彼此在激烈的博弈和角力中争夺商业机会，互联网市场中正当的商业竞争逐步演变为硝烟四起的商业战争。消费者日常生活中耳熟能详的百度、腾讯、搜狐、360、阿里巴巴等巨头在互联网市场群雄争霸逐鹿天下，引起的不正当竞争纠纷频繁见诸报端媒体，屡屡成为社会关注的焦点。同时，人民法院审理的涉及互联网企业的不正当竞争诉讼呈递增趋势，据笔者统计，2008 年至 2011 年四年间，全国在不正当竞争领域的裁判文书总数不足 100 例，而 2015 年、2016 年、2017 年全国受理的不正当竞争案件数量分别攀升至：2181 件、1225 件、1307 件。这些案件中涉及的行为既包含在互联网平台实施的传统"商业诋毁""虚假宣传""市场混淆""侵犯商业秘密"等不正当竞争行为，又呈现出技术驱动的"流量劫持""恶意不兼容""捆绑安装""广告弹窗""网页插标""广告屏蔽""信息抓取"等花样不断翻新的新型不正当竞争行为。有观点认为，导致互联网乱象的根本原因在于相关规制互联网竞争秩序规范的缺失和相关监管救济的缺位。[1]

2017 年 11 月 4 日，我国《反不正当竞争法》于 24 年后迎来首次修订，其新增的第 12 条专门针对互联网新型不正当竞争行为，用以确定和厘定互联网生态竞争的规则和边界。[2]在《反不正当竞争法》修订之前，司法机构对互联网新型不正当竞争的规制往往借助于《反不正当竞争法》第 2 条"一般条款"，在适用"一般条款"时，法官多以是否违反"公认的商业道德"为标准来判定互联网竞争行为的正当性。然而，商业道德具有与生俱来的抽象性与不确定性，再加上虚拟、复杂的互联网环境，法官认定商业道德的内涵变得难上加难。"一般条款"在赋予法官较大的自由裁量权的同时，也对其经验和智慧提出了较大的挑战。不同的法官基于不同的学识和价值观，在适用一般性条款的思路和推理不同，甚至出现了同案不同判的现象。释法和适法的问题争议不断，加之互联网领域新型不正当竞争案件数量逐年增加，单纯依靠第 2 条"一般条款"进行裁判不具有说服力，质疑声不绝于耳。由此，《反不正当竞争法》第 2 条"一般条款"并不能为社会提供明确可预知的行为标准，致使互联网企业不断试探法律的底线，不正当竞争行为屡禁不止、层出不穷。

2. 违法成本相对较低

互联网新型不正当竞争行为是具有违法性的特殊侵权行为，对其法律责

---

〔1〕参见王艳芳："《反不正当竞争法》在互联网不正当竞争案件中的适用"，载《法律适用》2014 年第 7 期。

〔2〕参见田小军、朱萸："新修订《反不正当竞争法》'互联网专条'评述"，载《电子知识产权》2018 年第 1 期。

任的追究，法官一般适用《反不正当竞争法》第 20 条的规定，按照（被侵害者损害+调查费用）或者（侵害者获利+被侵害者调查费用）的标准来确定其侵权赔偿数额。第 20 条的适用带来了赔偿数额的计算困难问题：侵害者在侵害时间内带来的被侵害者流量损失、业务损失计算困难。除去 BAT 这类互联网巨头，互联网企业的日流量与流量价值均处于变动状态，具体业务随时间和特殊事件变化也较大。除去计算外，被侵害者还需要充分举证才能达到最终被法院认可的效果。而侵害者获利的计算同样也存在上述问题。

此外就互联网市场内的传统不正当竞争行为，1993 年《反不正当竞争法》在法律责任条款内规定了赔偿区间与最高限额。然而 1993 年的经济发展水平与我国当下的经济发展水平天差地别，导致不正当竞争的违法成本过低。以虚假宣传为例，其规定的罚款数额为一万元以上二十万元以下，而互联网经营者虚假宣传的获利可能远远大于二十万元。互联网经营者通过高调诉讼吸引用户注意，扩大流量，获取高额利润也成为互联网领域中的"怪象"。此外，互联网经营者通过实施不正当竞争行为的获利非常高，部分经营者短时间内获取大量用户和流量，稳固了经营基础；部分经营者争取了时间，利用互联网迅速扩大对竞争对手的不良影响从而占据市场……不正当竞争行为效果显著，经营者获利高于违法成本，这是互联网不正当竞争行为频发的原因。因此，新法在司法违法成本和行政处罚力度上均大幅提高，如监管部门可对虚假宣传的经营者进行两档处罚：第一档为二十万元以上一百万元以下，第二档为一百万元以上二百万元以下，同时可吊销营业执照。

（四）政策因素

政府政策对市场竞争环境的影响可以说是举足轻重，它既能在经营者进入市场阶段设置激励措施或壁垒条件，又能在经营者经营时通过调整税率等方式影响竞争。因此，政府政策环境是互联网不正当竞争行为产生的必不可少的外部背景。

我国互联网起步于 1994 年，经历了萌芽期和基础设施建设阶段，直至 21 世纪初互联网产业才有所起步。2000 年至今，政府颁布了一系列关乎互联网发展的重要政策。2006 年 3 月国务院印发了《2006~2020 年国家信息化发展战略》，战略指出信息化发展是全球浪潮，部署了未来我国信息化发展的重点。2015 年是我国互联网产业政策频出的一年，7 月 1 日《国务院关于积极推进"互联网+"行动的指导意见》（下称"指导意见"）出台，"互联网+"战略的全面展开，指导意见涉及了我国互联网产业发展的方方面面，包括生态、农业、金融以及大热的人工智能。《国务院办公厅关于促进农村电子商务加快发展的指导意见》、《国务院办公厅关于推进线上线下互动加快商贸流通创新发展转型升级的意见》、《国务院关于印发促进大数据发展行动纲要的通知》、《国务院办公厅关于促进跨境电子商务健康快速发展的指导意见》等均在 2015 年公布。2016 年 7 月《国家信息化发展战略》在颁布十年后得到更新。

上述发展政策从互联网产业的各个领域细化了发展要求，明确了对互联网产业的发展、市场竞争与创新的支持态度。这种鼓励、支持的态度和配套政策的出现，首先影响了互联网产业的进入壁垒。在外部资源有限的情况下，行业进入壁垒越小，则潜在的竞争对手增加的几率变大，更易导致经营者采取有效的竞争行为以获取利益。此外，互联网产业内部不同行业的监管政策也有所差别，对于需要争夺用户与流量的行业，监管政策越放松的行业，可采取的竞争手段越多，竞争地位与手段的差异也会使不正当竞争行为出现。

四、互联网不正当竞争行为的类型划分

自由、开放、变革的互联网市场运行环境，改变了《反不正当竞争法》原本确立的不正当竞争行为类型与定性。互联网竞争不断加剧，行业边界愈加模糊，导致近年来出现大量无法被归入传统不正当竞争行为的新行为类型。如北京百度网讯科技有限公司与上海汉涛信息咨询有限公司其他不正当竞争纠纷案（下文简称"大众点评诉百度地图案"）中，百度地图抓取大众点评上的用户评论数据，将该等数据与地图服务的地理坐标对应，并指明数据来源。[1]本案中百度地图抓取数据的行为，虽然无法被归为 1993 年制定的《反不正当竞争法》中的任何具体行为类型，却也依然达到了不正当竞争的目的——百度地图基于该行为获取了流量，大众点评损失了流量且该等数据为大众点评前期巨额投入积累。

由于 2017 年修订的《反不正当竞争法》于 2018 年 1 月 1 日起生效，因

---

〔1〕　参见上海知识产权法院（2016）沪 73 民终 242 号民事判决书。

此学界关于互联网不正当行为的分类讨论时间基本在新法生效前。笔者将基于互联网竞争行为的特点，总结司法实践，对互联网不正当竞争行为的类型进行学理分类。

（一）二分法

关于互联网不正当竞争行为的分类，二分法是目前学术界基础的、主流的观点，下文的五分法、六分法等均是在二分法的基础上根据互联网竞争行为的特点进行更细致的分类。

二分法将互联网不正当竞争行为的类型分为互联网传统不正当竞争行为和互联网新型不正当竞争行为。互联网传统不正当竞争行为是指，经营者借助网络媒介实施的市场混淆、虚假宣传、侵犯商业秘密、商业诋毁、有奖销售等行为。这些不正当竞争行为属于 1993 年《反不正当竞争法》明确列举的行为类型，只是借助互联网这个新媒介来实施。以新浪诉脉脉案为例[1]，本案新浪微博因脉脉在先的不正当竞争行为拒绝合作后，脉脉在其网站以及客户端软件中发布声明暗指新浪微博侵害用户隐私，降低了公众对新浪微博的评价，该行为最终被法院认定为商业诋毁。该行为虽然是通过网络平台实施的，但究其本质，属于商业诋毁行为。互联网传统不正当竞争行为是传统的不正当竞争行为在互联网领域的延伸发展，只是把传统的市场混淆、商业诋毁、虚假宣传、侵犯商业秘密、有奖销售等不正当竞争行为转移到网络空间来实施，在本质上，仍然属于传统不正当竞争行为。

互联网新型不正当竞争行为与以上传统行为有较大的差别，其表现形式在 1993 年《反不正当竞争法》中没有明确的法律规定。相较于传统不正当竞争行为，新型不正当竞争行为在形式、特点和认定标准上，与传统行为均有较大不同，突破了传统行为中对竞争关系的认定，重视对消费者利益的影响。仍以新浪微博诉脉脉案为例，脉脉与新浪两者分别为人脉求职和社交娱乐平台，功能存在较大不同。若根据传统的竞争关系认定理论，两者不构成竞争关系。但脉脉非法获取新浪用户数据，该等数据为新浪经营积累并采取措施保护的数据，脉脉抓取并使用，不劳而获并侵犯新浪用户隐私，法院最终根据《反不正当竞争法》第 2 条——原则性条款认定其构成不正当竞争行为。

---

[1] 参见北京知识产权法院（2016）京 73 民终 588 号民事判决书。

本案涉及复杂的数据抓取技术分析、竞争关系与竞争利益分析和消费者利益考量，因此独立成为互联网新型不正当竞争行为是必要的。

（二）三分法

三分法与二分法在基本思路上是相同的，即以是否属于传统的不正当竞争行为类型划分三类。相较于二分法，三分法区分出复合性行为，将其独立于传统行为与新型行为，作为第三类。该观点的典型代表者为最高人民法院的王艳芳，其将互联网不正当竞争行为分为三种类型：属于《反不正当竞争法》明确列举的类型；不属于《反不正当竞争法》明确列举的类型，但违反基本商业道德与诚实信用原则的行为；第一种和第二种兼具的复合型行为。[1]"3Q 大战"中，原告腾讯公司认为奇虎的"QQ 保镖"同时存在篡改、破坏QQ 软件的功能和宣称保护用户隐私、诱导用户删除 QQ 增值服务的虚假宣传的复合型行为。[2]

（三）五分法

五分法主要存在于对互联网新型不正当竞争行为的分类中，它从互联网不正当竞争行为中剥离出来，与传统不正当竞争行为在互联网领域的延伸相区分。彭致强将互联网领域常见的新型不正当竞争行为按对象进行划分，分为域名类、链接类、网页类、软件类及其他典型行为。[3]域名类包括域名抢注和域名混淆。域名抢注是指为获取不正当利益或达到囤积域名、侵占网络资源的目的，故意以其他企业的名称、商号、主要产品名称、注册商标等的全拼或者缩写作为网站域名进行抢注的行为。域名混淆是指行为人注册与他人商标、企业名称、注册商标等一些商业标识相似或者相近的域名，意图使他人产生混淆，利用他人劳动成果而获得竞争优势的行为。链接类不正当竞争行为主要表现为视框链接与深度链接。视框链接指绕过被链接网站首页直接链接到分页的链接方式，而没有显著的标识信息，导致误认或混淆的后果。

---

〔1〕 参见王艳芳："《反不正当竞争法》在互联网不正当竞争案件中的适用"，载《法律适用》2014 年第 7 期。

〔2〕 参见最高人民法院（2013）民三终字第 5 号民事判决书。

〔3〕 参见彭致强："互联网新型不正当竞争行为法律规制困境探析"，载《经济法论坛》2016 年第 2 期。

深度链接是指采加框技术对自己的网页分成不同区间，将对方网页内容直接纳入本网页部分区间，造成误认。网页类不正当竞争行为主要包括擅自更改他人主页和网页混淆两种行为。擅自更改他人主页是为了推广自己的网站或搜索引擎，采用技术手段擅自改变用户设定的主页，使用户无法访问原先设定的主页或预期的搜索引擎，直接影响竞争对手的用户资源量以及访问量的行为。网页混淆是指互联网网站经营者擅自模仿、复制知名网站的页面设计、网站资料等内容，导致或足以导致用户产生混淆的行为。软件类的不正当竞争主要表现为知识产权侵权，典型的是软件恶意冲突行为。软件恶意冲突是指软件商之间出于竞争的目的，故意给竞争对手的软件设置障碍，进行不真实的风险提示、默认卸载等，从而干扰其他软件正常使用、损害其商誉的行为，具体包括默认卸载与提示卸载。除了前述四类，其他典型的行为有弹窗广告和未经许可使用他人数据库等。

（四）六分法

六分法是仅针对互联网新型不正当竞争行为的分类。牛鑫将新型的不正当竞争行为按对象分为六类，包括域名类、网络链接类、搜索引擎类、软件类、广告类和其他。与五分法相似，只是多了搜索引擎类和广告类不当竞争，少了网页类。[1]具体来看，域名类同样包括域名抢注和域名混淆两种，网络链接类同样包括深链接和视框链。搜索引擎类包括与"埋设"技术有关、与"地址栏搜索软件"有关的不当竞争行为、搜索引擎混淆和擅自更改他人主页四种。"埋设"技术也叫做设置元标记，与"埋设"技术有关的不当竞争通常表现为在自己的网页涉及中埋设他人的关键词，以便自己的网页能够出现在搜索结果中。与"地址栏搜索软件"相关的不当竞争主要表现为搜索服务公司捆绑软件之间的相互排斥。软件类的不当竞争行为主要是用恶意软件侵害用户的合法权益，具体表现为强制安装、难以卸载、浏览器劫持、弹出广告、恶意收集用户信息、恶意卸载和恶意捆绑等等。广告类表现为网络虚假广告、插页式广告、垃圾邮件等，插页式广告即用户浏览网页时自动弹出的强迫用户阅读的广告。其他的互联网新型不正当竞争行为包括与数据库有关

---

〔1〕 参见牛鑫："网络新型不正当竞争行为的法律规制研究"，北方工业大学 2012 年硕士学位论文。

的、与黑客技术有关的、与外挂有关的不当竞争。

（五）七分法

同五分法、六分法一样，七分法也存在于对互联网新型不正当竞争行为的分类中。魏曦将其分为七类，分别是抢注域名行为、发布传播恶意软件行为、不合理设置 Robots 协议行为、浏览器屏蔽或快进广告行为、不合理设置链接行为、恶意设置软件排斥行为、恶意设置浏览器或软件评价行为。[1]与前述分类方法不同的是，Robots 协议、浏览器屏蔽或快进广告、不合理设置链接行为、恶意设置浏览器或软件评价行为也被包括进来。Robots 协议全程"机器人排除规则"（the robots exclusion protocol），又称"爬虫协议"，通常表现为搜索引擎开发者通过针对特定搜索引擎主体，也即同业竞争者设置禁止抓取的 Robots 协议，以阻止对方抓取相关网页内容。浏览器屏蔽或快进广告行为指浏览器厂商将具有广告快进功能或屏蔽功能的插件作为其浏览器的推荐功能免费提供给公众，并在广告中大力宣传该页面广告过滤功能，当用户开启该功能后，原视频网站经营者合法投放的视频广告就会被屏蔽或者快进。不合理设置链接行为主要包括竞价排名设置关键词链接和搜索引擎设置关键词链接两种形式。恶意设置浏览器或软件评价行为是指某些既经营安全类软件，又经营非安全类终端浏览器服务的企业，不当利用其安全服务身份，干扰其他浏览器或软件的用户使用，比如将某软件标注为恶评插件或恶评软件。这种情形下的互联网企业既是裁判员又是运动员，如果其利用裁判员身份进行恶意评价，将限制市场的良性竞争，构成不正当竞争行为。

---

〔1〕　参见魏曦："网络新型不正当竞争行为的法律规制研究"，华东政法大学 2016 年硕士学位论文。

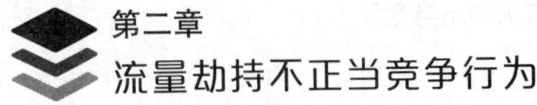

第二章
流量劫持不正当竞争行为

一、流量劫持行为的产生与发展

流量是用来描述访问一个网站用户数量以及用户所浏览页面数量等相关的数据指标。流量的背后是经营者的用户数量以及操作习惯，用户数量越多，对操作依赖越高，经营者的流量也就越大。互联网双边市场中，流量的数据指标可以比较客观地反映网站或者网页的商业价值。在信息过剩而注意力稀缺的移动互联网时代，流量被作为投资者和广告商衡量网站经济效益的主要指标。用户即流量，流量即现金的逻辑更是互联网市场运营的金科玉律。因此，流量具有高度的经济价值，成为互联网领域"兵家必争之地"。

互联网企业之间存在着普遍的用户和流量争夺。"在这一争夺过程中，有些行为类似刑法中的抢劫行为，所以互联网业界将这种以网站流量的获取为目的、用类似刑法上劫持的手段致受侵害网站流量减少的行为描述为流量劫持行为。"[1] 流量劫持是一种运用互联网技术实施的侵权行为，"当用户需要访问某个网站时，首先必须点击网站的链接发起访问请求，通过运营转发网络，请求到达 DNS 服务器终端进行处理，处理完成后作出响应并及时反馈给用户，当用户收到返回结果时，中间产生的数据交互流量就会属于该网站。"[2] 这个完整的过程由用户所在的客户端、运营商转发网络和 DNS 服务器完成，其中任何一个环节均可能发生劫持被访问网站流量的行为。

---

〔1〕 季境："互联新型财产利益形态的法律构建——以流量确权规则的提出为视角"，载《法律科学（西北政法大学学报）》2016 年第 3 期。

〔2〕 李苏："流量劫持的网络不正当竞争行为研究"，中国政法大学 2015 年硕士学位论文。

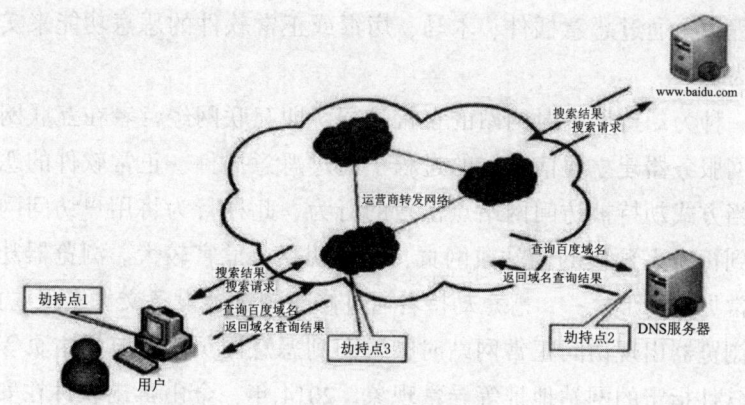

图 1　流量劫持示意图

流量劫持行为的方式通常为在用户不知情的情况下，劫持用户请求，篡改计算机或浏览器的设置，使得用户在对某个网站发起访问请求时，无法登陆或者强制跳转到其他网址，它可以对浏览器地址栏进行劫持来刷搜索流量，同时监视用户的操作进程，将用户的进程信息发送到木马制作者指定的地址进行分析，从中获得用户个人隐私，同时还会不时弹出木马制作者指定的网站广告。[1]

二、流量劫持的行为类型

（一）客户端劫持

客户端，又称用户端，是指与服务器相对应，为客户提供本地服务的程序，例如浏览器、安全软件、通讯即时软件等传统的客户端软件。[2]随着手持移动设备的日渐式微，功能各异的 APP 应用软件实现了在手持移动设备中的安装与应用，客户端的内涵更为丰富。对于这一类应用程序，需要网络中有相应的服务器和服务程序来提供相应的服务，如数据库服务，电子邮件服务等等，这样在客户端和服务器之间建立特定的通信连接，来保证应用程序的正常运行。客户端劫持发生在互联网经营者在客户端与服务器建立通信连

---

〔1〕　参见李荪：“流量劫持的网络不正当竞争行为研究”，中国政法大学 2015 年硕士学位论文。

〔2〕　参见刘继峰、刘丹：《竞争法学》，中国政法大学出版社 2017 年版，第 264 页。

接的过程中，通过恶意插件、木马、病毒或正常软件的恶意功能来实施以下两种行为：

第一种为劫持用户对网站的正常访问，即互联网经营者在互联网客户端与互联网服务器建立通信连接的过程中通过恶意插件、正常软件的恶意功能等不正当方式劫持被访问网站点击量的行为。此种行为将用户访问网站的流量劫持到行为人预设的网站或网页，恶意明显，危害较大。浏览器劫持是被曝光最常见的情形之一，恶意劫持者通过修改浏览器设备文件实现主页篡改，使用户浏览器出现访问正常网站时被转向到恶意网页、浏览器主页等被修改为劫持软件指定的网站地址等异常现象。2014 年，金山毒霸软件在安装、运行和卸载环节，擅自将用户在浏览器中设定的 2345 网址导航主页篡改为毒霸网址大全，从而引发了一起不正当竞争纠纷案。搜索引擎也是流量劫持的高发地带，有关流量劫持的案件接连不断，恶意劫持者可以不经用户授权，自动修改搜索引擎搜索结果，添加自己的广告或加入网站链接来获取流量。例如在北京百度网讯科技公司诉北京珠穆朗玛科技有限公司等不正当竞争和侵犯著作权纠纷案[1]中，被告在原告的搜索页面上增加了导航服务，使访问者在原告的页面上能够轻易地访问被告及被告所链接的网站，法院认为被告的行为违背了诚信原则和公认的商业道德，构成不正当竞争行为。

第二种是恶意流量劫持者在用户正常访问网站时弹出各种广告或信息，诱导用户跳转，将本应由被访问网站获得的流量劫持到他处的行为。手机浏览器中的弹窗广告应当属于这种情况，很多用户都有过以下类似体验，使用手机浏览器打开网页，网页中会不停地弹出各种广告，不仅妨碍用户正常浏览，而且很多弹窗广告的内容不堪入目。该行为违背用户意志向其提供网络服务，不仅劫持了受访网站的流量、损害其经济利益，而且在一定程度上破坏了用户对于受访网站服务的体验，损害其商誉，造成严重的侵权后果。在北京百度网讯科技有限公司诉上海很棒信息技术有限公司不正当竞争案中，被告在未经原告许可的情况下，通过其客户端软件的恶意功能，在原告搜索结果页面强行添加广告窗口，遮挡了原告搜索结果页面的部分广告位置。裁判法院认为，被告行为使原告不能按照自己的意志向互联网用户提供服务，

[1] 参见北京市第一中级人民法院（2005）一中民初字第 5456 号民事判决书。

破坏了原告的商业运作模式，损害了原告的经济利益，并在一定程度上损害了原告的商誉，并据此认定被告行为违反了《反不正当竞争法》第 2 条的规定，构成不正当竞争。[1]

（二）DNS 劫持

DNS 的全称为"Domain Name System"，即域名系统，负责域名解析的服务器，是将网络用户访问的网站域名转化成具体的 IP 地址的工具。每个 IP 地址都可以有一个由一个或多个字符串组成的主机名，DNS 使人通过域名更方便地访问互联网，而不用去记忆复杂难以理解的 IP 地址。例如，百度的 IP 地址是 202.108.22.5，经过 DNS 解析可以通过域名 baidu.com 访问到。

DNS 劫持又称域名劫持，通常指通过某些手段修改该域名解析过程，将主机的域名解析请求解析到错误的 IP 地址上，使用户无法正常访问目标网站获取信息，而错误的 IP 地址往往指向钓鱼网站、挂马网站等，使得用户资料被窃取或者网站原有的正常服务被破坏，给用户和其他生产者的隐私与财产带来威胁。攻击运营商 DNS 服务器、入侵网站本身 DNS 和入侵上游域名注册商是常见的域名劫持手段。

DNS 劫持通常发生在一定的网络域内，影响本域内的网络用户，但是带来的后果却十分严重。如 2010 年 1 月 12 日百度境外 .comDNS 服务器被黑客攻陷，篡改了 www.baidu.com 的解析映射，造成包含北京、辽宁、江苏、四川、安徽、广东、武汉等多地部分地区百度首页出现无法打开或非法跳转的现象长达 11 个小时。[2]

攻击者常用的攻击方式有三种：

1. 攻击 DNS 服务器，即黑客利用 DNS 服务器本身管理不当、使用弱口令、没有及时更新漏洞补丁等安全隐患入侵。

2. 伪造 DNS 服务器，即攻击者搭建非法 DNS 服务器，配置解析域，修改对特定目标域名的 IP 映射。如将 www.ccb.cn（中国建设银行）的 IP（202.106.80.106）映射成 192.168.1.11（攻击者搭建的钓鱼网站）；

3. 伪造 DNS 应答报文，即利用 DNS 解析所使用的明文传输的 UDP 报文，

---

〔1〕　参见北京市第一中级人民法院（2006）一中民初字第 11337 号民事判决书。
〔2〕　参见尹川铭："浅析域名劫持与 HttpDNS"，载《网络安全技术与应用》2017 年第 4 期。

伪造会先于 LocalDNS 服务器到达用户主机的 DNS 应答报文。[1]

DNS 劫持使用户在访问特定域名时，不再进入原 IP 地址，而是转入被篡改的 IP，访问虚假网站，从而将流量带给黑客的代理服务器。

此外，还存在一种特殊的 DNS 劫持形式为 CDN 劫持。CDN 的全称是 Content Delivery Network，即内容分发网络，通过在网络各处放置节点服务器所构成的在现有的互联网基础之上的一层智能虚拟网络，以实时地根据网络流量和各节点的连接、负载状况以及到用户的距离和响应时间等综合信息将用户的请求重新导向离用户最近的服务节点上。目的是使用户可就近取得所需内容，解决 Internet 网络拥挤的状况，提高用户访问网站的响应速度。

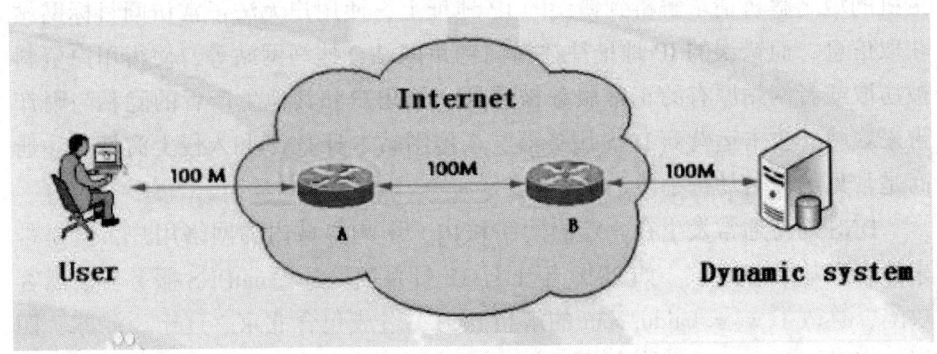

图 2　CDN 工作原理示意图

如上图所示，A 与 B 中保存着用户之前访问的静态数据信息，黑客非法攻击入侵后可能对其进行篡改，劫持该部分流量。[2]

(三) 运营商流量劫持

运营商流量劫持，主要指"电信、网通等基础电信服务商及互联网服务提供商利用其负责基础网络设施运营、网络数据传输、网络数据接人等便利，将用户访问第三方网站的流量劫持到己方或己方指定的网站，或在第三方网

[1]　参见尹川铭："浅析域名劫持与 HttpDNS"，载《网络安全技术与应用》2017 年第 4 期。
[2]　参见李苏："流量劫持的网络不正当竞争行为研究"，中国政法大学 2015 年硕士学位论文。

站页面弹出己方或己方指定的广告或其他信息的行为。"[1]在用户发起链接请求时，运营商处在网络链路中的必经节点，可以通过修改 DNS 解析结果或者在 http 请求中加入 JS 代码的方式改变用户的网络请求结果。如此一来，移动通信运营商可以通过以上方式在其用户的手机浏览界面中加入自己经营的手机流量套餐广告。网通运营商可以在其用户的搜索界面中加入自己经营的 114 业务广告。"此种流量劫持行为在无偿利用其他经营者网站流量的同时，还会误导互联网用户，会让互联网用户误认为其访问过程中广告等其他信息的弹出是出自被访问网站。"[2]由此会影响互联网用户对被访问网站的评价，进而影响其运营。

（四）网络链接流量劫持

链接，也称超级链接，是指在电子计算机程序的各模块之间传递参数和控制命令，并把它们组成一个可执行的整体的过程。链接是指从一个网页指向一个目标的连接关系，所指向的目标可以是另一个网页，也可以是相同网页上的不同位置，还可以是图片、电子邮件地址、文件、甚至是应用程序。

常见的链接纠纷有两种：一是互联网用户在使用互联网服务过程中，会因被链接方丰富详实的网站介绍吸引而点击链接，此时链接方有可能会不正当利用深度链接技术，引导互联网用户跳过被链接方网站直接浏览被链接方网站上分页的内容。这虽然能帮助互联网用户迅速获得想要搜索的内容，但是会直接减少被链接方网站的点击量，反而增加了链接方网站的点击量。二是利用超链接将其他经营者网站页面的内容作为自己页面的一部分。在无任何提示的情况下，互联网用户无法发觉链接网址的变化，会理所当然的认为其浏览的内容是由其选择的网站页面提供的。这不仅减少了被链接网站的点击量，还在一定程度上误导了互联网用户，具有明显的不正当性。[3]

网络链接中，如果用户明知访问的内容是链接而来，并没有误认为是相关网站自身的内容，也没有对被链网站与设链网站的关系造成混淆，并不构

〔1〕 刘继峰、刘丹：《竞争法学》，中国政法大学出版社 2017 年版，第 266 页。
〔2〕 李世霞："互联网新型不正当竞争行为法律规制研究"，华东政法大学 2015 年硕士学位论文。
〔3〕 参见李世霞："互联网新型不正当竞争行为法律规制研究"，华东政法大学 2015 年硕士学位论文。

成不正当竞争。但在以上两种情况下，用户会将被链网站的内容误认为设链网站的内容，设链网站事实上不当获取他人劳动成果，设链网站的评价上升，并增加访问量，而被链网站的评价则受到影响，网站访问者减少，最终使被链网站的经济利益受到损害，由此产生不正当竞争问题。一般认为，对链接是否构成不正当竞争的判断，关键因素之一是以用户是否因链接而对设链网站与被链内容造成误认和混淆。[1]

三、流量劫持行为竞争法律规制的必要性分析

互联网企业最核心竞争诉求在于流量争夺，流量是互联网行业的命脉，没有流量，任何企业都没有获得盈利的可能性。[2]由此可见，互联网市场的发展与流量的竞争密不可分，经营者应当基于提高服务或产品竞争力的方式吸引用户以此提高流量，若采取上文所述不正当手段劫持流量则侵害多方主体的合法权益，有碍于互联网市场良好的竞争秩序构建，具有严重的社会危害性，应当受到法律的严格规制。

对于网络经营者，流量劫持行为具有极大的破坏力。2015年12月25日微博、今日头条、美团大众点评网、360、腾讯、小米科技六家互联网公司共同发表的《六公司关于抵制流量劫持等违法行为的联合声明》，呼吁社会各界重视流量劫持行为的社会危害性，并呼吁相关机构加强监管，建立健全相应的制度法规，采取积极的行动措施打击非法流量劫持行为。互联网产业是典型的双边市场，具有较强的交叉网络外部性。互联网平台一边的厂商以平台另一边的用户数量作为选择平台的依据。多数平台实行对用户提供免费服务、对厂商收费的盈利模式。用户数量越多，对平台的操作依赖越高，经营者的流量也就越多。经营者的流量越高也意味着平台存在着更多的潜在交易机会和更大的商业价值。流量劫持分流原本属于平台的访问流量，致使网站用户大量流失，降低平台的商业价值。再者，流量劫持行为所采取强行插入广告、篡改主页、网络链接强制跳转等方式容易使网络用户对受访网站的内容产生误认，造成了一定程度的访问混淆，降低受访网站的用户体验并损害其商誉。

---

〔1〕 参见方晓霞："网络不正当竞争行为的类型化分析"，载《知识产权》2011年第8期。
〔2〕 参见田小军、朱莫："新修订《反不正当竞争法》'互联网专条'评述"，载《电子知识产权》2018年第1期。

流量劫持行为严重损害合法经营者的实际和潜在利益，应当受到法律的规制。

对于用户而言，流量劫持行为利用技术手段强制改变用户的使用目的，使其购买的流量被无端浪费，不能得到约定的服务，从而导致其财产利益受到损害。同时也剥夺了用户自由选择的网络产品或服务的权利。根据《消费者权益保护法》的规定，网络用户消费者享有知悉网络服务真实情况的权利和对网络服务的自主选择权，流量劫持行为明显侵犯了消费者的网络服务自主选择权。还需值得注意的是，流量劫持所采取的恶意软件、代码强行植入的方式将造成计算机信息系统破坏，可能泄露各类账户、密码等重要个人信息资料，危及用户账户安全，侵害用户重要隐私。

综上，流量劫持行为严重侵害了互联网经营者和用户等多项法益。如果这种行为得不到法律的规制，市场将缺乏正向激励，遵守市场规则的合法经营者不能得到褒奖，商誉和利益被严重伤害，而违法违规者却受到鼓励。长此以往，合法经营者为保护自己的合法利益，也会采取不正当技术手段进行反击，其恶果必将是互联网市场"丛林法则"的复归和竞争的失序、失衡。因此，经营者为了排挤竞争对手，利用技术手段劫持他人网站流量的不正当竞争行为应当受到竞争法的规制。

四、流量劫持行为的违法认定要件

作为一种新型互联网不正当竞争行为，在《反不正当竞争法》修订之前，我国法院适用《反不正当竞争法》第 2 条原则性条款规制流量劫持不正当竞争行为。新修订的《反不正当竞争法》第 12 条新增条款，被视为立法对网络环境下不正当竞争行为法律适用不足的及时回应，被公认为是"互联网专条"。该条采用了"一般条款+列举条款+兜底条款"的立法模式，意图对与互联网领域中特有的、利用技术手段进行的新型不正当竞争行为加以全面的规范和调整。列举条款包括三项内容，分别规定了司法实践中常见的三类典型的不正当竞争行为。其中第一项所描述的"经营者利用技术手段，通过影响用户选择或者其他方式，未经其他经营者同意，在其合法提供的网络产品或者服务中，插入链接、强制进行目标跳转"情形应属于流量劫持行为，依据该条款的规定，前文中所述的通过自动修改搜索引擎搜索结果添加广告和链接，在他人的网站上强行弹出广告弹窗、通过修改 DNS 解析域名强制更改访问目标网站等主观恶意明显的直接流量劫持行为完全符合该条规定的行为特征，其行为的不正当性有了法律明确的规定。但是随着互联网技术的发展，"插入链接"、"强制进行目标跳转"的规定似乎难以穷尽流量劫持方式的演化，对于互联网经营者采取间接手段，诱导用户变更选择的劫持行为，该条恐怕难以适用。有学者认为在互联网技术快速迭代、新的商业模式交互更替的当下，流量竞争也伴随着对消费者利益的提升，直接适用该条来判定流量竞争行为的不正当性可能会抑制创新、减损消费者福利，很难不招致非议。目前为止，无论是行政机关还是司法机关都没有普遍适用《反不正当竞争法》第12条解决互联网的不正当竞争纠纷。笔者认为，虽然网络技术呈一日千里的发展态势，在不久的未来可能会演化出新的流量劫持不正当竞争，但万变不离其宗，只要能够牢牢把握住不正当竞争行为的本质属性和特征，正确认定其构成要件，就能够准确的判断其行为的正当与否。据此，对于流量劫持行为的违法性认定宜根据《反不正当竞争法》第2条的规定，以主观过错、客观表现和损害结果三要件为标准，认定其违法性。

（一）主观要件：存在故意

主观过错指侵权人对自己所实施的侵权行为及其产生的损害结果所持的心理状态。

首先，流量劫持不正当竞争行为的侵权对象表现为特定的唯一针对性，指的是在互联网流量劫持案件中，侵权人侵权行为的实施对象往往是针对某一特定互联网经营主体的特定产品和服务。法院在审理此类案件时会衡量流量劫持是否具有针对或指向性，实施对象的特定唯一性是认定不正当竞争行为的前提之一。同时，法院也会结合行为主体是否具有对用户的反复诱导性、私自篡改网站地址和设置等事实，从而判断其行为主体的主观恶意。在判断经营者之间是否具有事实上的竞争，也可以参考行为对象是否具有唯一针对性。在网络经营活动中，互联网产品和服务经营者如果依据某些软件的特定功能研发应用产品，对于此软件的运营商来说具有唯一和针对的明显意向，可以认定双方拥有同样的用户群体，存在事实上的竞争，从法律角度可以认定具有竞争关系。[1]

---

〔1〕 参见李荪："流量劫持的网络不正当竞争行为研究"，中国政法大学2015年硕士学位论文。

其次，流量劫持行为的侵权人对于自己实施的不正当行为，其造成的社会危害性，以及二者的因果关系明确认知。上文所述的几种流量劫持行为通常都是行为人积极主动利用技术手段或方式，恶意引导用户或在用户不知情的情况下实施的，主观上希望通过损害竞争对手的利益而使自己受益。因此，流量劫持行为通常情况下都存在主观故意，并积极希望损害结果发生。

当然，由于网络不正当竞争行为本身的特殊性，很难直接认定流量劫持行为行为主体的主观要件，此时需要结合主体的行为、造成的损害结果以及主体在损害结果发生后采取的补救方法等进行综合判断。[1]

（二）行为要件：采取技术手段劫持流量

不正当竞争行为的客观表现为实施了法律禁止的行为，在流量劫持上通常表现为主动干预或干扰等技术手段迫使用户访问特定网站，劫持流量资源，从而增强自身竞争优势。这些行为破坏正常互联网竞争秩序，违背行业公认的商业道德，损害竞争对手和用户利益，对竞争对手的正常运营和用户评价造成负面影响。[2]

根据以往的流量劫持案件，侵权人使用的技术手段可以分为直接流量劫持和间接流量劫持两种。

第一，直接流量劫持。直接流量劫持，通常表现为"侵权人通过网络钓鱼、欺诈或利用软件漏洞等手段，未经其他经营者同意将他人网站链接地址改为自己的网址信息，使用户点击他人网站时直接链接到自己的网页的行为"。[3]网页内容通常是划分区域展示，在不同的区域内定义不同链接地址。部分网络经营者利用这种技术，在制作自己的网页时在某一区域内显现其他经营者的网站信息，使网络用户误认为该区域链接着其他经营者的相关网站而进行点击。点击后所显现的并不是其他经营者的链接网站内容，而是该网络经营者的网站或者广告，但用户对此根本不知情，造成了一定程度的访问混淆。[4]

这种直接劫持流量的行为利用了其他经营者的商誉或者知名度等信息，

---

[1] 参见李苏："流量劫持的网络不正当竞争行为研究"，中国政法大学 2015 年硕士学位论文。
[2] 参见李苏："流量劫持的网络不正当竞争行为研究"，中国政法大学 2015 年硕士学位论文。
[3] 李苏："流量劫持的网络不正当竞争行为研究"，中国政法大学 2015 年硕士学位论文。
[4] 参见李苏："流量劫持的网络不正当竞争行为研究"，中国政法大学 2015 年硕士学位论文。

使用户混淆，不符合用户的点击目的，影响其他经营者网页广告点击率，损害其商业利益，并提升自己网页的广告点击率或者产品浏览量。2010 年百度遭流量劫持事件就是一种直接流量劫持。

第二，间接流量劫持。间接流量劫持不同于直接流量劫持所使用的篡改网络地址之手段，手段通常较为隐蔽，但目的同样通过影响用户自主选择，降低其他经营者的关注度或点击率，破坏了市场公平竞争的秩序，违反了诚实信用原则。

以下是几种较为常见的间接流量劫持行为：

（1）擅自修改搜索引擎服务内容

该种流量劫持行为通常发生在浏览器服务商与搜索引擎运行商之间。浏览器服务商与搜索引擎运营商进行协商，将搜索引擎框嵌入浏览器导航页面中，本是正当的合作方式。然而，浏览器服务商在未经搜索引擎运营商的同意下，对搜索框下拉提示词进行修改，会使部分用户的流量跳转至浏览器服务商所增改的搜索结果页面。这种行为的目的在于利用技术手段削弱其他竞争者的流量，增加自身的利润，干扰了搜索引擎运营商的服务模式。

（2）插标拦截行为

该种流量劫持行为通常发生在安全软件服务商与其他产品或服务运行商之间。安全软件经常会在用户的搜索结果旁利用图标提示用户可能进入的网页存在不安全因素，可能会对计算机或者用户信息造成威胁，用户可以将其作为参考，自由选择是否继续进入该网页。

安全软件的安装目的即是为了保护用户个人的信息和财产安全，对访问的网站进行警告或者木马、病毒等直接拦截，都是合理合法的正当行为。但如果安全软件服务商打着保护用户网络安全的旗号，实则为了个人利益，擅自向产品和服务经营者的网页标注不安全标签，从而减少了部分用户对这部分网站的访问，损害了这部分经营者的利益，则超出了合理合法的范围，构成一种不正当的行为。

以上两种行为在百度诉奇虎 360 不正当竞争纠纷案中都得以体现。

（三）结果要件：使竞争对手财产损失或社会信誉评价降低

流量劫持行为造成的损害结果通常为财产损失和社会信誉评价降低[1]。

首先，流量劫持行为最直接的影响即为降低了被侵权经营者的用户流量，从而影响到了以流量为基础的经济利益。其次，部分流量劫持行为易使用户产生混淆，在不知情的情况下，误认为自己进入的是被侵权经营者的网站，如果侵权人提供的商品的质量较低或者服务较差，或者用户误以为是被侵权经营者网站存在安全隐患，会使被侵权经营者的商业信誉遭受损害，长久以来会导致其社会评价降低，影响被侵权经营者的市场份额。

综上所述，流量劫持行为通常是侵权人积极主动采用直接流量劫持或间接流量劫持的技术手段，削弱其他经营者流量，妨碍、破坏其他经营者合法提供的网络产品或者服务正常运行，损害被侵权人利益和用户的利益，扰乱市场竞争秩序，从而抢占市场资源，获取关注度和经济利益，具有主观恶意和客观违法性，并造成了损害结果，符合《反不正当竞争法》第 2 条对不正当竞争行为的规定。

五、流量劫持不正当竞争行为典型案例分析

流量劫持是通过互联网技术而实施的侵权行为，技术的中立性和行为的不正当性有着微妙的联系。技术创新和消费者利益的抗辩也增加了行为正当性的判断难度。笔者将以"百度诉搜狗不正当竞争案""百度诉珠穆朗玛不正当竞争纠纷案""百度诉青岛奥商、联通青岛不正当竞争纠纷案"为例对流量劫持不正当竞争的司法实践加以探析。

（一）百度诉搜狗不正当竞争案[2]

百度诉搜狗不正当竞争案是一起典型的客户端流量劫持不正当竞争纠纷，原告是北京百度网讯科技有限公司，被告是北京搜狗信息服务有限公司。原告诉称，当用户在安装有搜狗"灵犀"输入法的电脑上使用百度搜索引擎时，被告提供的搜索候选将隐藏和覆盖百度搜索引擎的下拉菜单功能，点击下拉

---

〔1〕　参见李苏："流量劫持的网络不正当竞争行为研究"，中国政法大学 2015 年硕士学位论文。
〔2〕　参见北京市海淀区人民法院（2015）海民（知）初字第 4135 号民事判决书。

菜单中的任何词会自动跳转到搜狗公司经营的搜狗搜索结果页面。据此，原告控告被告的行为涉嫌流量劫持，具有不正当性，将北京搜狗信息服务有限公司诉至法院要求赔偿其损失 100 万元。

被告提出以下抗辩：第一，搜狗"灵犀"输入法提供的搜索候选服务为输入法与搜索引擎技术相结合的创新产物，实现了用户通过输入法产品，在全环境下自主选择，随时调用搜索引擎的便利性使用户获取信息更简单，该技术创新具有中立性，并不存在针对百度公司的不正当竞争行为。第二，包括百度输入法在内的多种输入法都提供相似功能，因此输入法中提供搜索候选服务是行业发展的必然趋势，属于商业惯例。第三，"灵犀"输入法从安装过程到具体使用中，都多处向用户提示搜索候选由搜狗公司提供，不会产生混淆和误认的后果，如果用户不想搜索候选功能，可以更改设置自主选择，其产品充分尊重用户的自主选择权。第四，"灵犀"输入法的搜索候选功能并未不当干扰用户对百度搜索引擎的使用，用户可以通过点击空格键输入文字上屏等其他方法正常使用百度搜索引擎。综上，被告所实施的行为是其经营自主权的体现。况且在用户点击"灵犀"输入法的搜索候选之前，文字输入并未上屏，百度搜索功能也并未启用，这部分用户流量并不必然属于百度搜索。因此搜狗公司并未构成流量劫持的不正当竞争行为，百度公司主张损害赔偿及合理支出的诉讼请求没有事实依据及法律基础。

法院将该案争议的焦点归纳为两个方面：一是将输入法与搜索引擎相结合的技术本身是否具有创新性；二是搜狗输入法搜索候选的具体设置与展示方式是否具有正当性。在论及涉案产品是否属于技术创新时，法院认为[1]将输入法的功能扩张至搜索领域的做法使得用户在互联网环境中只要发生文字输入的行为，就可以调用相关搜索引擎获取与输入文字相关的信息，从而实现一站搜索，不再需要专门打开搜索引擎网站进行搜索，因此，在技术上具有创新性。在搜狗输入法搜索候选的具体设置与展示方式是否具有正当性方面，法院认为尽管搜狗输入法的搜索候选功能具有技术上的创新性，但是不得以技术创新为理由实施违背诚实信用原则的不正当竞争行为，搜狗输入法搜索候选的具体设置和展示方式并不具有正当性。

---

[1] 参见北京市海淀区人民法院（2015）海民（知）初字第 4135 号民事判决书。

　　法院从用户的使用习惯和心理预期、用户的知情权与选择权、搜狗输入法经营自主权的边界、行业惯例与搜索功能展示策略等方面对被告的主观意图和客观行为进行分析和评价，认为搜狗公司主观上明知或应知百度搜索引擎下拉提示词的显示方式，却不加避免，采取了与之相似的搜索候选呈现形式，主观上具有过错；客观上搜狗输入法在用户事先选定百度搜索的情况下，先于百度公司以类似搜索下拉列表的方式提供搜索候选，实则是利用搜狗输入法在搜索引擎使用中的工具地位，借助用户已经形成的百度搜索使用习惯，诱导用户在不知情的情况下点击候选词进入搜狗搜索结果页面，造成用户对搜索服务来源混淆的可能，不当争夺、减少了百度搜索引擎的商业机会，其行为构成不正当竞争。

　　（二）百度诉珠穆朗玛等不正当竞争案[1]

　　百度诉珠穆朗玛等不正当竞争案是一起因恶意插件修改搜索引擎搜索结果而引发的流量劫持不正当竞争纠纷。该案的原告为北京百度网讯科技有限公司，被告为北京珠穆朗玛网络技术有限公司。被告未经原告许可，违背原告的意志，在原告的搜索页面上强行增加了搜索导航的链接、缩略图以及原告网站信息。

　　法院认为：被告的行为违反商业道德和诚实信用的原则。被告未经他人许可，在他人的搜索页面上增加搜索导航的链接、缩略图及非本网站信息等内容，使原告不能按照自己的意志向互联网用户提供服务，破坏了原告的商业运作模式，削弱了原告的搜索引擎服务的竞争力，违反商业道德和诚实信用的原则。其次，被告的行为使用户无法体验到原告提供的服务。在安装了被告的软件后，即使用户进入原告的网站，也不能真正体验到原告提供的服务，极易导致用户误认为被修改过的页面即是原告提供的页面，阻碍了原告与互联网用户之间正常的业务往来，降低了原告在互联网中的影响力和竞争力，损害了原告在互联网环境中的发展。再次，被告的行为减少了原告网站的访问流量。被告在原告的搜索页面上增加了导航服务，使访问者在原告的页面上能够轻易地访问被告及被告所链接的网站，极易引导或带走原告网站的访问者，对原告的访问量进行了分流，导致原告的访问流量减少，增加了

---

　　[1]　参见北京市第一中级人民法院（2005）一中民初字第 5456 号民事判决书。

对被告及被告所链接网站的访问量,直接损害了原告网站的经济效益。

综上所述,被告违反诚实信用原则,利用开发软件的方式,未经原告许可,在网络用户端大量安装其软件,针对原告的搜索页面,非法强行加入非本网站的信息,干扰了原告网站的正常运行,损害了原告及其客户的利益,被告的行为构成了对原告的不正当竞争。

(三) 百度诉青岛奥商、联通青岛等不正当竞争纠纷案[1]

百度诉青岛奥商、联通青岛等不正当竞争纠纷案是一起典型的互联网运营商利用其网络基础地位实施的流量劫持不正当竞争案件。该案中,原告是北京百度网讯科技有限公司,被告是青岛奥商网络技术有限公司、中国联合网络通信有限公司青岛市分公司、中国联合网络通信有限公司山东省分公司。原告认为三被告在青岛地区利用网通的互联网接入网络服务,在百度公司的搜索结果页面出现前强行增加广告进行推广宣传,不仅导致了大量的网民误以为三被告实施的广告是原告故意设置的,而且造成了网民和流量的大规模流失,损害了原告的商誉及经济利益,该行为具有不正当竞争性,遂诉至山东省青岛市中级人民法院。三被告否认其实施了以上行为并辩称,原告没有提供任何有效证据证明第三被告实施了对方所指控的不正当竞争或侵权行为。

对于被告是否实施以上行为,一审法院认为[2]:第一,在互联网上登录搜索引擎网站进行关键词搜索时,正常出现的应该是搜索引擎网站搜索结果页面,不应弹出与搜索引擎网站无关的其他页面,但是在联通青岛公司所提供的网络接入服务网络区域内,却出现了与搜索结果无关的广告页面强行弹出的现象,这种广告页面的弹出并非接入互联网的公证处计算机本身安装程序所导致,被告联通青岛公司既没有证据说明在其他网络接入服务商网络区域内会出现同样情况,也没有对在其网络接入服务区域内出现的上述情况给予合理解释,应当认为原告对此进行的解释成立,即在被告联通青岛公司提供互联网接入服务的区域内,对于网络服务对象针对百度网站所发出的搜索请求进行了人为干预,使干预者想要发布的广告页面在正常搜索结果页面出现前强行弹出。且被告奥商网络是该干预行为的受益者,在其没有提供证据

---

[1] 参见青岛市中级人民法院(2009)青民三初字第 110 号民事判决书。
[2] 参见青岛市中级人民法院(2009)青民三初字第 110 号民事判决书。

证明存在其他主体为其实施上述广告行为的情况下，应当认为被告奥商网络是上述干预行为的实施主体。第二，奥商网络这种干预行为不是通过在客户端计算机安装插件、程序等方式实现，而是在特定网络接入服务区域内均可以实现，因此，这种行为如果没有网络接入服务商的配合无法实现，被告联通青岛公司并没有证据证明被告奥商网络是通过非法手段干预其互联网接入服务而实施上述行为，同时根据查明的事实，http://air.qd.sd.cn 域名实际使用人为联通青岛公司，并且联通青岛公司与奥商网络合作经营电话实名业务，即联通青岛公司亦是上述行为的受益人，因此，联通青岛公司亦是上述干预行为的实施主体。

对于被告实施行为的正当性，一审法院认为，同属于从事互联网相关业务的市场主体的二被告利用原告在互联网市场中的优势，利用技术手段强行弹出广告，显然属于利用百度公司的市场知名度来为自己牟利的行为，这种行为既没有征得原告的同意，也违背了使用其互联网接入服务用户的意志，违背了公认的商业道德。该行为导致原告用户的流失，致使原告难以实现其预期商业目的，损害了原告的经济利益。该行为还容易导致网络用户误以为弹出广告页面系百度公司所为，会使网络用户对百度公司所提供服务的评价降低，对百度公司的商业信誉造成一定不利影响。综上，被告的行为违反了《反不正当竞争法》第2条一般条款的规定，构成不正当竞争，依法应承担民事责任。

被告对一审法院的判决结果不服向山东省高级人民法院提起上诉，二审法院认为虽然联通青岛公司是互联网接入服务经营者，百度公司是搜索服务经营者，服务类别上不完全相同，但联通青岛公司实施的在百度搜索结果出现之前弹出广告的商业行为与百度公司的付费搜索模式存在竞争关系，基于此，一审法院对事实的认定以及法律的适用并无不当，最终驳回上诉，维持原判。

（四）司法实践中流量劫持不正当竞争行为判定的逻辑思路

从上述三个典型案例，可以总结出我国司法实践对流量劫持不正当竞争行为规制的逻辑思路，即先确定经营者的主体资格，再以《反不正当竞争法》第2条作为大前提，结合个案分析被告的行为表现是否违反商业道德与诚实信用原则，行为结果是否造成原告流量分流及其他损失。在百度诉珠穆朗玛不正当竞争纠纷案和百度诉青岛奥商、联通青岛不正当竞争纠纷案中，被告存在明显的过错，其主观过错外化于客观的行为表现中，因此，两个案件的判决中并未专门阐述行为的主观状态。但是，这并非意味着构成流量劫持行为的要件中不包括主观过错。在百度诉搜狗不正当竞争案中，法院从用户的使用习惯和心理预期以及用户的知情权与选择权应受尊重两个方面认定被告存在主观过错。因此，司法实践中基本遵从主观过错、客观表现、损害结果三要件的逻辑认定流量劫持行为的违法性。

六、小结

在互联网流量竞争日益加深的背景下，流量劫持不正当竞争愈演愈烈，并具有较为明显的社会危害性。但因与技术交织，其不正当竞争性质的界定一向引发颇多讨论。由于互联网竞争行为存在特殊性，流量劫持不正当竞争行为的规制一度处于法律空白地带，只能借助一般条款加以判决。近几年立法积极应对互联网领域的不正当竞争，新《反不正当竞争法》的"互联网条款"对流量劫持行为不正当竞争性质给以明确的界定。如何适用"互联网条款"规制互联网新型不正当竞争行为，将是《反不正当竞争法》修订后的一项重要课题。期待"互联网条款"相关的司法解释及配套规则能够尽早出台，为司法和行政机关适用"互联网条款"规制流量劫持行为提供更为明确的指引。

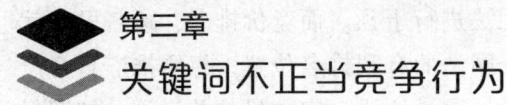

第三章
关键词不正当竞争行为

随着互联网的迅速普及，网民规模在不断增长的同时，网上购物、网上支付等网络经济也在蓬勃发展中，互联网市场不断壮大，日趋成熟，竞争也同样在加剧。而只要有竞争，不正当竞争行为就会发生。其中一类网络不正当竞争行为就是利用关键词的不正当竞争行为。而根据报告，截至 2017 年 12 月，我国搜索引擎用户规模达 6.40 亿，使用率为 82.8%，用户规模较 2016 年底增加 3718 万，增长率为 6.2%；手机搜索用户数达 6.24 亿，使用率为 82.9%，用户规模较 2016 年底增加 4887 万，增长率为 8.5%。搜索引擎的普及使得关键词不正当竞争行为更加泛滥。

一、关键词不正当竞争行为概述

经营者为了吸引用户，提高网站访问量，会在关键词上费尽心思。如淘宝等电商网站上的服饰类卖家可能就会为自身商品添加"时尚""新款"等多项标签，此类关键词是经营者均可以添加的，但是如果设定的关键词属于他人的商业标识，是他人所专有的权利符号，则会导致不正当的竞争。

这种行为被称为"埋字串"，或称"设置元标记"[1]，即指将他人网站的网站标记、所有者信息、表达网站特色的关键词等埋置于自己网页的源代码中，当用户键入关键词查找该他人网站时，设置元标记行为人的网页就会出现在搜索结果中。行为人所埋设的字串往往是某些著名商标、商号，或者是与这些著名商业标志相近似的符号。

利用关键词得到的搜索结果分为自然排名和竞价排名，自然排名是根据搜索引擎算法而获得排列结果的，它会参考网站内容与关键词的匹配度及网站外链权值等因素，运用运算法则以从高到低的顺序在页面上显示出相关的

---

〔1〕 钟静宜："浅析网络不正当竞争行为及其法律规制"，载《法制与社会》2009 年第 1 期。

搜索结果。可以说，这一过程人工无法进行干预。而竞价排名，顾名思义就是指通过竞争出价的方式，获得某个网站的有利排名位置。想要推广自身产品或服务的经营者在购买该项服务后，通过注册一定数量的关键词，按照付费最高者排名靠前的原则，购买了同一关键词的网站按不同的顺序进行排名，出现在网民相应的搜索结果中。

百度、淘宝等不同类型的搜索引擎均提供竞价排名服务，具体业务如百度推广、淘宝直通车等。在这些第三方搜索引擎中，网站关键词也是由网站经营者自己设定的。在《百度推广服务合同》中写明，经营者向百度申请一个百度推广服务管理账号，经营者可以根据其注册用户名和密码，登录百度推广服务管理账号，修改账号内的注册信息，注册、修改或删除关键词和网站推广信息，查询乙方注册的关键词点击量统计报告等。

在这种情况下，在搜索引擎中用甲公司的商业标识作为关键词进行搜索，就可能出现甲公司为提高自身网站的访问量，使用知名乙公司的商业标识作为自己的关键词并出价使自身网站位于搜索结果首位的不正当竞争行为。

二、关键词不正当竞争相关概念界定

（一）搜索引擎与关键词

搜索引擎是指根据一定的策略、运用特定的计算机程序从互联网上搜集信息，在对信息进行组织和处理后，为用户提供检索服务，将用户检索相关的信息展示给用户的系统。

而网络上的信息名目繁杂，浩如烟海，如何在搜索引擎中快速、准确地找出自己想要的内容，借助关键词进行查找就是一种重要手段。关键词搜索是网络搜索索引的主要方法之一，关键词即用户希望了解的某项产品、服务和公司等的具体名称用语，是想要获取某种信息的最精炼的概括。对用户和目标信息网站来说，关键词是它们之间互动的媒介，替作为搜寻者的用户搭建一座通向目标信息网站的桥梁，帮作为经营者的信息提供网站吸引更多的来访用户。

（二）搜索引擎服务商

提供关键词搜索服务的，除了经营者自身的网站内部之外，还包括通用网页搜索引擎，如百度、谷歌、搜狗等专业提供搜索服务的网站，也包括行业垂直搜索引擎，即某行业信息积聚类网站所提供的信息搜索服务，如亚马逊、淘宝、京东等电商网站内部提供的商品或店铺搜索。

三、关键词不正当竞争的行为类型及典型案例分析

基于某项关键词进行搜索会出现两种结果：一是关键词显示在搜索结果页面上。即该项关键词会出现在搜索结果页面的网页标题上或所链接网页内部的描述内容中，两者有其一或者均有出现。二是关键词不显示在搜索结果页面上。只是将关键词埋置于网页的源代码中，当用户搜索关键词时会搜到该网页，但关键词在网页标题和内容中均不会出现。接下来将针对这两种结果所引发的不同情况进行分析。

（一）显性使用：关键词显示在搜索结果页面

关键词显示在搜索结果页面上是关键词的一种显性使用。从目前发生的案例来看，发生的纠纷主要有两种情形。

一是直接使用他人商业标识作关键词导致的混淆、误认。在上海大众搬场物流有限公司诉百度商标侵权和不正当竞争案[1]中，搜索"上海大众搬场物流有限公司""大众搬场"等关键词，会在百度网站的"竞价排名"和"火爆地带"栏目网页中出现大量假冒原告大众搬场公司的网站链接。法院认定接受百度网站"竞价排名"服务的第三方网站未经许可擅自在其网站上使用"大众搬场物流有限公司""大众搬场"等字样，假冒原告大众搬场公司的网站，使相关公众对其提供的搬场服务的来源产生误认，构成了针对原告大众搬场公司的不正当竞争行为。

二是通过某种表述建立起与他人商业标识的联系。在乐淘诉好乐买与谷歌不正当竞争纠纷一案[2]中，在谷歌网站输入"乐淘""乐淘网""letao"等关键词，网站出现"买运动鞋，乐淘不如好乐买"链接，点击链接即可进入好乐买公司经营的好乐买网站。法院认为好乐买公司将已与乐淘公司之间建立起稳定联系的商业标记为关键词，并在搜索结果页面优先展示自己网站

---

〔1〕　参见上海市第二中级人民法院（2007）沪二中民五（知）初字第 147 号民事判决书。

〔2〕　参见北京市海淀区人民法院（2010）海民初字第 15755 号民事判决书。

的链接，捏造、散布虚假事实，损害竞争对手的商业信誉、商品声誉，构成不正当竞争。而在富安娜诉罗莱家纺案中，以"富安娜"作为关键词，会搜索出现"买富安娜，到LOVO"的网页链接，并排在结果首位，其导向的也是罗莱家纺的网站。

可以看出，第一种情况在网页标题上擅自使用他人商业标识作关键词，构成仿冒行为。仿冒行为是指行为人未经商业标识权利人的许可，故意、擅自将相似或者相同的商业标识用于相似或者相同的商品或者服务上，最终导致消费者混淆购买对象的行为。[1]混淆是判定仿冒行为的关键性指标。我国《反不正当竞争法》与《中华人民共和国商标法》（以下简称《商标法》）里的"混淆"包括来源混淆和关联关系混淆，不承认初始兴趣混淆、售后混淆等形式。[2]在搜索结果页面的网页标题、所链接的网页内容中使用他人商业标识作关键词，可能引起混淆。而仅在程序中使用他人关键词引出经营者自身网页的链接却未使关键词出现，涉及到初始兴趣混淆，将在后文加以说明。

根据《反不正当竞争法》第6条的规定，经营者不得擅自使用与他人有一定影响的商品名称、包装、装潢等相同或者近似的标识，擅自使用他人有一定影响的企业名称、社会组织名称、姓名、域名主体部分、网站名称、网页等商业标识，引人误认为是他人商品或者与他人存在特定联系。"有一定影响"从《反不正当竞争法》的修订过程与立法本意上来看，是指为相关公众所知悉。相关公众具有一般的知识水平与认知能力，对商品的基本信息有常识性的了解。而经营者擅自使用上述有一定影响的商业标识导致的混淆行为，其判断标准也应该是基于一般公众的认识。

而关于主观上是否需要考虑过错，"擅自使用"是指未经许可而对他人知名商品的名称、包装、装潢作相同或近似使用。[3]它是一种行为，并不直接

---

〔1〕 参见刘继峰、王俊林主编：《竞争法规则与案例》，法律出版社2016年版，第4页。

〔2〕 参见周樨平："商业标识保护中'搭便车'理论的运用——从关键词不正当竞争案件切入"，载《法学》2017年第5期。《最高人民法院关于审理商标民事纠纷案件适用法律若干问题的解释》第9条将认定商标近似中的"混淆"解释为"易使相关公众对商品的来源产生误认或者认为其来源与原告注册商标的商品有特定的联系"。《最高人民法院关于审理不正当竞争民事案件应用法律若干问题的解释》第4条将"来源误认"解释为"包括误认为与知名商品经营者具有许可使用、关联企业关系等特定联系"。由此可见，我国法律语境况下的"混淆"包括来源混淆和关联关系混淆。

〔3〕 参见刘继峰：《竞争法学》，北京大学出版社2016年版，第280页。

反映当事人的主观过错状态。据行为人行为的客观表现和客观事实即可对行为是否构成不正当竞争行为进行认定。

第二种情况虽然也使用了他人的商业标识作为关键词，但并不会令人产生混淆，因为它将自己与他人的商品均列在了标题上。"买运动鞋，乐淘不如好乐买"是将两种商品作了对比，《最高人民法院关于审理不正当竞争民事案件应用法律若干问题的解释》第 8 条第 1 款规定的"对商品作片面的宣传或者对比的"可被认定为引人误解的虚假宣传。经营者为商品所做的宣传如果内容不真实，一般足以认定为虚假宣传。如果内容真实性无法确定，但具有明显的导向性，足以导致该商品的消费者对商品产生错误的认识，误解该商品具有本不存在的品质特征或者其他特点，同样构成引人误解的虚假宣传的不正当竞争行为。

同时《反不正当竞争法》第 11 条规定："经营者不得编造、传播虚假信息或者误导性信息，损害竞争对手的商业信誉、商品声誉。"我国反不正当竞争法中关于虚假宣传和商业诋毁的规定存在一定竞合关系。在对比性的表述中，将同类产品进行直接、明显的优劣对比，必然影响其中被列为较劣一方的产品在公众中的评价，在构成虚假宣传的同时又可能构成商业诋毁。"乐淘不如好乐买"通过对比，贬低对手，同时构成虚假宣传与商业诋毁，而"买富安娜，到 LOVO"虽然没有直接攻击富安娜，但其肯定的语气也传达出富安娜不如 LOVO 的讯息，而且明确直接地带有命令式口吻让想买富安娜的人去买 LOVO，存在误导或欺骗消费者的嫌疑，也是对自己的商品或服务做了虚假或引人误解的宣传。

如果使用"想买富安娜吗？也可以来试试 LOVO"这种推荐态度的表达，笔者认为是相对合适的，因为其并不会使消费者产生误解，也给了消费者更多的选择。虽然是利用富安娜的商誉为自己争取来可能交易的机会，但并没有实质损害到富安娜的利益。

(二) 隐性使用：关键词不显示在搜索结果页面

关键词不显示在搜索结果页面上，属于关键词的一种隐性使用。对于显性使用关键词涉及的混淆，有法律加以规制，实务中此类案件也有类似的判决。但对于隐性关键词所触发的混淆，法律实践中却存在不同的裁判态度，而属于这种情形的案件，也在逐渐增多，值得我们进行探讨。

在宁波畅想与中源、中晟公司商业贿赂不正当竞争一案中，被告中源公司、中晟公司在百度竞价排名搜索推广里将原告畅想公司的企业名称及字号"畅想软件""宁波畅想软件开发有限公司"设置为关键词，当相关公众搜索"畅想软件""宁波畅想软件开发有限公司"时，在位列搜索结果首位出现被告"富通天下"广告推送，而不是在搜索结果首位出现畅想公司的相关产品及服务。但中源、中晟公司在其推送的标题和内容中并未提及畅想公司的这些关键词。

一审法院认为[1]，中源公司、中晟公司在后台使用了畅想公司的企业名称及字号，在搜索结果里中源公司、中晟公司的创意标题、描述内容和链接网址均标注了其提供的产品及服务为"富通天下"软件，并在标题旁边标注了"推广链接"，使得百度推广的结果与自然搜索的结果区分开。其设置足以表明其提供的商品和服务的来源，并未故意造成与原告的商品及服务混淆误认。综合考虑其设置的推广链接的具体情形、关键词广告市场的特性以及网络用户的认知水平等因素，其行为尚未达到不正当竞争的程度。

最高人民法院再审裁定则认为[2]，其行为具有不正当性，理由如下：首先中源公司、中晟公司将畅想公司的企业名称和字号设置为关键词没有任何正当理由。其次在畅想公司具有一定知名度的前提下，中源公司、中晟公司显然具有利用畅想公司商誉，不正当获取竞争利益的主观故意。最后在搜索结果中首位出现"富通天下"广告推送，极有可能吸引相关公众的注意力，诱导相关公众去点击中源公司、中晟公司的网站，增加该网站的点击量，从而给该两公司带来潜在的商业交易机会，也使畅想公司失去了潜在的商业交易机会，损害畅想公司的利益。

可以看出，同一行为是否被给予不正当竞争的否定性评价不同，法院在衡量中会有不一样的考虑。

在四通搬家与百度不正当竞争案中，被告是搜索引擎服务商。搜索"四通搬家"，结果显示页面左上方为其他公司的推广链接，但推广链接的标题和网页描述中均未出现"四通"或"四通搬家"字样，下方为自然搜索结果，首个链接即为四通公司的网站；页面右侧为推广链接，首个链接亦为四通公

---

〔1〕 参见浙江省宁波市中级人民法院（2014）浙甬知初字第 196 号民事判决书。
〔2〕 参见最高人民法院（2015）民申字第 3340 号民事判决书。

司的网站，余下推广链接的标题和网页描述中均未出现"四通"或"四通搬家"字样。于是四通搬家将提供推广平台的百度诉诸法庭。

法院认为四通公司使用涉案关键词进行搜索时，四通公司的网站均排在自然搜索结果的首位。百度公司对于案外人的竞价排名行为，既未参与实施，亦不存在过错，已经尽到了合理的注意义务，并未共同构成不正当竞争。从涉案推广链接来看，无论是网页标签，还是网站介绍中并未出现"四通搬家"字样，消费者在搜索时不会产生混淆、误认。因此并未支持原告四通搬家的诉讼请求。

在后台使用他人商业标识作为关键词以触发自身网站链接的行为涉及初始兴趣混淆。初始兴趣混淆，又称售前混淆，是由于经营者使用与商标权人商标相同或近似商标使消费者在实际购买前发生的混淆。[1]它是一种对产品最初产生购买兴趣时的混淆，但在实际购买时对产品的来源并没有产生混淆。在此类案件中，消费者出于想购买原告商品或服务的目的搜索其关键词，出现的却是有其他经营者网站链接的搜索结果。但在点开其网站链接后，包括其标题与内容均不会出现原告的商业标识。消费者在看到搜索结果或进入网站后会发现并非是自己想要搜寻的网站。但是在这种情况下，消费者可能会对误入的网站产生兴趣，想要多了解一番，进而增加了该网站的交易机会。原告商业标识的关键词被作为一种隐藏的敲门砖来使用，将想去甲家的客人引入乙家。

以上两个案例都属于初始兴趣混淆，但是初始兴趣混淆是否就认定其构成混淆呢？美国法院在判例的基础上总结出判断混淆的八大因素，称为 Sleekcraft 因素[2]，即标志的显著性强度、商品的相似性、标志的相似性、实际混淆的证据、营销渠道、消费者的注意程度、被告的意图和扩张的可能性。在其后的判例中又添加了"未清晰地标记""网站的陈列方式"等作为混淆的考量因素。不同因素在不同案件中的轻重程度也不同，可以结合具体案例加以参考。

---

〔1〕 参见邓宏光："商标混淆理论之新发展：初始兴趣混淆"，载《知识产权》2007 年第 3 期。

〔2〕 参见金玉利："初始兴趣混淆理论在电商关键词搜索侵权判定中的运用——'Multi Time Machine, Inc. v. Amazon. com, Inc.；Amazon Services, LLC'案评析"，载《郑州轻工业学院学报（社会科学版）》2015 年第 6 期。

虽然在司法实践中态度不一，但是笔者认为，初始兴趣混淆，在我国不应该被采用。主要有以下几个理由：首先，它其实并不会构成一种实质意义上的混淆，消费者在看到标题或点击进入网站后就会知道其不是自己想要购买的目标网站，因为完全没有出现目标网站的商业标识，只是在不会被看到的后台进行操作而已。如果只是在开始一瞬间的混淆完全可以忽略不计，不足以认定为混淆。很明显不会造成这种后果。其次，它反过来说也为消费者提供了更多的选择。消费者本来可能也没有执着于一定要购买商标权人网站的商品或服务，可能只是知晓所以想要更多地了解，也没有确定说要购买。而其他经营者的网站消费者是不知晓的，借助这一行为使消费者了解到之前不知道的品牌，从而也有了更多对比与选择的空间，也可以为自己谋得更为优质更为满意的商品与服务。而同时，如果消费者表示不满意，他仍然可以返回去找一开始的目标网站进行交易，并不会造成胁迫他一定就要在此网站进行交易的情况。所以说，对消费者来说，只是增加了几秒的时间消耗成本，几乎可以视而不见，但如果消费者反而通过这一形式得到了更加满意的收获，对其来说，更不失为一件美事。最后，竞争市场开放包容，法律也应给其一个宽松的环境，促进其发展壮大。在不应该限制的时候不要做过多的限制。既然其没有明显地违反法律法规，那么这种行为就可以存在。这也是为了竞争的多样化与市场繁荣的考虑。因此笔者认为不应因此就认为是构成了不正当竞争。

四、关键词不正当竞争行为认定要件

由于互联网领域的特殊性，在保护市场竞争秩序的同时，还必须考虑技术的商业价值，保护技术创新。因此，在关键词不正当行为的认定中，应当严格基于以下几个方面进行具体分析来判断。

（一）主观要件：存在故意

在上述畅想公司诉中源公司、中晟公司案中不同法院给出不同认定结果的其中一个因素，即在当事人的主观故意上就存在差别。一审法院认为推广链接与自然搜索的结果在页面上作出了明显的区分，而且推广链接中完全没有出现畅想公司的关键词，所以不存在想要造成混淆的故意。但最高院则认为，中源公司、中晟公司无端将畅想公司的商业标识在后台设置成自己公司的关键词本身这一行为就逻辑不通，没有正当理由依据。而畅想公司拥有一定的知名度，合理怀疑是中源公司、中晟公司想借助畅想公司的东风，为自己谋得点击率与交易可能性。笔者认为，虽然在实践中会考察当事人的主观故意，但在不正当竞争行为的认定中实则无需考虑当事人的主观心理。因为首先，在《反不正当竞争法》中就没有考虑过实施行为的人的主观应当是什么样子。其次，在竞争中，经营者无论是采取正当或者不正当的竞争手段，其难免会带有想要排挤对手、为自己争取交易机会的主观意识。如甲商店赶在乙商店开业之前先行开业，为自己谋得先机。这一行为是合法正当的，但甲商店不可避免地会存有想要与乙商店进行竞争，希望更多客户都能来甲商店而不去乙商店的心理。这是正当的，是在互相竞争中非常正常的生意人的想法，无可指摘，无法否认。因此，应该以实施的具体行为来进行认定，从行为的要素去解析是否与上文提到的标准相符合，而不是执着于当事人的主观上是出于何种目的，是否想要如何。事实上，在当事人主动去操作一种不正当竞争行为时，某种意义上已经说明了他的主观意识。

（二）主体要件：与其他经营者有竞争关系的网络经营者

实施关键词不正当竞争行为的主体毫无疑问是网络经营者，网络经营者通过不正当的关键词设定获取更多的用户访问量，致使与之有竞争关系的其他网络经营者受到损失。因此，在不正当竞争行为认定中对于竞争关系的判断尤为重要，并且常常用于确定网络经营者是否是违法行为主体。

1. 网络经营者的界定

不正当竞争行为的主体是实施不正当竞争的经营者。《反不正当竞争法》第2条第3款中明确指出，"本法所称的经营者，是指从事商品生产、经营或者提供服务（以下所称商品包括服务）的自然人、法人和非法人组织。"可见，只要参与到市场竞争中的主体均有可能成为不正当竞争行为的实施主体。

对于网络不正当竞争行为的主体，《网络交易管理办法》中使用"网络商品经营者、有关服务经营者"的表述，其第3条规定："本办法所称网络商品交易，是指通过互联网（含移动互联网）销售商品或者提供服务的经营活动。本办法所称有关服务，是指为网络商品交易提供第三方交易平台、宣传推广、信用评价、支付结算、物流、快递、网络接入、服务器托管、虚拟空间租用、网站网页设计制作等营利性服务。"同时它不仅包括具备登记注册条件并依法办理工商登记的法人、其他经济组织或者个体工商户，还包括不具备工商登记条件的利用网络从事商品交易及服务的自然人。而《互联网信息服务管理办法》将经营性和非经营性的服务活动均纳入服务的范围。可以说，互联网是一个十分开放的市场，没有严格的准入限制，所以网络经营者的范围也非常广泛。

2. 竞争关系的界定

竞争关系的界定直接决定着竞争的界定。在竞争关系界定上的宽与严，也直接决定着竞争行为和不正当竞争行为的范围大小。竞争关系有广义和狭义之分，狭义的要求考虑商品服务是否相同或者可以相互替代，是一种直接的竞争关系，而广义则不限于同业竞争者之间。随着市场的扩张与科技的进步，尤其是网络市场的兴起，不正当竞争行为日益复杂化。《反不正当竞争法》本身的保护目的也由竞争者向消费者和公共利益扩宽，《反不正当竞争法》的现代法律定位与社会发展实际均要求应采取广义的竞争关系概念。且由于网络环境的特殊性和问题的庞杂化，不应让是否具备竞争关系成为认定存在不正当竞争的障碍。而是只要侵害到竞争对手、其他经营者或消费者的权益的行为，均可以构成不正当竞争行为。

因此使用他人商业标识作关键词的经营者、搜索引擎服务商均可能成为关键词不正当竞争行为的主体。一般情况下，提供竞价排名的搜索引擎服务商需要尽到应尽的注意义务。而其除对明显违反国家法律法规以及具有较高知名度的商标等关键词应予主动排除之外，对于用户所选择使用的关键词并不负有全面、主动、事先审查的义务。但其仍应做好营业执照、工商部门登记等相关资格证书的信息审查。

(三) 行为要件：实施非正当性竞争行为

关键词不正当竞争行为之所以要受到严格的法律规制，根本原因是其行为违反了相关法律法规的规定或是违反诚实信用原则和商业道德，因此对于行为非正当性的判断十分重要。

1. 违反法律法规的规定

《反不正当竞争法》中的第 6 条、第 8 条、第 11 条可对关键词不正当竞争行为中符合要件的混淆行为、虚假宣传、商业诋毁等进行规制。我国行政机关也在制定相关法律法规规范网络不正当竞争行为，针对关键词不正当竞争，如工信部发布的《规范互联网信息服务市场秩序若干规定》第5条第（二）（四）项中指出，互联网信息服务提供者不得实施下列侵犯其他互联网信息服务提供者合法权益的行为："（二）捏造、散布虚假事实损害其他互联网信息服务提供者的合法权益，或者诋毁其他互联网信息服务提供者的服务或者产品；（四）欺骗、误导或者强迫用户使用或者不使用其他互联网信息服务提供者的服务或者产品。"还有国家工商总局发布的《网络交易管理办法》第19条规定，网络商品经营者、有关服务经营者销售商品或者服务，应当遵守《反不正当竞争法》等法律的规定，不得以不正当竞争方式损害其他经营者的合法权益、扰乱社会经济秩序。同时，不得利用网络技术手段或者载体等方式，擅自使用知名网站特有的域名、名称、标识或者使用与知名网站近似的域名、名称、标识，与他人知名网站相混淆，造成消费者误认。但更多发生的新型关键词不正当竞争行为仍需要在一般条款中寻求其非正当性。

2. 违反诚实信用原则和商业道德

《反不正当竞争法》第2条第1款规定："经营者在生产经营活动中，应当遵循自愿、平等、公平、诚信的原则，遵守法律和商业道德。"诚实信用原则和公认的商业道德应作为判断行为正当性与否的标准。而《反不正当竞争法》并未对诚实信用原则和公认的商业道德给予明确定义，但最高人民法院在有关判例[1]中对其作了具体解释，认为在竞争法律中，公认的商业道德是诚实信用原则主要表现形式。商业道德要按照特定商业领域中市场交易参与者即经济人的伦理标准来加以评判，它既不同于个人品德，也不能等同于一般的社会公德，所体现的是一种商业伦理。反不正当竞争法所要求的商业道德必须是公认的商业道德，是指特定商业领域普遍认知和接受的行为标准，具有公认性和一般性。

北京市高级人民法院发布的《关于涉及网络知识产权案件的审理指南》第34条列举了在对公认的商业道德进行认定时，可以综合参考的内容：（1）信息网络行业的特定行业惯例；（2）行业协会或者自律组织根据行业特点、竞

---

〔1〕　参见最高人民法院（2009）民申字第1065号民事裁定书。

争需求所制定的从业规范或者自律公约；（3）信息网络行业的技术规范；（4）对公认的商业道德进行认定时可以参考的其他内容。

中国互联网协会发布的《互联网搜索引擎服务自律公约》、《互联网终端软件服务行业自律公约》等在关键词不正当竞争案件中可作为认定行业惯常行为标准和公认商业道德的事实依据。

（四）结果要件：损害社会及其他市场主体利益

关键词不正当竞争行为的损害结果为，侵犯社会及其他市场主体的利益，这些利益具体包括其他网络经营者的合法权益、消费者的利益、竞争秩序、社会经济秩序及社会公共利益等。当然，在虚拟的网络环境中具体的损害结果是难以被估量的，显性使用关键词导致混淆的发生也是因为认定在这样一种明显的情况下消费者很容易产生混淆，从而使本来的目标网站所有者丧失本该属于他的交易机会，但这一交易机会已被其他的不正当竞争者抢夺。这一损害行为是会导致损害结果的，因此只需关注损害行为是不是符合，而无需具体计算具体的损害结果。即使想要计算，也是无法实现的。下面就具体利益的损害进行详细分析。

1. 其他网络经营者的合法权益

反不正当竞争法既维护市场竞争的自由，又维护其公平。[1] 市场竞争是一种争夺市场机会的行为，经营者们一同参与竞争的结果必然是会导致不同经营者间利益的得失，因此竞争必有损害，正当竞争的损害是正常的，但不正当竞争侵害到其他经营者的利益却不被允许。关键词不正当竞争行为是想尽办法利用他人商誉为自己争取交易机会或利益，那么必然就会导致其他网络经营者交易机会的丧失。但是这种交易机会的丧失存在不确定性，网络环境信息繁多，情境复杂，涉及面广，又因为不现实性，很难厘清被侵害到的经营者受到的实质损害。所以其行为必须完全符合法律规定的要素，关键词显性使用中的混淆、虚假宣传和商业诋毁行为能够认定会影响受侵害经营者的预期商业目的，使其潜在的交易机会丧失，商品或服务评价降低，商业信誉受到影响，合法权益受损。但在初始兴趣混淆，没有足够的依据去判断产

---

〔1〕 参见孔祥俊：《反不正当竞争法的创新性适用》，中国法制出版社 2014 年版，第 13 页。

生影响的可能性，因此还要从整体外部效果去看。

2. 消费者的利益

保护消费者的利益也是《反不正当竞争法》立法目的之一，在关键词显性使用中的混淆、虚假宣传和商业诋毁行为会使消费者难以完成对目标商品或服务的选择，或者使他们产生混淆与误解，不能到达真正目的地的，或者降低对目标商品或服务的评价，同样影响到消费者的预期打算。而在初始兴趣混淆中，消费者只在打开搜索结果或点击网站链接的瞬间被误导，如果不满意点击返回键即可，这一瞬间误导产生的时间成本损害也是极其微小的。反过来看，其也为消费者提供了更多选择的机会。

3. 竞争秩序

从整体视角来看，竞争者利用关键词抢夺他人的商业机会，使消费者转投自己，似乎仍保持了市场的平衡。但是，这种利用他人商誉的行为是不诚实的，健康的竞争机制必须以自己的商品或服务的优质优价即完全依靠自己的经营活动去展开竞争。以不正当手段获取交易机会与竞争优势是偏离轨道的，这种行为会扭曲竞争市场，损及公平竞争秩序。在关键词竞价排名中，法院认为不构成不正当竞争也是因为其将自然排名与付费推广作了明显的区分，同时限制推广的页面占比。否则关键词真正的商标所有人如果不进行出价，搜索结果中自己的网页就会排在后面，甚至被推广淹没。其在损害商标所有人实质利益的同时，也会扰乱市场秩序，长此以往，秩序维护中就会存在隐患，隐患越来越大时，就会量变导致质变，公平、健康的市场环境也会难以维持。

4. 社会经济秩序

从更为广阔的高度来看，社会经济秩序正是由市场中的各项关系组成，部分也会在不同程度上影响到整体。不正当竞争行为使得其他经营者因此蒙受不公平待遇，被他人以不正当的方式褫夺了自己的交易机会或者遭受商业诋毁，名誉受损。可能心灰意冷，打击其经营积极性。也可能看到对方经营者借助此不正当的手段获取很多利益，从而效仿，走上不正之途。而对于因此获取了利益的不正当行为经营者来说，他无需付出劳动与努力，就借助他人的名声与商誉为自己获得了更多的机会，尝到甜头只会让其变本加厉，更加好逸恶劳，只想走不正当的途径获利，自身也会糜烂。无论是哪一种，长久而言，对社会经济秩序的影响都是消极的。且两方的这一行为，在不涉案的其他经营者眼中也会起到参照、示范的作用，对其他经营者也是一种影响。市场长期在不正当手段围绕中运行，积土成山、积水成渊，其结果是不容小觑的。而此时通过不正当手段获取的繁荣也是虚假的，是走向歧途与深渊的短期繁荣。因此，为了整体经济秩序的健康发展，不正当竞争手段，从一开始就不应该出现。当其不可避免地出现时，也应大力打击与遏制住其发展。

5. 公共利益

公共利益仍然是最终目的地。消费者利益其实是公益的一部分，某些程度上与其重合。消费者为了进行消费，输入关键词进行搜索，本来想要找的网站是其预期中的理想商品，但因混淆误认，可能购买了其他商品，品质、性能都非自己理想，那么其利益必然受到损害。而对于被恶意贬低的一些商家，消费者也会接收到这种错误信号从而产生误会，降低对其的原有评价与印象，从而错过了本来可能适合自己的商品。因此，如果说利用商标权人的商业标识做自己网站关键词的经营者是为消费者提供了更多选择可能性的话，那么导致其错过商标权人的网站其实反而是对消费者一种交易可能性的剥夺。而且当这种情况经常发生，消费者的心理也会受到影响，感到自己受到了欺骗，从而对网络交易产生不信任感，对市场与政府管理产生怀疑，从长远来看，对整个社会来说都是不利的导向。

五、小结

随着互联网对日常生活渗透的愈来愈深入，搜索引擎使用的愈来愈普及，异常的竞争行为也会持续不断地发生。且随着技术的升级，情境的复杂，还有可能出现新型的关键词相关案件，这些都需要我们一步步地去加以规制。规制首先要踏出的步伐，就是要对事物性质进行界定，从理论层面去解读它。而用什么样的方法、如何对其进行认定，也要在具体案件中参照上文列举的各个要件进行认定。时代在发展，技术在更新，问题也在频发与变化，认定也只能给出导向，帮助分析实际中的不同情境。道路即是如此，要走的还有很长。

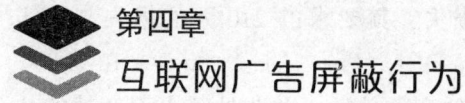

第四章
互联网广告屏蔽行为

一、互联网广告屏蔽行为典型案例

广告屏蔽行为正当与否在学界尚未形成统一的看法，与此相似，司法实践中针对此类行为的判决结果也迥然不同。2017 年成为法院判决态度的分水岭，2017 年前的广告屏蔽案件，法院几乎一边倒地认为屏蔽行为并不正当，[1]但在 2017 年的腾讯诉世界星辉案中，朝阳法院却一改往日态度，认定世界星辉的广告屏蔽行为属于正常市场竞争行为。笔者通过对比法院两种截然不同的司法实践，剖析广告屏蔽行为正当性判定中所值得思考的焦点。

（一）广告屏蔽行为构成不正当竞争的典型案例

互联网广告屏蔽行为在互联网行业屡见不鲜，在此方面也不乏经典案例。爱奇艺与北京极科极客屏蔽视频广告不正当竞争一案，由于案件被告并非互联网企业而是硬件厂商，此案一直受到广泛关注。

在"爱奇艺诉北京极科极客案"中，原告为爱奇艺科技公司，被告是北京极科极客公司。原告诉称被告所售的"极路由"路由器具有屏蔽视频广告的功能，其用户通过下载安装插件，再使用该公司的路由器上网，便可以将爱奇艺网站的广告屏蔽，包括视频前广告与暂停广告等。据此，爱奇艺公司认为北京极科极客公司的广告屏蔽行为不具有正当性，将北京极科极客公司诉至法院，要求赔偿 210 万。

被告的答辩理由主要有两点：第一，认为二公司分属于不同的竞争领域，其在所营业务、顾客群体以及销售方式等都存有不同之处，二者不属于竞争

---

〔1〕 诸如 2005 年的 QQ 诉珊瑚虫案、2013 年的优酷诉金山案、2014 年的爱奇艺诉北京极科极客公司案，以及 2016 年的爱奇艺诉乐视公司案。

对手；第二，认为原告公司并没有受损失，其要求的 210 万的损失与事实不符。

一审法院认为[1]，互联网主体间的竞争关系，并非处于永不变动的状态。互联网的快捷变化导致经营者业务的不断变动，业务变动使得原本不存在竞争关系的主体间随时能产生竞争关系。被告所实施的广告屏蔽行为在使自身营利的同时，将会减损原告的正当收益，这种利益上的此消彼长使得双方存在竞争关系。同时，被告利用"视频广告屏蔽"插件破坏了原告正常经营模式，原告本应获得的营业利益受损，被告的行为既不符合诚实信用原则的要求，又与公认的商业伦理相左，属于不正当竞争行为。被告不服，提起上诉。

二审法院对原被告之间竞争关系的存在没有异议，同时认为在互联网行业的自由竞争中，被告应当对原告的商业模式给予遵从，最后认定原告经营模式的破坏，也将影响广大网络用户的利益。故而判定被告的行为属于不正当竞争。[2]

(二) 广告屏蔽行为不构成不正当竞争的典型案例

在"腾讯诉世界星辉案"中，原告为腾讯公司，被告是世界星辉公司，是"世纪之窗浏览器"的开发经营者。原告诉称被告的"世纪之窗浏览器"能够屏蔽广告，用户使用该浏览器后，即可以屏蔽掉腾讯网站的广告。原告坚持此行为违反商业道德，并且对其造成损害事实，遂将世界星辉公司诉至法院。

世界星辉的答辩意见有以下四点[3]：第一，两公司之间不存在竞争关系，浏览器过滤广告行为也属于正常市场竞争行为；第二，原告所主张的营业模式不是法律保护的对象；第三，广告屏蔽对网站经营者的利益没有侵损，且一切结果均是正常竞争导致；第四，广告屏蔽技术并非专门针对原告，同时是否屏蔽广告由用户自主选择。

朝阳法院一审认为[4]：第一，原被告均是通过网络实现营利目的，争夺的用户群体高度重合，存在利益交叉，两公司中具有事实上的竞争关系，因

---

[1] 参见北京市海淀区人民法院 (2014) 海民 (知) 初字第 21694 号民事判决书。

[2] 参见北京知识产权法院 (2014) 京知民终字第 79 号民事判决书。

[3] 参见北京市朝阳区人民法院 (2017) 京 0105 民初 70786 号民事判决书。

[4] 参见北京市朝阳区人民法院 (2017) 京 0105 民初 70786 号民事判决书。

此不予采纳被告提出的二者无竞争关系的答辩理由；第二，被告浏览器并未直接宣传并标明广告屏蔽功能，要在浏览器右下角下拉菜单才能获取，并且浏览器对于广告屏蔽设置的默认选项为"仅拦截弹窗广告"，由此可以推定浏览器的广告屏蔽功能主要针对色情、赌博等恶性弹窗广告，并无屏蔽他人正当广告的故意；第三，原告腾讯公司自身对外提供的浏览器也能够过滤广告，可见屏蔽广告功能为浏览器行业惯例，且此功能并非针对特定主体，很难认为其具有不正当性；第四，互联网营业模式要在市场竞争中形成和改善，浏览器广告屏蔽行为只是正常市场竞争机制的一部分，且其没有损害网站经营者的根本利益；第五，广告屏蔽功能体现了对用户自主选择的尊重，优先考虑网络用户权益，具有正当性。综上，法院判令被告世界星辉的行为不属于不正当竞争。

（三）案例判决结果迥异原因分析

同样的广告屏蔽行为，在司法实践中却是完全相反的性质认定，上文两份法院判决中，除了在竞争关系的认定达成共识外，在行为人主观目的、经营者损害事实、营业模式保护以及消费者利益等方面，均存在不同认识。

首先归纳认为过滤广告属于不正当竞争的司法实践，法院判决的主要逻辑在于："破坏他人营业模式带来经营者利益减损，有违商业伦理和诚实信用原则"，判决从《反不正当竞争法》的立法精神出发，以诚实信用原则作为判断的首要原则，探究营业模式背后所包含的法益保护。在2017年《反不正当竞争法》出台前，诸如广告屏蔽行为一类竞争行为的规制处于模糊地带，法院援引一般条款以及普遍原则作为评判标准无可厚非。但法院忽略了互联网行业营业模式的不断更新，网站经营者不仅依靠"广告+免费视频"的营业模式，"付费会员制"的营业模式也在火速发展成为经营者收入的重要组成部分，在营收模式并不单一的现实情形中，原有营业模式以及经营者的部分利益是否成为值得法律救济的客体，在此类判决中往往探讨不足。

再来总结认为过滤广告不属于不正当竞争的司法实践，法院将广告屏蔽行为归于正常的市场竞争行为，并认为此种竞争带来消费者权益的最大化。诚然判决从市场和消费者的角度出发带来此案案件的全新视角，侧重对市场竞争和消费者利益保护，并且观点多有创新之处，但是笔者认为此份判决仍然存在几处问题，下面将一一指出。第一，行为人主观目的方面，不能仅从针对性、默认选项等加以推定，虽然浏览器并未针对特定视频网站进行广告屏蔽，但当用户通过该浏览上网时，浏览器即对视频网站开启针对性屏蔽功能；同时，若强调浏览器只有屏蔽恶意广告的目的，其完全可以只开启"拦截弹窗广告"功能，而不提供其他可以任意屏蔽贴片广告的功能并且提供屏蔽广告规制指南，从浏览器的客观设置即可否认其不具恶意的推定。第二，关于浏览器的行业惯例，其调查样本只有两家即原被告公司的浏览器，难以得出广告屏蔽功能即为"惯例"这一结论，况且成为行业惯例并不代表合法，影响正常竞争的行业惯例同样要受到法律规制；第三，网站主体的损害事实，并非"足以影响生存的根本损害"才足够成为法律的救济对象，一切非正常竞争带来的损害都应该得到法律保护。判决认为"网站最佳发展模式靠竞争完成而非法规调整"，但真正能形成高质量网站模式的竞争模式，应该是网站经营者相互之间对视频质量和服务质量的不断提升以吸引用户，而非借由广告屏蔽此种"搭便车"坐享他人利益的行为，可见此种不正当竞争行为造成的损失需要法律救济。第四，从消费者利益虽然是法律保护的重要法益，但不该认为消费者天然应该享受"免费午餐"，观看广告即是消费者为视频版权买单的行为，此种模式也才是真正对消费者长远利益的保护。

二、互联网广告屏蔽行为性质判定要件及其争议

如今，从互联网获取视频逐渐成为人们学习和观看视频的主要途径，近年来各大视频网站也逐渐形成了"广告+免费视频"的营业模式。在此营业模式下，互联网中的广告屏蔽行为却屡见不鲜，最近更是集中发生在网络视频行业中。[1]

互联网广告屏蔽，一般是指通过浏览器自带程序、安装广告屏蔽插件或者硬件设备加载广告屏蔽功能等方式，来屏蔽视频网站、网页等广告的行为。也有学者将屏蔽网络广告行为列入互联网不当干扰或不当滋扰的类型中。[2]

---

〔1〕 最早从 2005 年的 QQ 诉珊瑚虫案，到 2013 年的优酷诉金山案、2014 年的爱奇艺诉北京极科极客公司案、2016 年的爱奇艺诉乐视公司案，以及 2017 年的腾讯诉世界星辉案，均是网站经营者诉请法院判定互联网视频广告屏蔽行为构成不正当竞争。

〔2〕 参见张今："互联网新型不正当竞争行为的类型及认定"，载《北京政法职业学院学报》2014 年第 2 期。

在学界和实务界，关于互联网广告屏蔽行为性质的认定问题存在颇多争论。2017 年新的《反不正当竞争法》出台，新增加的"互联网条款"为此行为提供了更多的讨论空间。

互联网广告屏蔽行为作为新的互联网竞争行为类型，其行为性质是否正当的认定一贯引发颇多争议。多数学者认定广告屏蔽行为是一类新型的不正当竞争行为，他们认为广告屏蔽行为的实施主体与网站经营者存在事实上的竞争关系，其在实施的广告屏蔽行为将减损网站经营者的收益，此种"搭便车"[1]行为应该被评价为不正当竞争行为。但还有些学者的理解恰恰相反，他们认为网站的经营模式并非法律保护的对象，其他经营者也没有要去尊重他人营业模式的必要，况且广告屏蔽行为最终维护了消费者的利益，因此，广告屏蔽行为只是正常的市场竞争行为，而不应该被冠以"不正当竞争"之名，也不需得到《反不正当竞争法》的管制。

在对两方截然相反观点的整理中可以发现，分歧主要存在于损害事实、营业模式、评判标准、技术中立的抗辩以及消费者利益保护这几个方面，本章便从以上五个争议焦点入手，对现有理论观点进行梳理和分析。

（一）网站经营者是否存在损害事实

互联网企业的损害事实，是正当性判断时要考量的一个因素。刘建臣教授认为：广告商向网站投放广告并支付高额广告费用的原因在于广告浏览量下的潜在商机，但广告屏蔽行为转移了用户对于广告的"注意力"，破坏了潜在的商机，导致广告商广告投入减少，网站经验者利益必然受损。[2]对于网站经营者所受的损害，张广良教授的结论却截然相反，他认为：广告屏蔽行为主体并没有强迫网站经营者改变其经营事项或者经营模式，同时网站经营者的广告收益的根本来源在于网络用户观看广告，但此义务于法无据，因此广告浏览次数的降低并非法律救济的实际损害。[3]同时，承办过"百度诉

---

〔1〕 "'搭便车'是经济学概念，其基本含义是得到一种物品的利益但避免为此付费。"参见张钦坤、刘娜："浅析屏蔽视频网站广告行为的违法性"，载《中国版权》2015 年第 4 期。

〔2〕 参见刘建臣："浏览器屏蔽网页广告行为的不正当竞争认定"，载《上海政法学院学报（法治论丛）》2015 年第 2 期。

〔3〕 参见张广良："具有广告过滤功能浏览器开发者的竞争法责任解析"，载《知识产权》2014 年第 1 期。

360""360 安全卫士诉雅虎助手"等多起互联网广告屏蔽行为的北京市高级法院的石必胜法官也认为:"网站经营者的收益并非只靠广告收入,网站经营者还有其他多种营收方式,即便屏蔽广告也无害其生存,因此同样得出网站经营者不存在法律救济的损害事实的结论。"[1]

纵观两方观点,刘建臣教授的"注意力"转移减损潜在商机的观点在逻辑上自成一体,但在网站经营者损害事实这一点上却只是强调存在利益减损的可能性,如果有在现实案例中具体的损害情形则会使得观点更加有力。而石必胜法官以"不影响生存"为由否认损害事实。张广良教授的观点从消费者权利义务出发,回避对网站经营者损害事实的正面讨论,即便广告屏蔽行为不会改变网站经营者的经营模式,但是广告收益的减少却是客观存在的,而消费者是否有观看广告的义务则是需要继续讨论的问题。

(二) 视频网站营业模式是否受到保护

网站经营者多采用"广告+免费视频"的营业模式,经营者利用免费视频吸引网络用户注意力,再借由广告的方式将集中的用户关注转变为经济价值。在市场竞争中,竞争对手是否负有尊重他人现有营业模式的义务,营业模式是否为法律所保护的对象,学界不乏对以上两个问题的争论,还未形成共识。

张钦坤认为营业模式蕴含正当商业利益,应该得到法律的保护。[2]而董慧娟教授却认为营业模式并非法律保护的对象,[3]营业模式其本质是营利思维属于思想领域,根据知识产权法的"思想与表达二分法",营业模式并非法律保护对象;若对其加以保护,既会有害于正常的市场竞争,也会妨碍营业模式的继续创新发展。

固然营业模式需要创新发展,尤其是在高速发展的互联网行业,营业模式更需要推陈出新,不断完善。但是新的营业模式应该诞生在公平竞争的市场土壤中,而不应该任由借助他人便利的"搭便车"行为而影响变化。

---

〔1〕 石必胜:"网络不正当竞争认定中的公共利益考量",载《电子知识产权》2015 年第 3 期。

〔2〕 参见张钦坤、刘娜:"浅析屏蔽视频网站广告行为的违法性",载《中国版权》2015 年第 4 期。

〔3〕 参见董慧娟、周杰:"对浏览器过滤视频广告功能构成不正当竞争的质疑",载《电子知识产权》2014 年第 12 期。

（三）"非公益必要不干扰"[1]可否作为评判标准

"非公益必要不干扰"是在"百度诉360插标案"的二审判决书中提出，此原则标明了统一的司法标准，此后多次被用作互联网干扰行为的评判标准。广告屏蔽行为属于互联网滋扰行为的一种类型，因此在广告屏蔽行为是否正当的认定，是否可以援引"非公益必要不干扰"作为评判标准，学界也形成了不同观点。案件的承办人石必胜法官强调：适用"非公益必要不干扰"可以不考虑竞争者的主观意图，而采取公共利益优先。[2]但也有学者对援引这一原则作为评判标准提出担忧，周樨平教授便指出此原则与工信部文件以及互联网行业公约存在相左之处：[3]两份文件中针对不当干扰行为均强调了"恶意"[4]这一要件，也就是说，"非公益必要不干扰"原则中无恶意的干扰也要被禁止，但相类似无恶意干扰在上述文件中却可能被视为正当。

"非公益必要不干扰"原则作为一项全新且统一的评判原则，为司法实践带来更多的精准性。但落实到广告屏蔽行为中，屏蔽恶意广告公认地是一项合理的行为，因而广告屏蔽行为中的行为人是否具有恶意便十分重要；同时在行为人实施屏蔽行为时，也难以断定其究竟出于自身利益，还是为公共利益所考量，这又增大认定广告屏蔽行为性质的主观判断空间。所以，"非公益必要不干扰"原则还应该进一步完善，此时需要谨慎适用此原则作为评判标准，而更应该从诚实信用等原则出发去评判案件。

（四）技术中立能否成为正当抗辩事由

技术中立作为一项抗辩事由，最早被引用在 1984 年的索尼案[5]中，此

---

〔1〕"虽然确实出于保护网络用户等社会公众的利益的需要，网络服务经营者在特定情况下不经其他互联网产品或服务提供者同意，也可干扰他人互联网产品或服务的运行，但是，应当确保干扰手段的必要性和合理性。"参见北京市高级人民法院（2013）高民终字第 2352 号民事判决书。

〔2〕参见石必胜："互联网竞争的非公益必要不干扰原则——兼评百度诉 360 插标和修改搜索提示词不正当竞争纠纷案"，载《电子知识产权》2014 年第 4 期。

〔3〕参见周樨平："竞争法视野中互联网不当干扰行为的判断标准——兼评'非公益必要不干扰原则'"，载《法学》2015 年第 5 期。

〔4〕工信部《规范互联网信息服务市场秩序若干规定》第 5 条规定不得恶意干扰用户终端上其他互联网信息服务提供者的服务，或者恶意干扰与互联网信息服务相关的软件等产品的下载、安装、运行和升级。《互联网终端软件服务行业自律公约》第 18 条规定终端软件在安装、运行、升级、卸载等过程中，不应恶意干扰或者破坏其他合法终端软件的正常使用。

〔5〕See Sony Corp. of America v. Universal City Studios, Inc. 464 U. S. 417（1984）.

原则是指如果一项产品或者技术被应用的用途大多为合法、非侵权的，则经营者不必对此后的侵权行为负责。无论是浏览器屏蔽广告的程序、经营者引进的广告屏蔽插件还是能加载广告屏蔽功能的硬件，其均是一项正在发展的新型互联网技术，既可以屏蔽网站经营者的贴片广告，同时也在屏蔽恶意广告方面发挥不容小觑的作用。

对于广告屏蔽行为中技术中立能否成为抗辩事由，董慧娟教授认为技术中立是正当的抗辩事由，是否屏蔽广告的选择权在网络用户手上而非技术提供者，提供者无需为技术应用者的选择而买单。[1]但张钦坤却认为广告屏蔽的技术不该被归入"技术中立"的范畴，打破他人现有经营模式并实现自身营利，是广告屏蔽技术的唯一用途，也即技术只被用作侵权用途。[2]因此他认为"技术中立"不应作为广告屏蔽行为的正当抗辩理由。

二者观点虽结论截然不同，但都有可采之处却也都有待完善。董慧娟教授所说的"消费者自主选择"贴合实际案例中的情形，但却忽略了广告屏蔽行为者的恶意诱导，其往往将广告屏蔽功能作为吸引网络用户的噱头，引诱用户实施屏蔽广告的行为；而张钦坤所坚持的"侵权是唯一用途"则太过片面，因为屏蔽恶意的弹幕广告、弹窗广告等也是广告屏蔽技术的用途之一，显然此项并非侵权用途。

（五）保护消费者利益能否成为考量因素

在众多广告屏蔽案件中，维护消费者利益通常成为被告的抗辩理由。

张广良教授认为，网络用户需要屏蔽广告，且并没有必须观看视频广告的义务，当用户主动选择屏蔽广告，既维护了用户自主选择权，又保护了其合法权益。[3]相反的，董慧娟教授认为：消费者与经营者之间形成"合同关系"，其在"免除广告+付费视频"与"广告+免费视频"中选择后者，消费

---

〔1〕 参见董慧娟、周杰："对浏览器过滤视频广告功能构成不正当竞争的质疑"，载《电子知识产权》2014年第12期。

〔2〕 参见张钦坤、刘娜："浅析屏蔽视频网站广告行为的违法性"，载《中国版权》2015年第4期。

〔3〕 参见张广良："具有广告过滤功能浏览器开发者的竞争法责任解析"，载《知识产权》2014年第1期。

者随意选择屏蔽广告甚至属于违约行为，[1]广告屏蔽行为主体自然不能将消费者利益作为免责借口。

一种意见把经营者与消费者对立起来，认为网站经营者通常需要支付高额版权费用购买视频，若其丧失至关重要的广告收入，必将导致网络用户观看视频数量与质量的下降，最终还将影响消费者自身利益；同时也不能将其作为一种固定模式，消费者的利益应当随着技术的进步而不断提升，需要关注屏蔽行为中的消费者福利。

三、互联网广告屏蔽行为性质判定及其完善思路

结合上文对理论与司法实践的观点整理，笔者认为广告屏蔽行为性质的认定还是要围绕竞争关系、损害事实、营业模式保护以及消费者利益几个方面，下面笔者将逐一阐述对广告屏蔽行为正当性认定对策的思考。

（一）法条的适用

对于屏蔽广告类不正当竞争纠纷案件，在目前能检索到的案件中，尚无适用新修订的《反不正当竞争法》第 12 条"互联网专条"的判决。[2]其原因在于相关案件中的竞争行为均是在新《反不正当竞争法》颁布之前实施的。从目前《反不正当竞争法》的条文结构来看，屏蔽广告作为一种互联网领域的竞争行为，首先应当考察其是否可以适用第 12 条，只有在作为列举条款的第 12 条不能适用的情况下，才应当进一步适用第二条"一般条款"的规定。

《反不正当竞争法》第 12 条规定："经营者利用网络从事生产经营活动，应当遵守本法的各项规定。

经营者不得利用技术手段，通过影响用户选择或者其他方式，实施下列妨碍、破坏其他经营者合法提供的网络产品或者服务正常运行的行为：

（一）未经其他经营者同意，在其合法提供的网络产品或者服务中，插入

---

〔1〕 参见董慧娟、周杰："对浏览器过滤视频广告功能构成不正当竞争的质疑"，载《电子知识产权》2014 年第 12 期。

〔2〕 此类案件最新的判决可参见广州知识产权法院（2018）粤 73 民终 1022 号民事判决书，其中法院在判决中说明，由于该案件中的屏蔽广告行为是在 2017 年《反不正当竞争法》修订之前实施的，因此依然适用旧法的条文。

链接、强制进行目标跳转；

（二）误导、欺骗、强迫用户修改、关闭、卸载其他经营者合法提供的网络产品或者服务；

（三）恶意对其他经营者合法提供的网络产品或者服务实施不兼容；

（四）其他妨碍、破坏其他经营者合法提供的网络产品或者服务正常运行的行为。"

从条文内容中可以看出，第12条的性质并非单纯的"列举条款"，其中只有第2款所列举的前三项互联网具体竞争行为才属于列举条款的性质。而在列举内容的前面是一个"概括性条款"，其阐述了互联网不正当竞争行为的涵义，在列举条款的最后还有一个兜底条款，该条款兜底的范围是除了前述三项列举行为之外的互联网不正当竞争行为。

互联网广告屏蔽行为不属于列举的三项行为，那么应当判断其是否属于一般意义上的互联网不正当竞争行为。判断的依据主要在于第12条的概括性条款："经营者不得利用技术手段，通过影响用户选择或者其他方式，实施下列妨碍、破坏其他经营者合法提供的网络产品或者服务正常运行的行为。"屏蔽广告行为利用的是屏蔽广告的技术，应当属于"利用技术手段"，而这种行为也的确影响了用户选择，让一定的浏览器用户开启了屏蔽功能，从而达到了屏蔽视频广告的效果。但是关于究竟何种行为属于"妨碍、破坏其他经营者合法提供的网络产品或者服务正常运行的行为"，目前无论是司法实践还是立法解释，都没能给出具体、清晰的答案。例如，这里的"妨碍、破坏"究竟是怎样的行为？立法者认为"破坏"指的是使网络产品、服务"不能运行"，[1]而对"妨碍"并没有明确解释。那么"妨碍"与"干扰"有何区别？在"百度插标案"[2]中，北京高院与最高人民法院确立了互联网竞争中的"非公益必要不干扰原则"，意即"互联网产品或服务之间原则上不得相互干扰。确实出于保护网络用户等社会公众的利益的需要，网络服务经营者在特定情况下不经网络用户知情并主动选择以及其他互联网产品或服务提供者同意，也可干扰他人互联网产品或服务的运行，但是，应当确保并证明干扰

---

[1] 参见王瑞贺主编：《中华人民共和国反不正当竞争法解读》，中国法制出版社2017年版，第55页。

[2] 参见北京市高级人民法院（2013）高民终字第2352号民事判决书。

手段的必要性和合理性。"〔1〕如果仅从字面意思出发,"妨碍"与"干扰"可作相同理解,然而显然"非公益必要不干扰原则"是允许在"公益必要"情形下进行干扰的,但是按照第12条的规定,只要"妨碍"了合法网络产品的正常运行,均属于互联网不正当竞争行为。因此第12条中的"妨碍"之含义并不能等同于"干扰",但如上文所言,立法者又没有对其进行明确的解释〔2〕,因此探究该条款的具体含义似乎只能到实践判例中找寻。

但司法实践同样未能给出答案。有学者统计〔3〕,截至2019年5月底,在多个网络案例数据库中,仅仅检索到了4份适用新《反不正当竞争法》"互联网专条"的判决书,且其中两份还为同一案件的一审二审判决书,绝大多数法院面对涉及互联网竞争纠纷的案件,仍然习惯于依靠《反不正当竞争法》第2条"一般条款"的思路进行说理,而即便是少之又少的依据第12条进行的判决,其说理也是极为粗糙。例如"优酷诉百狐案"中,法院根据第十二条认为"徐州百狐公司在未经优酷公司的许可下,采取技术手段屏蔽优酷网的片头、暂停广告播放涉案影片,其行为确会对优酷公司造成损害,构成不正当竞争。"〔4〕该说理部分极为简单,并未解释第12条的具体含义,而诸如此类的法院判决即使适用了第12条,也无法为该条款的阐释提供任何裨益。

立法解释与司法判例的缺失,让《反不正当竞争法》第12条,特别是其中的概括性条款的含义一直隐藏在迷雾之中。尽管在法律内容架构方面,对于互联网广告屏蔽行为似乎应当先考虑适用互联网专条,但在该条款含义并不清晰的情况下,我们只能借助同样可以适用、解释较为具体清晰的第2条"一般条款"进行判断。显然,一般条款与互联网专条都可以适用于互联网广告屏蔽行为,互联网专条的概括条款与兜底条款和第2条一般条款实则都是具备兜底功能的,两个条款之间并非列举条款与一般条款的关系,而是共同

---

〔1〕　参见北京市高级人民法院(2013)高民终字第2352号民事判决书。

〔2〕　立法者的解释是:"经营者利用网络领域的专业技术手段,妨碍其他经营者合法提供的网络产品或者服务正常地、平稳顺利地运行,或者进行破坏,使其不能运行,均违反了诚信原则和商业道德,属于不正当竞争行为。这里的'运行'应做宽泛的理解,既包括网络产品或者服务的安装、使用,也包括下载。"参见王瑞贺主编:《中华人民共和国反不正当竞争法解读》,中国法制出版社2017年版,第55页。

〔3〕　参见陈兵:"互联网新型不正当竞争行为审裁理路实证研究",载《学术论坛》2019年第5期。

〔4〕　北京市海淀区人民法院(2017)京0108民初54830号民事判决书。

承担了兜底作用。这一点在立法过程中可以看出，在《反不正当竞争法》一次审议稿时，第12条并没有概括性条款与后面的"小兜底"条款，而是有些代表提议"互联网技术及商业模式发展变化很快，很难将可能出现的不正当竞争行为列举穷尽，建议增加概括规定和兜底条款"。因此相关条款似乎在立法之初，形式意义大于实质意义。这也许是立法者并没有对相关内容给予足够解释的原因。但无论如何，同样作为兜底性条款，在第12条的相关内容暂时无法给出明确、具体阐释的情况下，本文的探讨也只能从适用一般条款出发。

（二）竞争关系的界定

竞争关系的判断是不正当竞争性质认定的先决条件之一。对于互联网行业中的竞争关系的理解，成为认定广告屏蔽行为是否不正当的第一步。

1. 学理通说

学理上将竞争关系按照是否严格进行分类。[1]

从《反不正当竞争法》的立法目的出发[2]可以看出，《反不正当竞争法》将诚实信用原则作为反不正当竞争的基础，其对于竞争关系的界定并不局限在具有商品替代关系的经营者之间，从立法态度中可以看出其采纳的是广义的竞争关系。

此外，立足于不正当竞争行为方式多元性、涉及多方利益等特征，同样能得出其采纳广义竞争关系的结论。首先，不正当竞争行为的实质是通过种种非正当行为，换来其本不该拥有的竞争优势，取得竞争优势的同时，行为人对同行造成或明显或隐形的打击，有时这种打击也可能作用到消费者身上，竞争优势多元的体现方式使得《反不正当竞争法》上的竞争关系不能仅仅局限于具有商品替代关系的经营者之间。其次，《反不正当竞争法》的保护对象多样，并不单一，也包括具有广义竞争关系的经营者。既然非同业经营者间

---

〔1〕 学理上竞争关系分为广义的竞争关系和狭义的竞争关系。狭义的竞争关系，存在于商品相同或相近的经营者之间，在此其间可能会争夺贸易机会，不同的经营者之间没有竞争关系、没有可替代的关系；而广义的竞争关系，则指竞争关系不以商品相同为适用前提，而是以是否违反诚实信用原则进行判断，双方间的竞争者若违反了诚实信用的原则，即可以认为存在竞争关系。参见孔祥俊：《反不正当竞争法原理》，知识产权出版社2005年版，第65~68页。

〔2〕 该法是为了促进市场的健康发展、保护经营者和消费者的合法权益而制定的，并且要求经营者在生产经营活动中遵循诚实信用的原则与商业道德。参见《反不正当竞争法》第1条、第2条。

也可能产生利益纠纷，那么为了制止非正当竞争行为，竞争关系不能只局限在同业对手间。

2. 司法实践

我国法院普遍认为，非同行业对手间也可以存在竞争关系。在本文所引的爱奇艺诉北京极科极客案里，终审法院北京知产法院认为：二者在最终利益上面有冲突，需要认为两者存在竞争关系。[1]在 2017 年腾讯诉世界星辉一案中，朝阳法院的判决也采用了同样的观点：如果只有竞争关系局限于同类之间的关系，那么规范很多真实的竞争行为就太过狭窄，不利于市场竞争的规制。[2]由此，从法院最近对广告屏蔽行为的判决来看，法院对竞争关系的界定普遍采用广义的竞争关系。

3. 广告屏蔽行为争议双方存在竞争关系

因而，无论从学理还是司法实践中，均是从广义竞争关系的角度出发，去界定互联网广告屏蔽行为的争议双方是否存在竞争关系，同时，这一界定方式也吻合互联网行业的营业模式。互联网行业有别于其他领域，因其借助发展的手段即互联网的特殊性而形成了独特的营业模式，互联网行业借助互联网提供的便捷途径，大多数网站经营者向视频、音乐、即时通讯工具等多个方向同时发展，互联网行业的市场边界逐步含糊，利益也更加交错复杂。各个网站经营者在通过网络经营收益时，其最终目的无外乎在于吸引更多的客户，获取更大收益，各个互联网主体努力的最终目的相同，所以很难否认不同网站经营者之间也存在事实上的竞争关系。

详细分析广告屏蔽行为的双方主体，因为广告屏蔽行为方式并不单一，其争议的双方主体通常也并不属于同一行业，呈现争议双方主体多元化的特征。但是从广义竞争关系出发，同时要认识到此行业营业模式的不同之处，都足以认定争议主体双方具有事实上的竞争关系。

广告屏蔽行为的实施方式包括并且不限于如利用硬件屏蔽视频广告，通过浏览器屏蔽视频广告以及通过应用程序屏蔽视频广告，以上几种屏蔽广告的方式中，虽然争议主体的营业界限并不相同，没有经营相同或者近似的商

---

〔1〕　参见北京知识产权法院（2014）京知民终字第 79 号民事判决书。

〔2〕　参见北京市朝阳区人民法院（2017）京 0105 民初 70786 号民事判决书。

品，但是也能够判定双方的竞争关系。本文所引的爱奇艺诉北京极科极客公司这一案例，一方是经营视频网站的主体，其面向的消费群体是浏览视频网站的用户，另一方是经营硬件开发与销售的主体，其面向的消费群体自然是需要使用路由器上网的用户，二者的经营范围存在很大差异。但当该路由器兼具屏蔽爱奇艺网站片头广告的功能时，两者的目标群体就高度重合，当越来越多的用户在通过使用北京极科极客公司路由器上网并观看爱奇艺网站上面的视频时，为其增加了收益，但同时却使得借助视频广告盈利的爱奇艺公司的利益受到损失，即出现了"双方争夺商业利益"的情形，即二者在最终利益面前出现了竞争性，因而视频网站和硬件公司也就形成了竞争关系。

（三）是否存在"合法权益的实际损害"

适用第二条一般条款的优势在于，过往有大量司法判例对于一般条款的含义予以细化和阐释，其中公认的最重要、也是最权威的阐释来自最高院的"海带配额案"[1]。最高院在该案判决书中指出"总体而言，适用反不正当竞争法第二条第一款和第二款认定构成不正当竞争应当同时具备以下条件：一是法律对该种竞争行为未作出特别规定；二是其他经营者的合法权益确因该竞争行为而受到了实际损害；三是该种竞争行为因确属违反诚实信用原则和公认的商业道德而具有不正当性或者说可责性，这也是问题的关键和判断的重点。"这三项条件并非并列关系，而是递进关系，符合第一条是适用后两条的前提，符合第二条是判断第三条的前提。本文已经说明，有关互联网广告屏蔽案件应当适用一般条款（即已经符合第一项条件），因此接下来应当判断是否符合第二项条件：其他经营者的合法权益确因该竞争行为而受到了实际损害。

当然，在此需要首先指出的是，"海带配额案"的阐释具有一定的局限性，重要原因在于其是基于旧《反不正当竞争法》的解释，而新旧法有关一般条款的一个重要不同就是权益主体的扩张，新法将侵害消费者权益的竞争行为也纳入违法范畴。因此显然，"海带配额案"所确立的第二项条件在当下的《反不正当竞争法》语境下应至少改为"其他经营者或消费者的合法权益确因该竞争行为而受到了实际损害"。

---

[1] 参见最高人民法院（2009）民申字第 1065 号民事裁定书。

主体的范围容易理解，但"合法权益的实际损害"则需要进一步的解释。事实上，最高院尽管明确了上述要件，却并没有阐释究竟何为"合法权益"以及何为"实际损害"。权益的损害更像是侵权法中的违法行为构成要件，而反不正当竞争法的历史起源也的确无法脱离和民法中侵权法的紧密联系。有学者认为，从司法实践来看，不正当竞争行为主要是一种侵权行为，民法中的侵权行为法不实行法定主义，即使第 2 章没有规定的不正当竞争行为，法院也可以予以认定，并追究民事责任。[1]这一方面表明了反不正当竞争法与侵权法的关系，另一方面也解释了为何不正当竞争行为需要以"合法权益的损害"为构成要件。

从国外立法来看，法国至今以《法国民法典》第 1382 条作为认定不正当竞争行为的法律依据，其并不存在独立的《反不正当竞争法》。而德国的《反不正当竞争法》（1909 年修改版）强调了对不正当竞争行为的救济措施是"损害赔偿"，德国 2004 年修改的《反不正当竞争法》则表明不正当竞争行为必须足以"损害"相关权利主体。这都表明"权益损害"的确在法理层面应当属于不正当竞争的要件。

那么反法中的"权益"与侵权法中的"权益"，其解释是否具有不同？从法国对于不正当竞争的规制来看，由于其依据的是《法国民法典》的侵权条款，那么竞争行为侵害的"权益"自然与其它民事侵权行为侵害的"权益"相同。而颁布世界第一部独立《反不正当竞争法》的德国，其制定《反不正当竞争法》的原因，就在于《德国民法典》中的侵权条款只针对过错侵害他人权利以及故意侵害他人利益的行为，然而市场竞争中的侵权行为往往并非故意而是过失，且侵犯的并非经营者绝对权利，而是商业利益，因此按照德国的侵权法体例，无法有效规制市场竞争中的侵权行为，便专门制定了独立的《反不正当竞争法》来规制此类行为。[2]如此来看，德国《反不正当竞争法》所保护的"权益"，与侵权法中的权益实则并无不同。鉴于我国《反不正当竞争法》更接近德国模式，那么其保护的"权益"同样可以从侵权法的法理上进行解释。

德国的侵权法与我国大陆地区不同，前者明确将"权益"划分为"权

---

〔1〕　参见孔祥俊：《反不正当竞争法原理》，知识产权出版社 2005 年版，第 87 页。

〔2〕　参见范长军：《德国反不正当竞争法研究》，法律出版社 2010 年版，第 10 页。

利"和"利益"，但是尽管有诸多学者在立法过程中同样持此意见[1]，我国《侵权责任法》并没有区分权利与利益。我国侵权法的这种立法方式，并不利于学理层面对于"权益"的界定，也不利于对于"权益"这一概念的详细阐释。

但是法律适用要求必须对于"权益"有明确、清晰的阐释。在理论上，民事权益指的应当是民事权利与民事利益的统称。[2]民事权利指的是法律所赋予享有一定利益之法律上之力，包括人格权、身份权、物权及智能财产权等。[3]而侵权法保护的权利主要是绝对权，而非相对权（以债权为代表），这种绝对权是以法律规定为限的[4]。那么相对应的，民事利益指的是法律并未明文规定的，但也受到私法保护的利益[5]，比如"纯粹经济损失"[6]。值得一提的是，德国法上曾经为了应对市场竞争中的侵权行为，有学者创设了"营业权"，主张营业权同样属于侵权法保护的权利，但这种主张遭到了不少学者的批评，认为"营业权"是一种"框架权"，与其它绝对权利具有显著的不同，此类行为应当被不正当竞争法保护，而非被侵权法保护。关于"营业权"的争端实际上体现了侵权法与反不正当竞争法所保护"权益"的不同之处。

通过上文的分析，我们可以进一步判断反不正当竞争法所保护的"权益"究竟包括哪些内容。首先，认为反不正当竞争法保护的法益是"权益"的表述其实并不准确，因为"权益"涵盖了广泛的民事法益（特别是涵盖了侵权法保护的法益），《反不正当竞争法》并非侵权法的特别法，而是由于侵权法对于市场竞争规制不力，从而针对市场竞争制定的专门法律。在侵权法对于"民事权利"已经有了充分保护的前提下，《反不正当竞争法》并没有必要对其进行重复保护，《反不正当竞争法》保护的对象应当是利益，且应当是侵权法无法保护的利益。由于利益与权利含义的不同，法律对于民事利益保护的力度低于民事权利，因此德国侵权法要求只有"故意"且"违背善良风俗"

---

〔1〕 参见全国人大常委会法制工作委员会民法室编：《侵权责任法立法背景与观点全集》，法律出版社 2010 年版，第 112 页。

〔2〕 参见程啸：《侵权责任法教程》，中国人民大学出版社 2014 年版，第 40 页。

〔3〕 参见王泽鉴：《侵权行为》，北京大学出版社 2009 年版，第 97 页。

〔4〕 参见程啸：《侵权责任法教程》，中国人民大学出版社 2014 年版，第 42 页。

〔5〕 参见程啸：《侵权责任法教程》，中国人民大学出版社 2014 年版，第 41 页。

〔6〕 参见王泽鉴：《侵权行为》，北京大学出版社 2009 年版，第 97 页。

侵犯他人民事利益的情况下，才属于违法行为。那么，对于商业竞争中的利益侵害，由于侵害主体的目的一般只是为了提升自身收益，其主观方面并非"故意"，因此无法得到侵权法保护，但任由其发展又会威胁到正常的市场秩序，因此能够得到反不正当竞争法的保护。这样看来，反法保护的法益应当局限于"竞争利益"，而并非无止境的"合法权益"。

最高院在"海带配额案"中提及的"合法权益"也就应当限缩解释为"合法竞争利益"，尽管利益一般可以分为人身利益与财产利益，但是人身利益一般指的是死者名誉、隐私、肖像，具有人格象征意义的特定纪念物品上的人格利益等[1]，而市场竞争中经营者之间一般不涉及这类利益，因此竞争利益指的主要是财产利益，即竞争行为导致的经营者或消费者的财产损失。而最高院"海带配额案"的判决中将这种损失进一步限制为"实际损失"，这意味着排除了"预期损失"，即如果竞争行为尚未造成实际的损失，是无法构成不正当竞争行为的。

回到本文所探讨的互联网广告屏蔽行为，如果认定屏蔽者构成不正当竞争行为，必须首先判断屏蔽行为人（主要是浏览器）是否侵犯以及侵犯了被屏蔽方（主要是视频网站）的何种合法权益。对于上述权益，学界与司法实务界主要有以下几种观点：侵犯了视频网站的"自主经营权"[2]；侵犯了视频网站对用户享有的合同债权[3]；侵犯了视频网站的合法商业模式[4]；侵犯了视频网站对于广告播放内容的处分权[5]。但是，上述所谓"合法权益"是否符合反法保护的"合法竞争利益"？本文认为皆不符合。

首先是"自主经营权"，这种观点为视频网站一方创设了一种"权利"。这种"权利"有些类似于上文提及的"营业权"，但从权利法定理论出发，它们实际上都不属于权利的范畴。并没有任何一部法律规定了"自主经营权"这类权利，无中生有的权利也不可能得到法律的保护（无论是侵权法还是反

---

〔1〕　参见程啸：《侵权责任法教程》，中国人民大学出版社 2014 年版，第 44 页。

〔2〕　参见张广良："具有广告过滤功能浏览器开发者的竞争法责任解析"，载《知识产权》2014年第 1 期。

〔3〕　参见冯晓青、陈东辉："浏览器屏蔽视频网站广告行为性质研究——关于深圳市某计算机系统有限公司诉北京某某科技有限责任公司不正当竞争纠纷案的思考"，载《河北法学》2018 年第 5 期。

〔4〕　参见北京市海淀区人民法院（2013）海民初字第 17359 号民事判决书。

〔5〕　参见广州知识产权法院（2018）粤 73 民终 1022 号民事判决书。

法）。

第二是"合同债权"的主张。债权的确是一种法定权利，但它既不能得到侵权法的保护，也不能得到反法的保护。侵权法保护的权利是"绝对权利"而不包括债权这类"相对权利"，债权这类权利并不具有公开性，第三人难以知悉，在同一债务人有众多债权人的情况下，加害人的责任将会无限放大[1]，因此侵权法原则上不保护债权。而反法保护的是竞争利益而非权利，对于合同债权的保护应当依据《合同法》实现。此外，认为浏览器侵犯视频网站"合同债权"的前提是认为视频网站的用户观看视频时就具有了浏览广告的义务，笔者对此持不同意见，用户是否浏览视频、是否浏览广告应当是其作为消费者的自由选择，其观看视频并不代表自动同意了应当负有观看广告的义务，免费视频带有广告也并非一项行业惯例，因此认为视频网站享有对于用户债权的观点是不能成立的。

第三是"合法商业模式"[2]。商业模式本身不是一种法定权利，对此法院在"芒果 TV 案"的二审判决书中有过准确的论述："由于法律上认可的绝对权利或权益具有一定的垄断性，故在法律没有明确规定时，给予绝对权利或权益的保护时应当慎重。鉴于商业模式应作为权利或权益受到保护没有法律明确规定，并且如前所述，本案双方当事人均使用实质基本相同的双边市场商业模式，因此不应将快乐阳光公司主张的商业模式作为一种具体权利或权益单独赋予快乐阳光公司。"[3]不过商业模式本身的确属于一种重要的竞争利益。一种商业模式的形成与固定化，必然意味着它能为经营者带来长期、稳定的经营利益，而一旦一种竞争行为导致其它经营者无法维持旧有的商业模式，便可能对其业务的发展产生重大阻碍，经营者一直以来安身立命的模式将不得不进行调整。对于视频网站而言，如果浏览器的屏蔽广告功能的确会彻底改变其"免费视频+广告"的商业模式，就意味着对其经营运作产生极大的冲击，如果能够证明浏览器的行为已经侵犯了上述商业模式，那么的确符合"合法权益的实际损害"这一条件。

然而在司法实践中对这一点的证明往往并不充分，因为"侵犯商业模式"

---

〔1〕 参见王泽鉴著：《侵权行为》，北京大学出版社 2009 年版，第 173 页。
〔2〕 参见北京市海淀区人民法院（2013）海民初字第 17359 号民事判决书。
〔3〕 广州知识产权法院（2018）粤 73 民终 1022 号民事判决书。

意味着浏览器的行为将导致"免费视频+广告"模式无法继续施行，但是需要注意的是，屏蔽软件只能屏蔽设置于视频本身之外的"贴片广告"，现实中，已经有大量的视频网站直接将广告安置在视频内部，以防广告被屏蔽。此种广告设置方式可以继续维持"免费视频+广告"的模式。同样，还有些视频网站针对屏蔽广告的浏览器方采取了反制措施，阻止此类浏览器访问视频网站，在这种技术反制之下，浏览器自然会权衡利益，选择放宽对于视频网站广告的屏蔽功能。因此，尽管有学者认为广告屏蔽是浏览器对于视频网站的"降维打击"，视频网站面对广告屏蔽没有任何还手之力[1]，但事实是，视频网站方有充分的应对方式，其"免费视频+广告"的模式也不可能因为广告屏蔽软件而遭到致命打击。

第四是"视频网站对广告的处分权"[2]。这种"处分权"是法院凭空赋予视频网站的一项权利，而非法律赋予的权利。所谓"处分"指的是所有权的一项权能，物的所有人享有占有、使用、收益、处分的权利，而广告并不属于上述物权所有权，也就并无处分权能一说。并且即便从知识产权方面分析，该广告的权能也应该归属于广告主，而非作为广告发布平台的视频网站，视频网站对于广告的"处分权"也就无从谈起。

可以看出，学界与司法界为了证明浏览器为视频网站带来了"合法权益的实际损害"，提出的诸多种"权益"实际上均不符合反不正当竞争法的法理要求。但这并不意味着在这类案件中真的不存在"合法权益的实际损害"，而是由于各类观点对上述条件的理解存在偏差。笔者在上文也已说明，"合法权益"应当理解为"合法竞争利益"，在大多数不正当竞争案件中，竞争利益的损失一般表现为财产损失、经济损失。因此在屏蔽广告案件中，应当主要判断视频网站是否因浏览器的屏蔽行为而存在实际的经济损失，但遗憾的是，相关案件中鲜有视频网站对此事实的有力证明，法院判决也很少对存在明确经济损失给予论证。一般认为，广告被屏蔽后，视频网站未来的广告投放量会减少，预期广告收入便会随之减少，这的确属于经济损失，但却是"预期利益"的损失，而非"实际利益"的损失。如果严格遵循最高院"海带配额

---

[1] 参见冯晓青、陈东辉："浏览器屏蔽视频网站广告行为性质研究——关于深圳市某计算机系统有限公司诉北京某科技有限责任公司不正当竞争纠纷案的思考"，载《河北法学》2018 年第 5 期。

[2] 参见广州知识产权法院（2018）粤 73 民终 1022 号民事判决书。

案"中的解释，这种预期利益的损害并不符合适用一般条款的第二项条件。因此，在视频网站无法举证说明当下屏蔽广告行为已经对视频网站造成了明确的经济损失的情况下，我们不能认定存在"合法权益的实际损害"，也就不能判定屏蔽广告行为属于不正当竞争行为。

（四）是否违反"诚信原则与商业道德"

通过上文的分析，笔者认为目前并没有充足的理由认定屏蔽广告行为会造成对其它经营者的"合法权益的实际损害"，也就意味着屏蔽广告行为不属于不正当竞争行为。但是为了论证的完整性、充分性，下文将进一步讨论屏蔽广告行为是否违反了"诚信原则与商业道德"，即最高院在"海带配额案"中提出的适用一般条款的第三项条件："该种竞争行为因确属违反诚实信用原则和公认的商业道德而具有不正当性或者说可责性。"在该案中法院进一步强调，这一条件是判断竞争行为是否正当的"关键"和"判断的重点"。最高院在判决中进一步解释了诚实信用原则与公认的商业道德："诚实信用原则是民法的基本原则，是民事活动最为基本的行为准则，它要求人们在从事民事活动时，讲究信用，恪守诺言，诚实不欺，用善意的方式取得权利和履行义务，在不损害他人利益和社会公共利益的前提下追求自身的利益。在规范市场竞争秩序的反不正当竞争法意义上，诚实信用原则更多的是以公认的商业道德的形式体现出来的。"[1]也就是说，诚实信用原则与公认的商业道德在反法中并非各自分立的两个原则，而是紧密联系，相互交融，并且诚实信用原则主要就体现在公认的商业道德之上。最高院进一步解释了商业道德："商业道德要按照特定商业领域中市场交易参与者即经济人的伦理标准来加以评判，它既不同于个人品德，也不能等同于一般的社会公德，所体现的是一种商业伦理。经济人追名逐利符合商业道德的基本要求，但不一定合于个人品德的高尚标准；企业勤于慈善和公益合于社会公德，但息于公益事业也并不违反商业道德。特别是，反不正当竞争法所要求的商业道德必须是公认的商业道德，是指特定商业领域普遍认知和接受的行为标准，具有公认性和一般性。即使在同一商业领域，由于是市场交易活动中的道德准则，公认的商业道德也应当是交易参与者共同和普遍认可的行为标准，不能仅从买方或者卖方、

---

[1] 最高人民法院（2009）民申字第 1065 号民事裁定书。

企业或者职工的单方立场来判断是否属于公认的商业道德。具体到个案中的公认的商业道德，应当结合案件具体情形来分析判定。"[1]上述标准强调了商业道德是一种"经济人伦理"，它不像是个人公德那样有固定的或习惯性的程式和要求，而应该在每一个具体的商业领域或市场中具体判定。此时判断的标准不应拘泥于将道德标准程式化之后的粗暴比照，而应该是立足于经济效率和市场秩序的综合判断。[2]由于对商业道德的判断是极为具体的，因此在实践案例中往往是结合原被告双方的主张，选取恰当的突破口对相关案件中商业道德的具体标准进行判断。

而在屏蔽广告案件的司法实践中，原告方（主要是视频网站）与被告方（主要是浏览器）均曾提出过一系列典型的请求与抗辩，本文的分析将以这些主张为基础，以便将商业道德的标准在这种特定类型的案件中具体化。其中，视频网站一方认为屏蔽广告行为违反了商业道德的请求依据主要包括：违反了成文的行业惯例；侵犯了"免费视频+广告"的经营模式；浏览器方具有主观恶意；造成了市场总体利益的损失。而浏览器一方的主要抗辩则包括：浏览器屏蔽功能属于行业惯例；屏蔽行为受到技术中立原则保护；屏蔽行为会提升市场的总体利益。

首先讨论关于原告认为屏蔽广告违反了行业惯例的主张。成文的行业惯例往往是认定某一行业商业道德的重要依据，因为其一般代表了该领域的"交易参与者共同和普遍认可的行为标准"。在大量的司法实践中，法院都是依据自律协定等成文的行业惯例文件来认定商业道德[3]，在屏蔽广告类案件中也不例外。例如"猎豹浏览器案"和"芒果TV案"中，原告方都主张屏蔽广告行为违反了《互联网终端软件服务行业自律公约》[4]，其中第19条规定："除恶意广告外，不得针对特定信息服务提供商拦截、屏蔽其合法信息内容及页面。""恶意广告包括频繁弹出的对用户造成干扰的广告类信息以及不提供关闭方式的漂浮广告、弹窗广告、视窗广告等。"但是，上述条款所约束

〔1〕　最高人民法院（2009）民申字第1065号民事裁定书。
〔2〕　参见孔祥俊："论反不正当竞争法的竞争法取向"，载《法学评论》2017年第5期。
〔3〕　参见张钦坤："反不正当竞争法一般条款适用的逻辑分析——以新型互联网不正当竞争案件为例"，载《知识产权》2015年第3期。
〔4〕　参见广州知识产权法院（2018）粤73民终1022号民事判决书，北京市海淀区人民法院（2013）海民初字第17359号民事判决书。

的行为是针对"特定"信息服务提供商进行屏蔽信息的行为，而本文所探讨的屏蔽广告类案件中，浏览器的屏蔽行为一般并非针对特定主体，其功能具有普遍性。因此并不能认为屏蔽行为违反了该《自律公约》。而在"芒果 TV案"中，原告还提出屏蔽行为违反了《互联网广告管理暂行办法》，其中第16条规定："互联网广告活动中不得有下列行为：（一）提供或者利用应用程序、硬件等对他人正当经营的广告采取拦截、过滤、覆盖、快进等限制措施。"在该案二审中，法院也正是根据该条款的规定，认定浏览器的行为违反了行业惯例，进而违反了公认的商业道德，从而构成不正当竞争。[1]但是，法院此处的论证其实是将上述条款孤立地看待了，该《暂行办法》实际是对《广告法》的细化[2]，那么第16条所禁止行为的主体应当是《广告法》所规制的主体。《广告法》第31条规定："广告主、广告经营者、广告发布者不得在广告活动中进行任何形式的不正当竞争。"因此，《广告法》与《暂行办法》中有关不正当竞争行为的约束主体指的是"广告主、广告经营者、广告发布者"，而浏览器尽管实施了屏蔽广告行为，但其并不属于《广告法》与《暂行办法》所规制的主体，因此并不能受到上述条款的约束。由此来看，目前并没有成文的行业惯例认定了广告屏蔽行为就是违法行为，上述提出的两种主张均是不能成立的。

与此相反的是，在一些案件中被告主张从发展的角度看屏蔽广告行为本身恰恰是一种行业惯例。在欧洲，以 Adblock Plus 为代表的屏蔽广告软件广泛存在，并且在多次判决中得到了法院的合法性承认[3]。在美国，司法判例也偏向支持广告屏蔽一方[4]。从互联网发展情况的差异，我国广告屏蔽软件不

---

〔1〕 参见广州知识产权法院（2018）粤 73 民终 1022 号民事判决书。

〔2〕 《互联网广告管理暂行办法》第 1 条规定："为了规范互联网广告活动，保护消费者的合法权益，促进互联网广告业的健康发展，维护公平竞争的市场经济秩序，根据《中华人民共和国广告法》（以下简称广告法）等法律、行政法规，制定本办法。"第 2 条规定："利用互联网从事广告活动，适用广告法和本办法的规定。"上述内容表明《暂行办法》是在《广告法》的大框架下，针对互联网领域的广告活动制定的细化规定，《广告法》是其上位法。

〔3〕 比较知名的案件有"Fernsehfee 案"，"Adblock Plus"系列案件等，下文将予详述。

〔4〕 例如"赞古诉卡巴斯基案"，原告赞古公司提供在线视频观看网站，采取"免费+广告"模式以及付费式，被告卡巴斯基经营杀毒软件，该软件将原告的网址识别为恶意并将其广告予以过滤，法院根据美国《通讯规范法案》中的"好撒马利亚人"规则，认定卡巴斯基的屏蔽行为可以被豁免，从而推翻了原告的请求。See Zango Inc. v. Kaspersky Lab Inc. , 568 F. 3d1169, 1173（9th Cir. 2009）.

如欧美使用的广泛，仅浏览器普遍设置了广告屏蔽功能。

为此，关于广告过滤在浏览器行业是否是行业惯例的问题。实务界较为普遍地认为，浏览器设置广告过滤功能在相当长期内是行业惯例，国内外浏览器均设置自带的广告过滤功能或引入第三方过滤软件，目的都是满足消费者过滤打扰或非法的广告，还消费者一个清朗的上网环境。

近年来由于国内诉讼案件的增多，国内浏览器开始改内设过滤功能的模式为引入第三方过滤软件（插件）的模式，并由用户自主安装的模式。此模式下过滤服务由第三方过滤软件提供，浏览器仅提供下载安装的渠道。

但是，从浏览器市场来讲，广告过滤一直是国内外各大浏览器的标配，过滤功能的好坏影响用户的使用和选择，也就是浏览器行业不成文的行业惯例。其目的是供用户选择，过滤一些打扰用户或非法的广告，还用户一个清静绿色的网络环境。

与第三方开源性的 Adblock Plus 相比，无论以往国内浏览器普遍自带过滤功能，或如今浏览器多将这些第三方过滤软件引入到自己的平台上，供用户自主选择下载安装，其目的均不具有营利性，都是供用户免费选择使用的。二者的运作技术机理和目的具有较高的相似性，甚至可以说是基本一致的。

如前面提到的近两年国内浏览器行业面对较为严格的司法环境，将自带过滤功能逐渐转变为引入第三方过滤插件的形式，意味着，目前存在广告屏蔽插件实际由第三方提供的情形，此时浏览器的运营主体实质上仅是信息存储空间，广告过滤插件需要用户主动去选择、下载并安装。

事实上，在我国没有引入网络中立的概念和原则，如同竞争中立一样，一直没有纳入到政策和司法之中。或许由于网络中立的视角太多，如准入的视角、经营者的视角、消费者的视角等。但互联网的发展和提供服务的目标主体无疑是消费者。

应当说，互联网不正当竞争行为（以广告屏蔽为典型）的规制一直都存在两条路线之争。因为在法律条文上都有三个主体：经营者、其他经营者（包括竞争者）和消费者。于是便有了两条路线之争：是以经营者和其他经营者为中心，以保护私权和侵权为基础来认定案件，还是以经营者和消费者为中心，以保护消费者利益和社会公共利益为基础来认定。限于历史原因——在 1993 年版的《反不正当竞争法》第 2 条"不正当竞争行为"指向的是"损害其他经营者的合法权益"，不正当竞争行为被理解为只是经营者和其他经营者之间的私事。历史上消费者在"反法"中的地位一直没有树立起来。2018年修订后，表述扩展为"损害其他经营者或者消费者的合法权益"。但现行法如何实现保障消费者利益，即扭转过去的目标单一性并合理配置以经营者和另外两个主体之间的关系。申言之，何种情况下以经营者行为为原点直接反射的对象是其他经营者，何种情况下针对的对象应当是消费者。两条路线之争涉及本法的性质，也关乎认定的标准是否合理，及结果是否公正。

学理上，反不正当竞争法是经济法的范畴。经济法是以保护社会公共利益为中心的制度总称。所以，上述两条路线之争，应当随着"新法"的实施，逐渐由保护经营者转移到消费者主导。

在上述前提下，浏览器的屏蔽行为和视频加广告哪个是商业模式？这不是需要本法考量的主要问题。重要的是，争议主体是否违反商业道德。判断商业道德，可以从如下方面展开：一是运营主体是否存在主观过错。二是是否针对特别主体。如果没有故意针对某种行为进行特别的限制和没有针对特别主体施加不利影响，则不应认定违反商业道德。此外，还需要区分浏览器自身设置的过滤功能和第三方插件过滤功能。广告过滤插件由第三方上传提供时，作为提供信息存储空间的浏览器运营主体，其过滤广告的功能由消费者决定，浏览器和第三方不能以技术制约另一方的过滤功能。同时，不管哪一方提供，都应尽到的提示消费者此种功能，并设置可由消费者选择过滤与否的管理机制。

其次，原告主张是认为屏蔽软件侵犯了"免费视频+广告"的经营模式。上文曾经讨论过侵犯商业模式是否属于侵犯"合法权益"，得出的结论是，如果确有证据证明原有合法商业模式因某种竞争行为而无法正常运行，那么的确符合"侵犯合法权益"这一项构成要件。但不正当竞争还要求在侵犯合法权益的前提下，行为本身具有不正当性。因此认定侵犯商业模式的行为是否属于不正当竞争，还需要独立论证侵犯商业模式是否违反了"公认的商业道德"，即是否具有不正当性。然而遗憾的是，在以往涉及商业模式的案件中，法院经常忽略这部分的论证。例如在著名的"扣扣保镖案"中，最高院认为QQ软件的广告服务属于应受保护的商业模式，上诉人的扣扣保镖软件"减少了被上诉人的经济收益和增值服务交易机会，干扰了被上诉人的正当经营活动，损害了被上诉人的合法权益，违反了诚实信用原则和公认的商业道德，一审判决认定其构成不正当竞争行为并无不当。"[1]该案判决论证了侵犯商业模式的行为"损害了被上诉人的合法权益"，却因此就进一步认定"违反了诚实信用原则和公认的商业道德"，缺少对后者的单独论证。"受保护的商业模式"这一理念本身就是一项首创，倘若缺少对该理念的充分论证，则可能导致反不正当竞争法保护的范围不合理地过分扩张，威胁到自由竞争的市场基本原则。事实上，是否侵犯了商业模式，并不能成为是否构成不正当竞争的充分条件，"企业在正常的市场竞争中，并不负有尊重他人的商业模式（受知识产权保护的除外）、维护其他经营者的利益的义务。"[2]商业模式本身具有迭代的性质，如果对于商业模式给予一味的保护，那么经营者便会一直"坐享其成"，而新的商业模式便永远无法取代旧的、落后的商业模式。因此，一个商业模式本身合法，不代表其不能被侵犯、不能被取代，影响他人的商业模式，也不必然属于不正当竞争行为。

　　第三，关于原告提起的"屏蔽行为具有主观恶意"问题。在"奇虎诉金山案"中，法院认为反法一般条款"目的在于维护市场竞争的良性发展，对于恶意采取不正当竞争行为的经营者予以制止，故而审查被告行为是否具有恶意是评判其行为是否违反上述法律的关键。"[3]但是如果在司法实践中过度依据"主观恶意"来认定行为的违法性，将对举证设置过高的障碍。因为"主观恶意"是很难通过客观证据进行充分的证明的，因此往往司法判决中对于主观恶意的论证并不充分，其中包含了大量的法官自由心证成分。美国在对其反法进行修正时也特意删除了依据主观动机判定不正当竞争的条款，强调"根据本条项下的规则，仅仅因为从事业务或者交易而对他人造成损害者，无论动机如何，均不承担责任。因此，确定责任的依据是对行为人商业方式的分析，而非其动机。"[4]这同样说明，绝不能将主观条件作为认定不正当竞

---

[1]　最高人民法院（2013）民三终字第 5 号民事判决书。

[2]　张广良："具有广告过滤功能浏览器开发者的竞争法责任解析"，载《知识产权》2014 年第 1 期。

[3]　北京市第一中级人民法院（2011）一中民初字第 136 号民事判决书。

[4]　Restatement（third）of Unfair Competition，Seetion 1，comment C，转引自兰磊："比例原则视角下的《反不正当竞争法》一般条款解释——以视频网站上广告拦截和快进是否构成不正当竞争为例"，载《东方法学》2015 年第 3 期。

争行为的重要依据。

　　相对应的，被告方在此类案件中提出的重要抗辩是"技术中立原则"。技术中立原则起源于美国著名的"索尼案"[1]，索尼公司销售 Bebamax 的录像机，该录像机可以让电视观众在录制电视节目时跳过广告，原告美国环球电影公司认为该录像机帮助消费者侵犯其版权，遂将其诉至法院。联邦最高法院认为，只要产品具有一种潜在的"实质性非侵权用途"，产品的制造商和经销商就不承担"帮助侵权责任"[2]。这种理念被称为"技术中立原则"。如果采用"索尼案"中的技术中立理念，广告屏蔽技术对于每一位互联网用户，的确具有潜在的实质性非侵权用途（前文已经论述，用户并没有观看视频广告的义务，因此用户借助技术软件屏蔽广告并不构成侵权）。在此前提下，浏览器一方完全可以依据"技术中立原则"主张自己的行为未违反商业道德。但是法学理论并非静态的，而是不断发展的，"索尼案"已经是三十五年前的案例，在该案之后，美国最高法院也发觉了判决中的问题所在，因为该案确立的"技术中立原则"认为，即便产品的制造者、销售者明知技术可能被用于侵权用途，其依然不需要承担侵权责任。这就导致了上述判决对于技术侵权的约束过于宽泛，可能会导致技术制造者侵权行为的泛滥。在 20 年后的 Grokster 案[3]中，法院严格适用"索尼案"技术中立原则的结果造成了判决结果的明显失衡，越来越多的观点开始支持"索尼案"中少数法官的主张：如果产品制造商故意促使消费者为了侵权目的购买产品，那么制造商就应当承担侵权责任。总体来说，美国对于技术中立的态度与其利益衡量的标准紧密相关，在对版权人的利益侵害不大情况下允许技术中立，而对版权人利益有重要影响时，往往严格限制技术中立原则的使用。[4]因此，在探讨广告屏蔽案件中的"技术中立原则"时，不应仅仅循规蹈矩地适用，而应当进行利益权衡，以做出最恰当的判定。

　　由此，利益衡量原则应当成为最后的落脚点。在国外特别是德国关于广

---

　　[1]　See Sony Corp. of America v. Universal City Studios, Inc., 464 U. S. 417（1984）.

　　[2]　参见王迁："'索尼案'二十年祭——回顾、反思与启示"，载《科技与法律》2004 年第 4 期。

　　[3]　See MGM Studios, Inc. v. Grokster Ltd., 545 U. S. 913（2005）.

　　[4]　参见王迁："'索尼案'二十年祭——回顾、反思与启示"，载《科技与法律》2004 年第 4 期。

告屏蔽的案件中，法院经常运用利益衡量的方式做出判决，其考量的因素是屏蔽广告软件对于市场整体的影响。在 2004 年"Fernsehfee 案"中，原告电视台依靠商业广告获得收入，被告生产一种名为"电视精灵"的装置，可以屏蔽电视节目的广告。德国联邦最高法院认为，广告过滤软件对竞争市场的影响只存在理论上的可能，而不会造成具体的损害后果。潜在的广告投放商因用户使用广告过滤软件降低了其投放广告的曝光率从而减少广告位的订购，由此导致互联网经营者广告收入的减少，但是这并不足以对市场竞争造成阻碍，由此驳回了原告请求。在 2015 年 Adblock Plus 案中，汉堡法院虽然认同被告提供的软件使原告在广告市场的销售量减少，但是综合权衡各方利益之后，法院认为广告过滤行为没有特定针对性、没有主观恶意且原告并非无法避免，因此该行为不具有可谴责性，并且其行为符合竞争法经营自由的理念，因此同样驳回了原告请求。无独有偶，2018 年的 Adblock Plus 案中，德国联邦最高法院认为提供广告过滤软件一方不存在挤压排挤竞争对手的意图，其追求的主要目的是提升自己的竞争力，再次驳回了原告请求。

　　我国的一些广告屏蔽案例中，法院同样采用了利益衡量的方式，但是得出的结论却大相径庭。在"腾讯诉星辉案"中，一审法院综合考量了浏览器方获得的利益、视频网站损失的利益以及整个社会公众的利益，法院认为含有屏蔽软件的制作、使用有助于经营者实现市场利益最大化，而只是损害了竞争对手的部分利益，影响了部分网络用户的选择，还达不到特定的、影响其生存的程度，不构成对视频网站的根本性损害，并且由于用户对于屏蔽广告具有现实需求，屏蔽功能也有益于社会公众的利益。据此一审法院驳回了原告全部请求。[1] 而二审法院运用了同样的利益衡量的方法，却得出了与一审法院完全不同的结论，二审法院认为从社会总福利来看，短期内视频网站的商业模式可能变化，从而对消费者利益产生影响，长期来看会导致视频网站丧失生存空间，从而损害消费者利益，并且也不必然会导致广告投放者以及浏览器经营者的利益增加。因此屏蔽广告行为最终会造成社会总福利的减少，构成不正当竞争。这种同样进行利益衡量结果却截然相反的论证，值得我们思考。事实上，利益衡量这种方式要求我们从多个角度、尽可能全面地

―――――――――――

　　〔1〕　参见北京市朝阳区人民法院（2017）京 0105 民初 70786 号民事判决书。

评估利益得失，一旦忽略了某个视角或者有所偏重，很可能会导致完全不同的结论。下文试图尽可能地从全面的视角进行利益评估。

利益衡量的出发点应当是如果屏蔽广告的行为持续下去，对于市场总体利益的影响情况。此时根据主体的不同，可以划分为三方利益：视频网站、浏览器以及消费者。对于视频网站而言，不利影响可能包括被迫减少广告投放量从而减少广告收入；为了对抗屏蔽行为进行技术反制，增加研发成本；被迫改变原有的商业模式；向浏览器一方交纳"保护费"，从而增加运营成本。但是视频网站同样可能获得有利影响：因广告获得屏蔽而增加了视频的观看量；迫使视频网站为减少用户对广告的抗拒而进行广告创新；因技术反制的研发而提高自身技术水平。值得一提的是，在很多案件中视频网站都认为广告屏蔽软件会给自己造成无力抗衡的毁灭性打击，对此笔者在前文已有论述，目前尚无证据证明视频网站面对广告屏蔽缺少躲避和抗衡的能力，"降维打击"的观点缺少立足的根据。

对于浏览器而言，广告屏蔽行为显然可以为其增加用户量与使用量，但同样可能造成被视频网站采取反屏蔽措施，但总的来说应该是收益远大于损失，这也正是众多浏览器设置广告屏蔽功能的动因。

最后是关于消费者以及社会的利益衡量。广告屏蔽软件可以直接让消费者在短期内降低观看视频的时间与经济成本，但是长期来看也可能造成不利影响：屏蔽软件增加了视频网站的运营成本，这部分成本可能最终会转嫁到消费者身上，增加其观看视频的经济成本，视频网站其它支出的提升会导致视频制作投入的下降，从而削减视频质量，降低消费者的观感。因此对于消费者而言，短期与长期的利益影响是不同的。而对于市场与社会而言，关于广告屏蔽技术的竞争可能会在客观上促进技术发展与创新，但这种影响是难以估量的。

通过上文的分析可以看到，广告屏蔽行为对于三方各有利弊，此时的利益衡量很难进行法律上的定性研究，而应当进行经济学上的定量研究。应当充分调查研究在不同的利益得失之下，此类竞争行为对于市场整体利益的影响。从法学视角来说，仅仅能列举出可能存在的各类情形，但很难从整体角度进行评判。曾经有学者针对反法中的利益衡量方式，提出过采取"比例原则"的评估手段，只有在同时符合适当性原则、必要性原则以及狭义比例原则时，才允许一种利益侵犯另一种利益的行为。[1]这种方式借鉴了行政法中的原则，但是应当注意，行政法中的比例原则是为了限制公权力、保护行政相对人而采取的倾斜性、严苛性规则，但对于市场中互为平等地位的竞争者而言，比例原则可能导致对于一方竞争者施加过于严格的要求，从而会限制市场中的自由竞争。在以市场秩序、竞争利益为保护目标的反不正当竞争法中，对于市场整体利益进行考量是更为适宜的利益衡量方式，在没有充分的调查证据证明广告屏蔽行为一定会造成市场整体利益的减损的情况下，法律不宜扩张它的管制条件，而应当允许一种可能促进市场进步的竞争行为存在，并接受市场本身的检验。

总的来说，尽管目前有诸多观点认为广告屏蔽行为违反了公认的商业道德，但是这些观点都缺少充分的论据作为支撑。利益衡量的判断方法是最切实可行的，然而这种方法需要严谨的调查研究作为佐证，而非法官仅凭借一面之词或自由心证做出违法的判定。在目前缺少更为充分的证据的情况下，法院对于广告屏蔽行为应当不轻易认定为违法，允许其在市场中存在且参与市场竞争，市场本身的发展或许会给出一个答案。

四、小结

对于当下频繁发生的互联网广告屏蔽行为，在适用反不正当竞争法时，主要的思路应当如下：首先在条款选择上，第 12 条互联网专条与第 2 条一般条款均可适用，但在互联网专条的概括性条款缺乏明确的立法、司法解释和判例支撑的情况下，适用一般条款是更为稳妥与适宜的。以最高院"海带配额案"的司法判例为基础，认定一种竞争行为属于一般条款规制的不正当竞争行为，需要两方面的重点考量：是否为其它经营者、消费者造成了"合法权益的实际损害"；是否违反了诚实信用原则和公认的商业道德。如果广告屏蔽行为在没有充分证据证明已经在当下造成了实际经济损失的情况下，也就不能构成不正当竞争行为；另外，对于商业道德的认定，我国当下对广告屏蔽行为缺少明文行业惯例，广告屏蔽行为应当采用利益衡量方式进行分析，

---

[1]　参见兰磊："比例原则视角下的《反不正当竞争法》一般条款解释——以视频网站上广告拦截和快进是否构成不正当竞争为例"，载《东方法学》2015 年第 3 期。

广告屏蔽对于经营者、消费者短期与长期各有利弊，在缺少市场调查对于总体利益增减的充分论证的情况下，在法律上应当采取谦抑、审慎的态度，不宜轻易认定该行为的违法性。

　　总而言之，无论是在"合法权益损害"方面还是在"商业道德评判"方面，目前我们都不能认定广告屏蔽行为属于不正当竞争行为，法院对此应当保持谨慎态度，减少法律对市场竞争的不适当干预，以维护公平、良性的市场秩序。

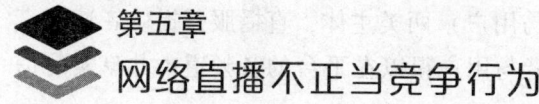

第五章
网络直播不正当竞争行为

近年来，互联网的深入发展催生了一大批新型娱乐形式，网络直播就是最为典型的代表，但许多网络经营者利用直播进行不正当竞争，严重影响了互联网市场的正常竞争机制，对网络直播不正当竞争行为的法律规制势在必行。本章在厘清网络直播的内涵与外延、分析行业发展现状的基础上，对其中存在的不正当竞争行为进行归纳与类型化列举，并结合现有法律针对如何规制不正当竞争行为提出有效的对策建议，有利于维护网络直播行业的良好市场秩序，保护社会公共利益，为互联网产业的健康发展助力。

一、网络直播的概念界定

网络直播也称互联网直播，从大众传媒的角度分析，它是一种依托互联网的新型传播方式，以"视频（或音频等）+社交"的形式呈现。[1]网络直播打破了原有的传播模式，不再局限于视频、音频等数据的发行与上传，[2]网民可以通过登录各大直播平台实时获取自己感兴趣的讯息，并通过弹幕等方式与多方主体互动，充分发挥了互联网的交流功能。

对于网络直播的概念，《互联网直播服务管理规定》（以下简称"《直播管理规定》"）进行了较为明确的界定，即"网络直播是指基于互联网，以视频、音频、图文等形式向公众持续发布实时信息的活动"，[3]突出了网络直播所具有的内容多样性与传递实时性。在网络直播活动中，一般区分服务提

---

〔1〕 参见王欢、庞林源："网络直播监管机制及路径研究"，载《出版广角》2017年第6期。

〔2〕 参见陈纯柱、刘娟："网络主播监管中的问题与制度构建"，载《探索》2017年第6期。

〔3〕 《互联网直播服务管理规定》第2条：在中华人民共和国境内提供、使用网络直播服务，应当遵守本规定。本规定所称互联网直播，是指基于互联网，以视频、音频、图文等形式向公众持续发布实时信息的活动；本规定所称互联网直播服务提供者，是指提供互联网直播平台服务的主体；本规定所称互联网直播服务使用者，包括互联网直播发布者和用户。

供者与使用者（包括直播发布者与用户）两类主体，直播服务提供者通过直播平台提供服务，使得直播发布者与用户得以在平台的各频道中共享实时信息、实现沟通与互动。

二、网络直播的发展现状

由于网络直播采用 UGC 模式[1]，具有参与门槛低、内容多样、实时互动性强等特征，满足了时下网民追求新鲜事物、喜爱社交娱乐的心态，在短时间内积累了大量用户，行业也得到了快速发展。截至 2017 年 6 月，网络直播用户数量已经达到 3.43 亿，占网民总数的 45.6%，而网络直播中的专业、兼职"网络主播"总人数也已突破 100 万人。[2]与巨大流量相伴而生的是数额可观的投资——当前我国占据市场份额较大的斗鱼、虎牙直播等平台已经获得高达数亿元的融资——行业前景甚为光明。与火爆的市场相伴而生的是激烈的竞争，越来越多的网络直播平台投入到用户流量的角逐中，截至 2016 年，我国在线直播平台数量已超过 200 家，YY、斗鱼、风云直播、虎牙直播、9158、直播吧、秀色秀场、映客直播、龙珠直播、战旗 TV 成为年度直播平台前十强。[3]这些平台主营业务并不完全相同，例如 YY 主营语音直播，而斗鱼则以游戏赛事、文娱等视频直播为主，但其用户群大多是新生代的互联网网民，相互之间构成了竞争关系。

为争夺流量，各网络直播平台可谓"花样百出"，以各种方式吸引网民注意。适度的广告宣传有利于刺激行业经济，值得鼓励，但过分的营销炒作很容易超越界限，触犯法律。当前各网络直播平台存在大量不正当竞争行为，损害了竞争者、消费者等群体的利益，需要对这些行为进行类型化分析，并运用《反不正当竞争法》等法律进行规制。

---

〔1〕 UGC 模式，即用户生成内容，泛指以任何形式在网络上发表的由用户创作的文字、图片、音频、视频等内容。参见徐蒙、祝仁涛："新媒体视域下 UGC 模式的法律风险及其防范——以网络直播为例"，载《浙江传媒学院学报》2016 年第 4 期。

〔2〕 参见中国互联网络信息中心："第 40 次《中国互联网络发展状况统计报告》"，载 http://www.cac.gov.cn/2017-08/04/c_ 1121427728.htm，最后访问日期：2017 年 8 月 4 日。

〔3〕 参见科技界："2016 年直播平台排行榜"，载 http://www.sohu.com/a/110103130_ 190049，最后访问日期：2016 年 8 月 11 日。

三、网络直播不正当竞争行为法律规制的必要性

近年来，随着我国互联网技术的快速普及，"互联网+""大数据"等关键词逐渐出现在人们的视野中，并对其日常生活产生了深远影响，网络直播就是互联网科技快速发展所催生出的新型业态。作为近几年快速兴起的行业，网络直播依托手机、平板 APP，电脑网页等多种形式，在短时间内迅速传播推广，使人们的生活更加丰富多彩，也为互联网经济发展注入了新的活力。然而，由于行业发展速度过快、立法存在一定滞后性等因素，网络直播在发展过程中遇到了许多法律问题，涉及到刑法、竞争法、知识产权法等多个方面。

网络直播作为一种新型互联网行业，为各经济主体提供了参与市场、经营逐利的机会，由于资源稀缺等因素，主体在参与经济活动时必然会存在竞争，当主体以不正当的方式扰乱经济秩序，损害消费者与竞争者利益[1]时，便落入了竞争法调整的范畴。当前我国网络直播行业乱象丛生，各种不正当竞争行为具有多发性、复杂性，加上互联网媒介快速广泛传播，很容易对行业发展产生负面影响，亟需法律的有效监管规范。中共中央网络安全和信息化领导小组办公室（简称"网信办"）于 2016 年 11 月 4 日发布了《互联网直播服务管理规定》，为行业管理提供了更为具体的依据。不过该《直播管理规定》更多考虑到网络直播依据网络传播的特性，从宏观上赋予监管部门全方位监督管理的权限，对于网络直播中的不正当竞争行为，仍需结合《反不正当竞争法》进行规制。

四、网络直播不正当竞争的行为类型及典型案例分析

网络直播中的不正当竞争行为，可依所违反的条款不同划分为"违反原则或一般条款之行为"与"违反具体条款之行为"。[2]由于我国《反不正当竞争法》中并无一般条款，前者在实践中主要表现为"违反原则条款之行

---

〔1〕　参见刘继峰：《竞争法》，对外经济贸易大学出版社 2007 年版，第 44 页。
〔2〕　参见肖顺武："网络游戏直播中不正当竞争行为的竞争法规制"，载《法商研究》2017 年第5 期。

为"，也就是违反我国《反不正当竞争法》第 2 条原则性规定的行为；后者则是指构成《反不正当竞争法》第二章中各种具体列举的不正当竞争行为，两种行为均会扰乱市场经济秩序，侵犯社会公共利益，需要《反不正当竞争法》调整规制。

（一）违反原则条款之行为

我国《反不正当竞争法》第 2 条"经营者在生产经营活动中，应当遵循自愿、平等、公平、诚信的原则，遵守法律和商业道德"被学界认为是原则条款的表述，这一条款在竞争法体系中与列举条款、一般条款共同发挥作用，起到了"辅助调整与补充调整"[1]作用。由于我国缺乏一般条款，原则条款补充调整的功能得以显现，在司法机关的自由裁量中具有更大的适用空间。

由于网络直播在我国兴起时间较短、内容具有多样性，其传播过程中可能会出现不能为我国《反不正当竞争法》具体类型所容纳的新型不正当竞争行为，此时可依据原则条款对这些行为进行调整，防止"漏网之鱼"的出现。2015 年发生的"上海耀宇文化传媒有限公司诉广州斗鱼网络科技有限公司著作权侵权及不正当竞争纠纷一案"（以下简称"耀宇诉斗鱼案"）就是网络直播中"违反原则条款之行为"的最新、影响最大的案件。此外，网络体育赛事实时转播过程中也可能涉及到不正当竞争问题，对此也有典型案例可供分析。

1．"耀宇诉斗鱼案"[2]

耀宇诉斗鱼案是 2015 年发生的涉及到著作权权属与不正当竞争纠纷的网络直播案件，案情大致如下：DOTA2（刀塔 2）是美国维尔福公司（Valve Corporation）开发的一款风靡全球的电子竞技类网络游戏。2014 年，耀宇公司与游戏运营商完美世界（北京）网络技术有限公司签订战略合作协议，共同运营 2015 年 DOTA2 亚洲邀请赛。耀宇公司通过协议约定获得该赛事在中国大陆地区的独家视频转播权，并负责赛事的执行及管理工作，双方还约定合作赛事的执行费用总计 11 700 704 元，耀宇公司承担 8 200 704 元。耀宇公司在 2015 年 1 月至 2 月期间举办涉案赛事，赛事分为预选赛、决赛。赛事期

---

〔1〕 参见刘继峰：《竞争法》，对外经济贸易大学出版社 2007 年版，第 98 页。
〔2〕 参见上海市浦东新区人民法院（2015）浦民三（知）初字第 191 号民事判决书。

间，耀宇公司对比赛进行了全程、实时的视频直播。同时，耀宇公司还授予虎牙独家直播/转播的权利（除火猫 TV 外），并收取授权费用 600 万元。斗鱼公司未经授权，以通过客户端旁观模式截取赛事画面配以主播点评的方式实时直播涉案赛事。[1]

耀宇公司认为，斗鱼公司未经授权截取赛事画面实时直播涉案赛事，已经侵犯了自己的合法权益，诉请法院判决斗鱼公司停止侵权行为、赔偿自己的经济损失与合理开支并刊登声明消除影响。

一审法院判决认为，斗鱼公司在明知赛事由耀宇公司承办且未获得任何授权许可的情况下，向用户提供了涉案赛事的部分场次比赛，损害了耀宇公司的合法权益、扰乱了行业正常经营秩序，违反了诚实信用原则与商业道德，构成不正当竞争，判决其承担消除影响及赔偿损失与合理费用（共计 110 万元）的法律责任。二审法院审理后认为，斗鱼公司行为分享了耀宇公司组织赛事所获得的商业成果，为自己谋取商业利益与竞争优势，以"搭便车"的方式分流了原属于耀宇公司的观众群，损害了其商业机会与竞争优势，其行为违反了《反不正当竞争法》第 2 条的原则规定，构成不正当竞争，依法驳回上诉，维持原判。

由于斗鱼是目前国内较为知名的网络直播平台，且"截取赛事画面配以点评"的方式在网络游戏直播中较为常见，因而"耀宇诉斗鱼案"产生后获得了较高的关注度，其判决也对网络直播行业产生了较大影响。本案将网络直播平台在未获得授权许可的情况下通过客户端旁观模式截取游戏赛事画面进行直播的做法认定为违反原则条款的不正当竞争行为，为类似纠纷的裁判提供了指导，对互联网游戏直播行业具有一定的规制引导作用。

本案为认定网络直播中违反原则条款的类似不正当竞争行为提供了参考。原则条款的适用可分为以下两个步骤：第一步，确定该行为不属于《反不正当竞争法》所列举的具体不正当竞争行为——由于原则条款的适用具有补充性，在判断某一行为适用原则条款前，应当首先确认其不在具体不正当竞争行为调整范畴之内，否则该具体条款应当优先得到使用。在"耀宇诉斗鱼案"中，斗鱼截取游戏赛事画面实时直播的行为并不属于法条中所列举的"商业

---

〔1〕 参见上海法宣："电竞游戏赛事网络直播行为不正当竞争的司法认定"，载 http://www.chinacourt. org/article/detail/2017/08/id/2953074.shtml，最后访问日期：2017 年 8 月 9 日。

诋毁""不正当有奖销售"等具体不正当竞争行为，因而为原则条款的适用提供了空间。第二步，该行为触犯了《反不正当竞争法》保护的法益，违反了竞争法原则与商业道德，此时可适用第2条原则条款对之进行规制。由于原则条款适用取决于司法机关的自由裁量，因而对于某一行为是否违反原则条款，需要法院结合案情进行认定。

法院在认定时常采用"基于商业模式的认定路径"[1]，即，认定某种商业模式成立并依法应受保护——行为违反该种商业模式——该行为损害了《反不正当竞争法》法益，满足以上条件便得到"该行为违背了诚实信用原则与商业道德，违反了原则条款"的结论。在本案中，耀宇公司与游戏运营商签订协议共同运营赛事，约定获得赛事独家视频转播权，并为赛事举办付出了较大成本。通过承办赛事，耀宇公司可以提高自身知名度，并以刺激流量、寻求广告合作等方式获取经济利益，该种做法也是互联网游戏直播平台较常采用的做法，是较为通行的商业运作模式，依法应当受到保护。斗鱼公司在未获得耀宇公司授权的情况下，将赛事中的游戏画面进行截取，并配以平台主播的点评，该行为看似是"重新加工"，实质上仍是将点评依附于赛事，对赛事画面进行实时转播。斗鱼的这一行为会吸引本属于耀宇公司的用户群体，造成观众的分流，从而会减损耀宇公司本可以获得的利益、同时为自己增加人气与关注度。斗鱼"搭便车"的行为以违反商业模式的方式损害耀宇公司的竞争优势，为自己谋利，已经违背商业道德，损害了同业竞争者（耀宇公司）的合法权益，扰乱了互联网游戏直播行业的竞争秩序，构成"违反原则条款"的不正当竞争行为。

对于"耀宇诉斗鱼案"适用《反不正当竞争法》第2条的判决，学界有不同声音：有学者认为该案应当适用《中华人民共和国侵权责任法》（以下简称"《侵权责任法》"）进行调整。[2]主要理由是，"耀宇诉斗鱼案"中所涉及的游戏比赛画面具有可复制性与独创性，构成《中华人民共和国著作权法》（以下简称"《著作权法》"）所保护的"作品"，而"网络直播"虽不

---

〔1〕 参见肖顺武："网络游戏直播中不正当竞争行为的竞争法规制"，载《法商研究》2017年第5期。

〔2〕 参见刘超："网络游戏及其直播的法律适用——以'耀宇诉斗鱼案'为例"，载《福建警察学院学报》2016年第3期。

适用信息网络传播权和广播权，却可被归属于"著作权人享有的其他权利"得以保护。《反不正当竞争法》作为知识产权领域"兜底"适用的法律，在案件中并不应当优先适用。综上，斗鱼侵犯了原告耀宇公司的财产性民事利益，应当依据《侵权责任法》判决其承担侵权责任。

笔者认同法院判决而不赞同上述观点。以上不同看法涉及到知识产权法与《反不正当竞争法》的关系与适用问题。《反不正当竞争法》与《著作权法》、《商标法》之间的关系，可以被形象概括为"海水与冰山"，前者对后者而言具有调整范围上的补充性与适用上的竞合性[1]——在知识产权法涉及不到的领域（例如尚无法达到《著作权法》意义上作品的智力成果），《反不正当竞争法》可以进行补充调整，更为完整、充分地维护创作者的合法权益；而在知识产权法所覆盖到的领域，两者则具有适用上的竞合性。在本案中，认定应当适用哪部法律的关键问题在于判断案件中涉及到的"游戏直播画面"应当归属于哪部法律调整，也即，其是否构成《著作权法》意义上的作品。

笔者认为，"耀宇诉斗鱼案"所涉及到的"游戏直播画面"不构成《著作权法》意义上的作品，属于知识产权法所涉及不到的智力成果范畴，应当由《反不正当竞争法》进行补充调整。我国《著作权法》在第3条明确列举了作品的范围，其中并无包括"游戏直播画面"的子项，因而无法通过法律明确给出的外延将之归入作品范畴。此外，《中华人民共和国著作权法实施条例》（以下简称"《著作权法实施条例》"）对作品给出了较为清晰的界定[2]，根据该定义，作品需要具有独创性以及可复制性。而"游戏直播画面"虽然具有可复制性，能在电子介质中得以复制与传播，却终究只是游戏直播中的片段与瞬间，其独创性无法达到作品的高度。综上，"游戏直播画面"不属于《著作权法》所定义的"作品"范畴，不宜通过主张知识产权予以保护，应当依据"补充性"法则运用《反不正当竞争法》对之进行调整。

以上讨论所涉及的《反不正当竞争法》与知识产权法在网络直播不正当竞争行为中的适用问题，不但存在于"网络游戏直播"当中，在"网络体育赛事直播"中也具有一定争议。

---

〔1〕　参见刘继峰：《竞争法》，对外经济贸易大学出版社2007年版，第75~80页。

〔2〕　《中华人民共和国著作权法实施条例》第2条：著作权法所称作品，是指文学、艺术和科学领域内具有独创性并能以某种有形形式复制的智力成果。

2. 网络体育赛事实时转播中的不正当竞争问题

随着互联网技术的发展，曾经看起来遥不可及的"世界就在眼前"已经变得没有难度，空间距离变得微不足道，快速连通的网络让异国的画面可以实时呈现在眼前——这对于体育迷来说更是好消息，不必再支付高昂的路费与入场费，通过网络直播就可以看到激动人心的赛事。近年来，网络体育赛事直播行业发展迅速，获得了广泛而活跃的用户群体，但繁荣的市场背后也不可避免地涌现出许多法律问题。近几年出现的"央视诉华夏城视案"[1]与"新浪诉凤凰网中超联赛著作权侵权及不正当竞争纠纷案"（简称"新浪诉凤凰网案"）[2]就反映出网络体育赛事直播中的著作权侵权与不正当竞争问题。

在"央视诉华夏城视案"中，原告央视国际网络有限公司（简称"央视"）指控被告华夏城视网络电视股份有限公司（简称"华夏城视"）于2014年6月至7月期间，在未经授权许可的情况下，通过其经营的"tv. cuti. com"实时转播自己获得独占许可直播的2014年巴西世界杯比赛赛事。原告对此提出两项主张：第一，央视主张自己所直播的两场巴西世界杯体育赛事节目属于作品，原因是，节目并不是对比赛过程机械简单的记录，而是经过设计安排，加入了具有创造性的主观色彩，运用了许多类似电影的创作和制作手法，应当被认定为作品。央视据此向被告华夏城视主张《著作权法》第10条第17项规定的著作权人享有的其他权利，认为华夏城视构成了侵权。第二，央视认为华夏城视的行为违反了诚实信用原则与公平原则，触犯了《反不正当竞争法》第2条的原则条款，应当承担相应责任。法院生效判决则认为案件中涉及到的赛事节目虽具有一定创作性，但尚未达到我国《著作权法》所规定的"以类似摄制电影方法创作的作品"之高度，应当将之认定为录像制品，因而原告主张的著作权人享有的其他权利无法律依据，不予支持；对于原告所主张的"被告存在不正当竞争行为"，法院予以支持。

---

〔1〕 参见祝建军等："擅自网络实时转播体育赛事构成不正当竞争"，载《人民司法（案例）》2016年第2期。

〔2〕 参见戎朝："互联网时代下的体育赛事转播保护——兼评'新浪诉凤凰网中超联赛著作权侵权及不正当竞争纠纷案'"，载《电子知识产权》2015年第9期。

在"新浪诉凤凰网案"中，原告北京新浪互联信息服务有限公司（简称"新浪"）认为被告凤凰网运营商北京天盈九州网络技术有限公司（简称"天盈九州"）在未获得授权许可的情况下，擅自在凤凰网（www.ifeng.com）上提供自己拥有独家转播与播放权的中超赛事，并在该链接页面设置大量广告。其与乐视公司合作通过链接方式转播涉案赛事的行为已经破坏了行业秩序，构成对自己著作权的侵犯，依法应当承担责任。法院一审判决支持了原告的主张，认为该行为侵犯了原告新浪对涉案赛事所拥有的著作权。法院认定的理由为，涉案的体育赛事直播节目采用了较多类似电影摄制的手法，具有较高独创性，已经达到作品高度，应当受到《著作权法》保护。

两个案件都涉及到"擅自实时转播互联网体育赛事节目"的违法行为，但法院支持的主张与认定行为违法的法律依据并不相同。主要原因在于司法机关在进行自由裁量时，对"体育赛事节目是否属于我国《著作权法》所保护的作品"问题具有不同看法。由此可总结出法院在处理网络体育赛事直播中不正当竞争问题时的思路：当原告主张被告行为涉及到著作权侵权与不正当竞争时，首先对涉案体育赛事节目是否属于我国《著作权法》所保护的作品进行认定，倘若其独创性达到了一定高度，被认定为作品，则被告在无授权许可下擅自进行实时转播，便侵害了原告著作权人享有的其他权利；倘若未达到作品高度，便不构成著作权侵权。其次再对被告行为是否违反我国《反不正当竞争法》第 2 条的原则条款进行认定，此时会应用到前文提及的"基于商业模式的认定路径"。值得注意的是，对被告著作权侵权行为与不正当竞争行为的认定是两个独立的过程，著作权侵权行为的成立并不意味着不正当竞争行为也必然成立，因为我国《著作权法》与《反不正当竞争法》所保护的法益不同，需要分别进行认定。

（二）违反具体条款之行为

目前网络直播中出现频率最高的具体不正当竞争行为是虚假宣传行为，这是由网络直播实时性所带来的传播内容不可控性所导致的——直播发布者通过平台实时分享信息，其传播内容中一旦具有虚假、夸张成分，便会在第一时间传递给观看视频、收听音频的用户，从而更容易欺骗、误导消费者，造成损害社会公共利益等结果。此外，随着网络直播平台类型的多样化，更多种类的不正当竞争行为涌现，对于其是否属于具体不正当竞争行为、属于哪类不正当竞争行为，还需结合行为类型具体分析。例如，当前有些直播平台为吸引用户，举办"答题瓜分现金"活动（用户登录平台参与答题，在对一定数目的题目正确作答后可获得现金奖励），以期短时间内获得更多关注。这一行为中是否存在触犯《反不正当竞争法》的问题，是否可以被当前法律中的具体不正当竞争行为类型所容纳，值得进一步分析研究。

1. 虚假宣传行为

虚假宣传行为是网络直播中发生频率最高的行为。直播平台与平台中的网络主播为吸引用户关注、增加流量，往往会采用夸张甚至不实的方式进行宣传、直播，很容易便超越限度、构成虚假宣传。

当前网络直播行业较为常见的虚假宣传行为可以分为两大类：第一类是网络直播平台的虚假宣传行为，这类行为的主体是提供直播服务的平台，面向群体则是平台用户（包括网络主播与收看者）；第二类是通过平台进行的虚假宣传行为，主体是网络主播，面向的群体则是相应的收看者，平台在此过程中可能知情也可能不知情，依其主观状态会承担不同的法律责任。这两类行为并不是完全割裂的，在某些情况下甚至会存在平台与网络主播合作进行虚假宣传行为，以下列举两例具体分析。

"刷流量行为"，是互联网时代出现的典型行为，是指"通过人工干预手段（俗称"水军"）有偿增加对网站、网页、视频、社交媒体信息等各种对象的访问量、浏览量、点击量、回复量等"[1]，当前刷流量行为在各大网络平台甚为常见，可以说已形成了规模化产业。具体到网络直播行业，刷流量行为的"雇佣者"可能是网络直播平台也可能是网络主播，其目的都在于提高浏览量、造成繁荣假象，从而吸引更多具有"从众心理"的互联网用户。刷流量行为会导致向用户呈现不实数据的结果，会欺骗、误导消费者，构成虚假宣传行为。

此外，由于网络直播平台准入门槛较低，用户往往在注册账号后便可通过平台发布视频、音频，这一做法在某种程度上有利于行业的迅速发展，但同时也造成了平台信息"鱼龙混杂"的结果。许多网络主播借机在平台发布

---

〔1〕 参见杰文津、任丽颖："揭秘演艺界'刷流量'灰色利益圈"，载 http://www.chinacourt.org/article/detail/2018/01/id/3180553.shtml，最后访问日期：2018年1月9日。

具有虚假内容的宣传广告，向消费者推销产品。例如 2017 年 4 月发生的"网络主播发布医疗广告事件"就反映了这一问题[1]：

根据《北京青年报》4 月 10 日报道，多名自称担任山西太原某家男科医院的医生助理的网络主播，在某网络直播平台上通过帮助观看者解答男科问题的方式吸引其去直播中所提及的医院就医，这些网络主播有些并非医护从业人员，而所提及的医院甚至还专门招聘网络主播帮助其进行宣传。从竞争法角度分析，涉案的男科医院雇佣不具备医护从业资质的网络主播通过直播平台发布具有广告宣传性质的内容，以引导消费者到医院就医，其带有不实内容的信息已经足以"欺骗、误导消费者"，构成虚假宣传行为。在该案件中，网络平台是否构成虚假宣传需要根据其主观状态进行判断：在平台不知情的情况下，其行为不构成虚假宣传，但这不意味着平台不需承担责任——根据《直播管理规定》，网络直播平台对视频、音频等直播内容负有审核义务[2]，故此时平台虽不存在不正当竞争行为，却仍有可能因为没尽到审核义务而承担相应责任；倘若平台知情却仍表示同意甚至主动参与其中，则属于"帮助其他经营者进行虚假或者引人误解的商业宣传"，亦构成虚假宣传行为。

对于网络直播中存在的虚假宣传等具体不正当竞争行为进行认定，需要考察行为的构成要件是否符合法定，以虚假宣传行为为例，一般认为该行为包含如下构成要件：宣传主体经营者+实施了虚假不实的宣传行为+宣传后果引人误解[3]。在上述案件中，医院作为经营者，雇佣网络主播在直播时为其进行带有不实内容的广告宣传以吸引观看者到医院就医，造成了引人误解的宣传后果，其行为已经符合三项构成要件，应当被认定为虚假宣传行为。

2. "答题分现金活动"与不正当竞争

在网络直播行业中，存在一类以竞答为主题的平台，通过在直播中设置

---

[1] 参见刘勋："网络主播发布医疗广告涉嫌违法"，载 http://www.chinacourt.org/article/detail/2017/04/id/2740528.shtml，最后访问日期：2017 年 4 月 11 日。

[2] 《互联网直播服务管理规定》第 7 条：互联网直播服务提供者应当落实主体责任，配备与服务规模相适应的专业人员，健全信息审核、信息安全管理、值班巡查、应急处置、技术保障等制度。提供互联网新闻信息直播服务的，应当设立总编辑。互联网直播服务提供者应当建立直播内容审核平台，根据互联网直播的内容类别、用户规模等实施分级分类管理，对图文、视频、音频等直播内容加注或播报平台标识信息，对互联网新闻信息直播及其互动内容实施先审后发管理。

[3] 参见李昌麒主编：《经济法学》，法律出版社 2016 年版，第 246 页。

有奖答题的方式刺激流量、吸引用户，例如"冲顶大会""百万英雄""芝士超人"等，由于其具有高额奖金、低参与门槛、明星等出题助战〔1〕等亮点，短时间内在网络社交群体中爆红，相应的 APP 也占据了许多人的手机屏幕。

这类平台具有固定的商业运营模式：投放固定数额的奖金——观众参与竞猜答题（平台会设置复活机制给予答错题的用户一定机会）——所有通关者平分奖金。在此机制下，通关者越多则每人分得奖金数量越少。这种机制在增加了答题趣味与刺激性的同时也引起了用户们的质疑：如何验证参与者及奖金数额的真实性？有用户反馈，网络平台上的数据显示无法让人信服，例如某一题答错者只有七千余人，复活者却超过了一万人，再如显示的在线人数少于答题人数……对于用户所反馈问题直播平台给出了"技术问题，需要进一步优化"的答案，但无法使人信服。有网络技术人士分析认为平台可能存在"机器粉"的现象，即用机器占据部分答题人数，既造成了用户数量可观的景象，又使得用户实际能分到的奖金数额减少，很好地控制了成本。

从竞争法角度分析，这种"注水"行为会扰乱竞争秩序，损害消费者与同业竞争者利益，涉嫌不正当竞争。从行为类型角度具体分析，该行为存在不实内容，由经营者（网络直播平台）做出，造成了欺骗消费者（参与答题用户）的结果，已经构成了虚假宣传行为。

五、网络直播不正当竞争行为的法律规制思路

对于网络直播行业存在的种种不正当行为，需要从立法、执法等多方面入手进行规制。当前我国针对传统不正当竞争行为已经有相对完善的法律体系，以《反不正当竞争法》为统领，确立了规制不正当竞争行为的原则条款与具体条款，《中华人民共和国广告法》（以下简称"《广告法》"）等法律法规则针对某些具体不正当竞争行为作出了更为完善的规定，但针对"互联网+"时代下种种新型不正当竞争行为，现有法律法规则稍显滞后。例如上述提到的"刷流量行为""机器粉答题行为"等，虽可被归入虚假宣传范畴，但作为网络虚假宣传行为，应当有更完善的法则，方便司法实践中的判定。

---

〔1〕 参见何欣荣等："百万奖金是'真撒币'还是'假噱头'？——三问爆红的直播答题"，载 http://www.chinacourt.org/article/detail/2018/01/id/3180642.shtml，最后访问日期：2018 年 1 月 20 日。

可从以下两方面入手更有效规制不正当竞争行为：

（一）完善专项立法，保证有法可依

一方面，完善《反不正当竞争法》，增设一般条款。由于网络直播商业模式具有不确定性[1]、原则条款适用具有较大主观性等因素，目前《反不正当竞争法》在具体案件适用中还存在一定困难。因此，宜增设一般性条款，形成"具体条款——一般条款——原则条款"的严密调整路径，通过一般条款这一《反不正当竞争法》中的"帝王条款"更好规制互联网不正当竞争行为。学界有观点认为《反不正当竞争法》第2条第2款可被认定为一般条款，但从形式上看，该条款仅仅满足法律概念的特征，并不能担当作为法律规范的一般条款之重任[2]。2017年最新修订的《反不正当竞争法》虽然对第2条第2款进行了一定程度的细化，但仍未使之脱离法律概念范畴，且"违反本法规定"等模糊表述也造成了法律适用中的困难。因此，可在未来立法中进行完善，例如借鉴德国《反不正当竞争法》的规定，以"竞争者、消费者利益和其他市场参与者利益"作为判断行为模式的标准并做出明确禁止性规定，相应地，在责任分配方面辅以违反其他不正当竞争行为的法律责任[3]——在《反不正当竞争法》中增设一般条款，可以使之在司法实践中得到更精准的适用。

另一方面，宜完善互联网相关立法，为有效监管提供更具可操作性的依据。当前我国已针对网络直播行业出台了较为具体的《直播管理规定》，该规定对网络直播平台经营资质等事项[4]进行了较为明确的规定，但对法律责任承担问题规定得较为笼统，不利于对相关责任主体形成震慑，因此，未来立法中宜对网络直播各主体的法律责任承担进行更明确的划分，为部门监管提供依据。

---

[1] 参见肖顺武："网络游戏直播中不正当竞争行为的竞争法规制"，载《法商研究》2017年第5期。

[2] 参见刘继峰："反不正当竞争法的'不可承受之轻'——论一般条款的缺失及原则受限的改进"，载《北京化工大学学报（社会科学版）》2010年第3期。

[3] 参见刘继峰："反不正当竞争法的'不可承受之轻'——论一般条款的缺失及原则受限的改进"，载《北京化工大学学报（社会科学版）》2010年第3期。

[4] 参见曾诗露："乱象与回归——浅谈互联网直播的法律风险与规制"，载《法制博览》2017年第11期。

（二）加大监管力度，鼓励平台自律

网络直播行业中实施不正当竞争行为的法律主体既可能为网络主播，也有可能为直播平台，仅仅依靠政府发力并不能做到及时有效制止不正当竞争行为的发生。因此，需要政府监管与平台自律并行，方能更有效规制行业中种种不正当竞争行为。

从监管方式入手，政府各部门应当建立有效的协同机制，形成监管合力。[1]由于互联网本身特点，网络监管往往存在分散性、重复性等特点，目前网信办、文化部、广电总局等多个部门都对网络直播行业进行监督管理，但部门之间存在着缺乏有效沟通、仅依照自己权限进行管理的问题，导致了规制的重复与不到位。各部门应当联合起来，进行更为明确的职责划分，建立良好协同机制，形成全覆盖、多层次的高效监管体系，以实现更有力的监管。从具体措施入手，政府部门应当首先对直播平台的经营资质进行审核，确保平台依法合规后，对其经营行为进行监督，防止平台"打擦边球"来实施损害竞争秩序的行为；同时要求平台对旗下网络主播进行管理，通过实名制、失信主播"黑名单"等制度保证主播依法、合乎公序良俗地进行直播。此外，网络直播平台应严格自律，通过管理内部人员、改进技术措施等方式更好实现行业自律。目前，新浪、搜狐等二十余家网络直播平台已于2016年4月共同发布了《北京网络直播行业自律公约》，这为互联网企业实现自我管理提供了良好范本[2]。未来，各地区网络直播平台可以现有公约为参照，因地制宜达成行业约定。

六、小结

网络直播作为一种依托互联网、具有实时性与内容多样性的新型传播方式，为人们更好地获知信息，实现网络社交提供了便利，得到了网民的广泛关注与欢迎。然而，网络直播行业的快速发展也伴随着许多问题，其中较为突出的就是多发性的不正当竞争行为，包括违反《反不正当竞争法》原则条

---

〔1〕 参见王欢、庞林源："网络直播监管机制及路径研究"，载《出版广角》2017年第6期。
〔2〕 参见曾诗露："乱象与回归——浅谈互联网直播的法律风险与规制"，载《法制博览》2017年第11期。

款的一般不正当竞争行为与具体的虚假宣传行为等。

目前司法实践中出现的"耀宇诉斗鱼案""新浪诉凤凰网案"等都是关于网络直播中不正当竞争行为的典型案例，通过分析相关案例，可以获知《反不正当竞争法》在案件中的具体适用以及法院认定不正当竞争行为的路径，为未来可能发生的类似纠纷提供了参考。而对于互联网时代下行业中不断涌现的新型不正当竞争纠纷，例如"刷流量买水军""机器粉答题"，宜结合具体行为方式、对竞争秩序、竞争者与消费者利益的危害程度等进行认定。

为更好规制网络直播行业的不正当竞争行为，应当从立法与执法两方面入手：一方面，完善《反不正当竞争法》、《互联网直播服务管理规定》等各项法律法规，为各类不正当竞争纠纷的解决以及政府部门有效监管提供可操作性规范；另一方面，政府监管与行业自律宜"双管齐下"，通过建立监管部门协同机制、网络实名制、失信主播黑名单制，鼓励平台间以签订自律公约等方式有效打击行业中的不正当竞争行为，促进市场良好有序的发展。

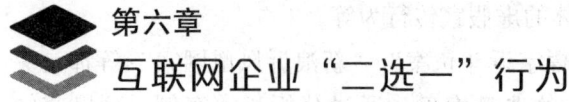

第六章
互联网企业"二选一"行为

　　随着移动互联网的快速发展，我国涌现出像阿里巴巴、百度、腾讯、奇虎、京东商城等大型移动互联网领军企业，与此同时，不正当竞争行为也愈演愈烈，从流量扩充期对平台用户的争夺，到存量竞争期对进驻平台的厂商选择的限制，引发出多起互联网企业强迫用户或者商家"二选一"的事件，引发了社会各界的关注和讨论。"二选一"竞争行为侵害多项法益，褫夺了其他经营者的公平自由竞争权利，限制了中小企业和消费者的选择权，引起了中小企业和消费者的强烈不满。然而，对互联网企业"二选一"行为适用传统的反垄断法滥用市场支配地位规制路径存在种种困难，具有很大的局限性。

　　基于此，笔者从互联网企业"二选一"行为入手，首先用案例分析法对目前我国的互联网企业"二选一"行为进行介绍，并总结出其概念，确定其性质，明确其负面影响；其次，笔者通过对互联网企业"二选一"行为的法律规制进行研究，认定滥用市场支配地位的适用存在一定局限性，反不正当竞争法的适用更有优越性；最后，笔者提出目前存在反不正当竞争法规制一般条款不明确、互联网企业"二选一"行为违法性认定存在模糊的困境，认为在司法实践中，应当对一般条款进行具体化，并在司法实践中引入滥用相对优势地位的理论。

　　近年来，全球互联网发展逐步进入平台经济时代，我国以阿里巴巴、腾讯等为代表的网络平台也逐渐崛起。在互联网产业高速发展的过程中，相继涌现一系列新型不正当竞争行为，互联网企业"二选一"行为也囊括其中，对传统的监管制度和法律规制形成了新的冲击。

一、互联网企业"二选一"行为的概念界定

　　互联网企业"二选一"行为是伴随着互联网的发展而涌现的一种新型不

正当竞争行为，目前对其的研究尚不深入，也没有关于互联网企业"二选一"的明确定义。最早以360和腾讯之争为代表，而随着互联网不正当竞争愈演愈烈，互联网企业"二选一"行为也发生了一些较大的变化。笔者将通过对互联网企业"二选一"行为特点、性质的分析，以期对它的概念进行更为深入的剖析。

从特点上分析，首先，从主体上来说，一方往往是具有优势地位的互联网企业，而被胁迫的一方既可能为用户、消费者，也可能是进驻互联网平台的商家；其次，从"二选一"的行为目的上来说，具有优势地位的互联网企业往往是为了在与同类企业的竞争中谋取优势地位、排挤竞争对手；再者，从行为内容上说，主要表现为一方强迫另一方进行"二选一"；最后，从实施手段上来说，互联网中的"二选一"具有隐蔽性、强迫性等特点。

互联网企业"二选一"行为，从性质上来说，属于利用相对优势地位的行为。随着市场经济的发展变化以及互联网行业的高速发展，利用相对优势地位的行为已经不仅仅局限于中小企业和大型零售商之间，大型的互联网企业与用户/消费者以及电商之间的关系也可以由利用相对优势地位来调整。

市场中进行交易的双方在特定交易关系中形成的依赖关系，是一方获得优势地位并进一步实施限制竞争行为的基础，此即依赖性理论。依赖性理论是德国反垄断法规制滥用相对优势地位的理论依据和判断标准。互联网行业的商业模式有别于传统行业的特性也使得用户/消费者以及商家对互联网企业形成依赖。互联网平台通常是通过为用户提供免费的服务，逐渐吸引越来越多的用户，在积累了用户基础之后再通过增值服务或者广告等收费业务实现盈利。更有甚者，诸如滴滴、快的在2014年的补贴大战中通过提供高额补贴的形式吸引更多的用户，当用户对某一打车软件形成依赖后，其再转向其他打车软件的成本将会大大提高，与此同时，转向其他打车软件的用户数量也会减少。互联网行业的"马太效应"也是企业竞争的动力。互联网平台聚集了多方主体、海量信息、以及各种社会资源，一旦某一互联网企业的用户规模获得优势地位，就会将这种优势进行持续地积累，进而获得更多的用户、信息以及各种资源，其进行商业扩张和向其他领域进军也会变的容易得多。

依赖性是判定具有相对优势地位的依据,具有相对优势地位本身并不为法律所禁止,只有滥用相对优势地位才是法律规制的对象。在健康的市场秩序中,经营者可以自主选择交易对象和进行公平竞争,但是当一方利用另一方对其的依赖性产生的优势地位强迫另一方接受对自己有利的条件,转嫁自己的交易成本时,这种现象损害了市场竞争秩序和竞争者的利益,就需要予以禁止。在互联网企业的"二选一"中,滥用相对优势地位的行为表现为互联网企业利用用户/消费者或者商家对自己的依赖,没有正当理由,强迫其接受不公平的条款,强制"二选一",需要法律予以规制。

综上,互联网企业"二选一"行为,属于利用相对优势地位的行为,是指具有优势地位的互联网企业,为了在竞争中谋取优势地位、排挤竞争对手,针对用户/消费者、商家采取的一种隐蔽性、强迫性的二选一的行为。

二、互联网企业"二选一"行为的典型案例分析

按照"二选一"行为实施对象的不同,互联网企业"二选一"行为可以分为两种类型。第一类是互联网企业为了争夺用户/消费者,利用其优势地位要求用户/消费者违背意志在其和竞争对手之间进行选择的行为。这种行为主要发生在早期互联网企业的流量扩张期,典型的案例如奇虎公司诉腾讯公司垄断纠纷案。随着互联网超级平台的崛起,平台间的竞争逐渐由用户的争夺转向对平台另一端厂商的争夺。因此,在近来年又衍生出互联网平台企业为了排斥、限制其他平台的竞争,利用其优势地位以种种方式要求合作厂商在其和竞争对手之间做二者不能兼得的选择。以下将结合典型的案例或事件分别对两种行为的不正当性及危害后果进行分析和探讨。

1. 互联网企业强迫用户/消费者"二选一"行为

奇虎公司诉腾讯公司垄断纠纷案可以说是进入大众视野的最早的"二选一"行为,其中的涉诉行为属于典型的互联网企业利用相对优势地位要求用户/消费者"二选一"行为。2010年腾讯公司推出"QQ电脑管家"对360安全卫士构成威胁,双方的矛盾开始埋下隐患。之后,360公司相继推出几款软件暗讽QQ软件侵犯用户隐私。之后事态愈演越烈,直到腾讯公司发布"致

广大 QQ 用户的一封信",信中表示 360 软件和 QQ 软件将不能兼容。[1] 该案原告奇虎公司以腾讯公司滥用其在即时通信软件及服务市场的支配地位实施排斥、妨碍竞争的限制交易行为诉至法院。该案经过最高人民法院的审理,法院认为腾讯公司在相关市场中并不具有市场支配地位。最终,该案以原告败诉收场,腾讯公司在反垄断法的框架下并未受到制裁,但其强迫用户"二选一"的行为却实际造成多项法益的损害。

在该案中,腾讯公司对用户具有相对优势地位。腾讯公司向用户提供免费的即时通讯服务,尽管在相关市场中还有飞信、阿里旺旺等竞争对手,但是在市场份额上,腾讯公司占尽优势,其庞大的用户群形成了显著的规模效应。同时,腾讯公司不断推陈出新在 QQ 软件中嵌入多款其他应用,如游戏、社交、购物、音乐等将用户紧紧地锁定在 QQ 软件中,在规模效应和锁定效应的作用下,用户很难具有选择其他产品的期待性,因而对 QQ 软件具有一定的依赖性。腾讯公司利用用户在即时通讯市场对自己的依赖关系,将此优势地位拓展到了安全软件市场,强迫用户在 QQ 软件和 360 杀毒软件中做出抉择的行为明显不当,对市场、竞争者、消费者产生诸多影响。[2] 首先,该行为扰乱了市场竞争秩序。腾讯公司的"二选一"行为表面上看似赋予用户以选择360 杀毒软件的权利,但其实腾讯公司对用户的依赖性心知肚明。事实也印证了这一推断,在腾讯向用户发布公告之后,互联网一片哗然,大量的用户删除了 360 软件。腾讯公司实施的"二选一"行为具有明显的排斥、限制奇虎公司与其竞争的意图,并产生显著的限制竞争效果,对公平、自由的竞争秩序造成较大的影响。倘若细究,如果腾讯公司基于以上行为将 360 安全软件排挤出市场或者压缩了它的市场份额,其他的潜在竞争也望而却步不敢进入该市场,腾讯公司必将形成市场支配地位,并有滥用之虞。因此,为了维护良好的市场竞争秩序,竞争法应选择适当的时机介入,规范互联网企业利用相对优势地位的行为。其次,该行为损害了竞争对手的合法权益。当腾讯公司要求用户只能"二选一"时,用户会衡量其在哪个平台投入了更多的时间

---

[1] 腾讯公司发布"致广大 QQ 用户的一封信"全文为:"亲爱的 QQ 用户,当您看到这封信的时候,我们刚刚做了一项艰难的决定。在 360 公司停止对 QQ 进行外挂侵犯和恶意诋毁之前,我们决定将在装有 360 软件的电脑上停止运行 QQ 软件"。

[2] 参见袁嘉、刘维俊:"互联网行业滥用相对优势地位规制研究——以'二选一'行为为视角",载《价格理论与实践》2016 年第 5 期。

精力以及金钱成本。事实证明大量的用户选择了腾讯的软件服务，放弃了奇虎360杀毒软件，导致奇虎丧失了原有的用户资源，经济利益受到了极大的损失。最后，该行为侵犯了用户（消费者）的合法权益。腾讯公司利用其相对优势地位在和用户交易时提出不公平的交易条件，损害用户（消费者）的选择权，降低了用户（消费者）的福利。产品的兼容和消费者选择的多样性是互联网市场不同于传统市场的一个重要特征，在互联网市场中，消费者可以选择不同市场主体提供的同类产品，即便是功能相同的软件，消费者可以同时安装使用，经营者不得实施恶意不兼容的行为。"二选一"行为的本质就是恶意的不兼容，行为实施者利用其在交易中相对优势地位，提出不公平的交易条件，限制交易对象的选择，导致消费者福利的减损。

2. 互联网企业胁迫合作商家"二选一"行为

近年来，互联网企业胁迫合作商家"二选一"的事件层出不穷、屡禁不止。每当双十一、618这样的大型促销活动期间，更是"二选一"的多发时段。2012年双十一前夕，网络交易平台天猫商城要求入驻其平台的部分商家在天猫商城和京东商城中做出选择，在双十一促销活动中，只能选择一个平台销售其产品。[1]该事件引起轩然大波，招致商家和京东商城的极大不满。2015年12月，同为互联网货运企业的58速运与蓝犀牛之间擦枪走火，58速运要求司机签署排他性协议，协议中明确要求货运司机不得在与该公司构成竞争关系的互联网平台提供速运服务，并规定了单方面解约司机、扣留司机保证金等违约责任。[2]2018年4月，美团外卖平台要求入驻其平台的商户在美团外卖和刚刚进驻无锡的滴滴外卖间做出选择，凡是入驻滴滴外卖的商户都被美团强制下架。商户放弃滴滴平台后在美团重新上架，店铺的排名一落千丈。

以上的案例虽只是平台"二选一"事件的部分缩影，却反映出互联网平台在用户资源存量竞争期的竞争特点，即通过争夺品牌和商家等资源来

---

〔1〕据当时的商家反映，凡是参加京东"沙漠风暴"促销活动的商家将没有资格参与淘宝促销活动，甚至将被天猫方面扣除高达百万元的保证金。乔丹、赛琪（运动服鞋）、北极绒、佑道、EBG、OSDY、波司登、佐丹奴、七匹狼、乐淘等多家商户均被牵扯其中。

〔2〕蓝犀牛城市物流发布《关于58速运侵权火车司机、干扰市场秩序的申明》中称，近日，蓝犀牛同城货运轿车平台客服陆续接到天津、深圳等全国多个城市的司机举报，58速运逼迫货运司机签署排他性协议，单方面解约、扣留保证金、奖励举报等方式，胁迫司机禁用蓝犀牛货运叫车服务。

维持用户规模进而保持竞争优势，这种做法在电子商务领域甚至被冠以"二选一竞争模式"。有人认为，平台和平台内的商家是平等合同关系，前者要求后者"效忠"，并非不可，此说有回避问题之嫌并忽视了"二选一"的严重危害后果。笔者拟以2012年天猫商城强迫厂商"二选一"事件为例略论一二。

天猫商城和京东商城是我国较大的网络购物平台，两者都采用"商家对客户"的 B2C 商业零售经营模式，为消费者带来方便快捷的购物体验之余，也为众多的中小厂商开辟出新的销售渠道，逐渐成为改变人们传统生活方式、创造新兴经济增长点的互联网巨头企业。二者由于在经营内容上部分重合而具有竞争关系。在 B2C 经营模式下，厂商依赖网络购物平台向消费者销售产品及服务，且厂商中多数属于生产单一无法建立独立流通渠道的中小型企业，这些厂商入驻的网络购物平台越多，意味着其销售渠道越宽。从互联网经济的发展实践来看，厂商入驻多个网络购物平台进行网络多渠道销售属于互联网市场的惯常经营模式，既有利于增加产品的销售量，也益于扩大产品的品牌影响力。从消费者的角度来看，消费者可以在不同的网络购物平台上购买同一家厂商提供的产品，有利于平台间展开良性竞争，为消费者提供质优价量的产品或服务，为厂商提供更好的服务。当然如果厂商意图在某个平台上进行独家销售，也可以通过基于平等、自愿原则与某一个网络购物平台达成独家销售合作协议。事实上，B2C 经营模式容易形成厂商尤其是中小厂商对网络购物平台的依赖性，二者在实际的经济力量、交易地位等方面明显失衡，网络购物平台对于厂商来说处于相对优势地位。这种依赖性为网络购物平台实施相对优势地位的滥用行为提供了条件和可能。"双十一"促销期间，天猫商城为了排斥京东参与双十一促销期间的竞争，胁迫乔丹、赛琪（运动服鞋）、北极绒、佑道、EBG、OSDY、波司登等部分商户如果参加京东"沙漠风暴"促销活动则没有资格参与淘宝促销活动。从主观上来看，其对"二选一"行为的实施后果存在基本预期，即明知厂商受到胁迫后可能会放弃京东商城的销售渠道，进而达成其排斥、限制竞争的效果。从客观行为来看，天猫商城并非通过提高服务质量、降低服务价格的方式去争取竞争优势，而是通过"二选一"行为要求合作厂商放弃其他销售渠道，违背了公平竞争、诚实信用原则。基于依赖关系，中小厂商在面对体量庞大的网络购物平台时，往往处于谈判、议价中的弱势地位，不得不违背其意志接受网络平台提出的不公平的交易条件。再者，日常销售期间各个网络购物平台对厂商兼容，单单双十一促销期间网络购物平台采取平台不相容的做法也明显有悖于一般的商业惯例。

从结果上来看，以上网络购物平台实施的"二选一"行为造成了多项法益的损害。首先，该行为损害了厂商的正当商业利益。当网络购物发出"二选一"的公告后，厂商不得不衡量在哪一个平台中投入了较少的资源，随之放弃其在该平台的经营权利。在暂停经营期间，厂商本身能够获得的交易机会和潜在的经济利益被剥夺。厂商为此要放弃其在另一个平台的市场份额和成长机会。消费者在多平台上选择商品的可能性也被剥夺，自主选择权受到了一定的伤害。其次，该行为褫夺了其他竞争者的自由、公平竞争权。在互联网双边市场中，经营者之间的竞争不仅限于对用户和流量的竞争，还包括对平台另一端的厂商的竞争，当用户通过平台和厂商的产品之间建立可观的信赖关系时，厂商对于平台的选择将决定平台竞争的输赢。网络交易平台基于相对优势地位迫使厂商二选一的行为，从表面上看好像赋予了厂商一定的选择余地，实质上是暗示厂商放弃其他平台，其结果将是被排斥的平台直接丧失参与竞争的权利。良好的市场竞争秩序是建立在自由、公平竞争的基础上充分展开的。"自由竞争是市场竞争的精髓，自由竞争要求竞争者在同一市场条件下，按照同一市场规则，自主的决定参加或者退出市场的竞争，不受外在意志的干扰。"[1]互联网平台要求厂商合作厂商"二选一"的行为违背自由竞争的要求，有碍于良好竞争秩序的建立。

---

[1] 王珊："市场竞争秩序法律问题研究"，山西大学 2009 年硕士学位论文。

表1 近年互联网经营者"二选一"案件汇总

类型	时间	名称	内容
用户/消费者 "二选一"行为	2010 年	3Q 大战	腾讯逼迫用户在其与 360 之间二选一
	2013 年	3B 大战	百度为推广"杜美莎",禁止 360 浏览器用户登录百度云账号
	2013 年	阿里 vs 微信	淘宝屏蔽微信接口和微信链接
	2017 年	菜鸟 vs 顺丰	菜鸟要求丰巢返回所有包裹信息,包括非淘系订单,顺丰关闭对菜鸟的数据接口
商家"二选一"行为	2012、2013 等连续多年	天猫 vs 京东	天猫要求商家在其与京东之间二选一
	2015 年	58 速运 vs 蓝犀牛	58 速运以单方面解约、扣留保证金的方式逼迫货运司机"二选一"
	2018 年	美团 vs 滴滴	凡是入驻滴滴外卖的商户都被美团强制下架

三、互联网企业"二选一"行为反不正当竞争法规制的合理性分析

互联网企业"二选一"行为不仅扰乱了正常的市场竞争秩序,而且对竞争者、消费者都产生了一系列负面效应。对于互联网企业"二选一"行为的规制,反垄断法和反不正当竞争法都能为其提供依据,但是相比较而言,反不正当竞争法的适用更具合理性。

(一) 反垄断法规制的局限性

随着互联网经济的快速发展,腾讯、阿里巴巴、百度、京东等互联网企业也逐渐成长为在全球具有影响力和知名度的新兴市场。根据中国互联网协会和工信部信息中心发布的 2017 年"中国互联网企业 100 强"榜单,腾讯、阿里巴巴、百度、京东占据了前四强。大型互联网企业利用其平台经济和规模经济产生的聚合效应,对于依赖其平台进行商品销售或者广告宣传的商家

或者用户/消费者强制实行"二选一"的行为将产生排斥、限制竞争行为，对这种行为可以适用反垄断法的规定。例如，在北京奇虎 360 与腾讯公司一案中，360 公司在二审上诉中提供证据称腾讯公司实施了滥用市场支配地位的行为，而最高人民法院作出的终审判决认定腾讯公司在相关产品市场不具有市场支配地位，因而也不存在滥用市场支配地位的行为。关于互联网企业实施的"二选一"行为，当它符合滥用市场支配地位的构成要件时，应当认为，其实施的行为违反了反垄断法中的滥用市场支配地位。然而，由于互联网行业所具有的不同于传统行业的特征，对于互联网企业是否具有市场支配地位以及其实施的"二选一"行为是否属于滥用这种地位进行的排除、限制竞争行为，在理论界和实务界始终未能达成一致意见，这也导致了根据现有法律很难对此种行为进行规制。

笔者认为，认定互联网"二选一"行为属于滥用市场支配地位存在着困境。首先，界定滥用市场支配地位需明确相关市场，任何竞争行为都是在一定的市场范围内发生的。相关市场的范围越窄，互联网企业具有市场支配地位的可能性越强。反之，相关市场的范围越宽，获取市场支配地位的可能性越小。因此，相关市场的界定是认定互联网企业滥用市场支配地位的第一步。互联网行业与传统行业不同，大多数互联网企业属于典型的双边平台，且对一边的用户实行低价或者免费的价格策略，这使得一般适用于传统行业的相关市场厘定方法略有捉襟见肘。相关市场是一个描述目标商品在什么样的地域范围和哪些具有替代功能的产品进行竞争，以及竞争持续的时间为多久的经济学概念。因此，一般认为相关市场的界定包括三个维度，分别是相关商品市场、相关地域市场和相关时间市场。第一，在相关商品市场的界定上，相关产品替代性的降低以及因互联网的兼容性导致的原本不同类的产品之间在功能作用出现了交叉与重叠，使得通过需求者替代、产品的性能、价格来确定相关商品市场的方法出现挑战。[1]同时，由于多数互联网平台长期对用户提供免费的服务，使得价格在 SSNIP 中的作用基础发生改变，即使进行小幅长期的涨价，也很难反映消费者真实的消费意图和取向。第二，在相关地域市场的界定上，传统的地域市场认定需考虑产品特性、运输成本和运输特

---

〔1〕 参见刘继峰：《竞争法学》，北京大学出版社 2016 年版，第 144 页。

征、地域间的贸易壁垒、消费者偏好等因素。在互联网经济中，新兴产业如高铁、物流和支线航空为互联网商品的销售运输和送达提供了十分便利和低廉的运输条件，显著降低互联网商品跨区域运输的成本，运输相关的因素变得不那么重要。[1]随着贸易全球化的进程不断推进，国内及国外不同地区之间的贸易壁垒和交易障碍不断降低，贸易壁垒形成的流通障碍逐渐弱化，相关地域市场的范围得到有效扩张。再加上互联网提供的产品或服务多数具有无形化的特征，可以依托网络空间在更广阔的物理空间传播和交易。以上几个方面增加了互联网产品的相关地域市场认定的困难。第三，在相关时间市场上，由于互联网行业所具有的创新性强、经营模式变化快的特点，使得对相关时间市场的界定是否应考虑未来一段时间的趋势存在争议。总而言之，传统相关市场的界定方法失灵是认定互联网中的"二选一"属于滥用市场支配地位的第一个困境。

其次，现行反垄断政策在认定互联网企业的市场支配地位时尚付阙如。如上所述，相关市场的界定困境为市场支配地位的认定增加了难度，但即便是能够准确界定相关市场，现行反垄断法及其配套政策所提供的认定市场支配地位的框架及方法，在互联网经济中已经失去了考察的意义。例如:《反垄断法》第17条规定了经营者具备市场支配地位应当具有的条件，一方面是经营者需要具有能够控制商品价格、数量或者其他交易条件的能力，另一方面是经营者需要具有控制其他经营者进入相关市场的能力。[2]在互联网产品或者服务实行免费政策时，从互联网企业控制商品价格的角度来认定市场支配地位恐怕不合时宜。互联网行业虽然存在较多的巨头企业，比如百度、阿里巴巴、腾讯等，但是该行业的准入门槛低，对技术和资金的要求并不高，即便是像BAT这样的大企业也难以控制相关市场的准入条件，实质地排除新的竞争者进入市场。再如，《反垄断法》第18条规定了认定经营者具有市场支配地位时应当考虑的因素，包括假定垄断经营者的市场份额、相关市场的竞争状况、假定垄断者控制销售市场或者原材料采购市场的能力等重要因素，

---

〔1〕　参见翁卫国:"互联网企业滥用市场支配地位的法经济学研究"，西南政法大学2016年博士学位论文。

〔2〕《中华人民共和国反垄断法》第17条第2款:本法所称市场支配地位，是指经营者在相关市场内具有能够控制商品价格、数量或者其他交易条件，或者能够阻碍、影响其他经营者进入相关市场能力的市场地位。

力图为执法及司法机关提供综合而全面的标准体系。但是《反垄断法》第 19 条继而规定，当假定垄断者的市场份额足够大并达到法律规定的标准时，可以不用考量第 18 条提供的除市场份额以外的其他因素而直接认定假定垄断者的市场支配地位。[1]市场份额通常采行销售收入计算法，前文也提及了互联网产品的免费特征，采用销售收入法计算假定垄断者的市场份额恐怕不具有可行性。

综上所述，《反垄断法》对互联网企业"二选一"行为的规制尚存在较多的问题，亟待法律专家进一步解决和完善。

(二) 反不正当竞争法规制的可行性

1. 理论依据层面

互联网企业"二选一"行为，符合不正当竞争行为的理论构成，属于不正当竞争行为。不正当竞争行为的构成要件理论，不同学者有不同看法，笔者选取了较有代表性的王先林教授的主张作为参考认定互联网企业"二选一"行为属于不正当竞争行为。王先林教授主张，从我国的现实需要和国际的发展趋势出发，不正当竞争行为的构成要件分为四个方面：主体需为各类市场交易活动的参加者，主观上要求行为人具有过错，客观方面表现为行为人实施了与诚实信用或其他公认的商业道德相悖的行为，侵害的客体是经营者利益、消费者利益和社会公共利益。[2]下文结合以上四个构成要件分析互联网企业"二选一"行为的不正当性。

首先，从主体上看，互联网企业"二选一"行为的实施主体往往是在市场交易中具有优势地位的经营者，他们以竞争为目的，参与或者从事市场行为。其次，从主观方面来说，具有优势地位的互联网企业，凭借自身优势条件，在竞争中排挤竞争对手，强迫商家、用户（消费者）进行二选一，其目的是为了保持自己的优势地位、拦截竞争者的商业机会，损害竞争者的可预

---

[1] 《中华人民共和国反垄断法》第 18 条：认定经营者具有市场支配地位，应当依据下列因素：①该经营者在相关市场的市场份额，以及相关市场的竞争状况；②该经营者控制销售市场或者原材料采购市场的能力；③该经营者的财力和技术条件；④其他经营者对该经营者在交易上的依赖程度；⑤其他经营者进入相关市场的难易程度；⑥与认定该经营者市场支配地位有关的其他因素。第 19 条有下列情形之一的，可以推定经营者具有市场支配地位：①一个经营者在相关市场的市场份额达到二分之一的；②两个经营者在相关市场的市场份额合计达到三分之二的；③三个经营者在相关市场的市场份额合计达到四分之三的。

[2] 参见王先林：《竞争法学》，中国人民大学出版社 2015 年版，第 79~81 页。

期利益，主观上明显具有可谴责性。再者，从客观方面分析，互联网企业"二选一"行为违反了诚实信用原则与公认的商业道德具有明显的不正当性。健康的市场秩序是由自由和公平的竞争来实现资源的良好配置，它要求经营者致力于提升自身的商品质量、服务水平，依靠物美价廉的商品或服务来吸引更多的消费者。诚实信用原则要求在市场交易活动中，经营者应当诚信经营、恪守信用，不得为了自身利益而损害他人利益及社会利益。互联网企业"二选一"行为，是已经取得优势地位的互联网企业，为了维持竞争优势，不合理的通过限制或者剥夺商家、消费者/用户的选择权，破坏竞争对手的交易机会，阻碍、干扰竞争对手的正常经营的方式来实施的。该行为手段具有损人利己的特点，不仅违背了公认的商业道德，也不符合电子商务多渠道销售的一般惯例。从行为所造成的损害结果来看，互联网企业"二选一"行为是优势企业凭借商家或者消费者/用户对它的依赖而实施的强制行为，它间接地损害了竞争对手的合法权益，剥夺了消费者的自主选择权破坏了互联网市场公平、自由的竞争秩序，上文已详细分析，在此不赘述。

综上所述，不难发现，互联网企业"二选一"行为，符合不正当竞争行为的构成要件，可以由反不正当竞争法进行规制。

2. 法律依据层面

《反不正当竞争法》第二章明确列举的 7 种行为并不能使互联网企业"二选一"行为找到法律依据，即使被称为"互联网专款"的第 12 条，在列举条款中也没有将"二选一"行为囊括在内。但是，作为一种新型的互联网不正当竞争行为，《反不正当竞争法》第 2 条为互联网企业的"二选一"行为提供了法律依据。

在"海带配额"不正当竞争案中，最高人民法院明确了第二条的原则规定适用的三个条件[1]，笔者将从这三个方面进行分析认定互联网企业"二选

---

〔1〕 最高人民法院发布的《最高人民法院知识产权案件年度报告（2010）》写道：在前述"海带配额"不正当竞争案中，最高人民法院认为，适用《反不正当竞争法》第 2 条的原则规定认定构成不正当竞争应当同时具备以下条件：一是法律对该种竞争行为未作出特别规定，二是其他经营者的合法权益确因该竞争行为而受到了实际损害，三是该种竞争行为因确属违反诚实信用原则和公认的商业道德而具有不正当性或者说可责性。参见最高人民法院："最高人民法院知识产权案件年度报告（2010）摘要版"，载 http://www.court.gov.cn/upload/file/2011/04/20/17/P020110420626161181172.doc，最后访问日期：2019 年 2 月 10 日。

一"行为违反《反不正当竞争法》第2条。首先，互联网企业"二选一"行为，不属于《反不正当竞争法》第二章规定的7种不正当竞争行为，符合第一个条件。其次，具有优势地位的互联网实施强制"二选一"行为，要求商家、消费者/用户只能选择其一，而大多数被强制的对象往往选择具有优势地位的一方，比如天猫和京东之争中，大多数商家都选择了放弃京东转而投向淘宝或者天猫，直接造成了京东入驻商家的减少，从长期来看，入驻商家的减少又会导致消费者/用户的减少，在这样的恶性循环下，京东的利润将会大幅减少，不难认定京东的合法权益因为天猫实施的强制"二选一"行为而受到了实际损害。最后，互联网企业"二选一"行为，违反了诚实信用原则和公认的商业道德，是不正当的、需要受到谴责的，笔者在前文已有论及，此处不再赘述。从这三个条件来说，互联网企业"二选一"行为完全符合，可以通过《反不正当竞争法》的第2条予以规制。

具有支配地位的往往都具有优势地位，但具有优势地位的，不一定具有支配地位。互联网企业"二选一"行为，属于滥用相对优势地位的行为，当互联网企业具有市场支配地位时，也可以通过《反垄断法》予以规制，然而，由于滥用市场支配地位存在界定困难以及并不是所有实施"二选一"行为的互联网企业都拥有滥用市场支配地位等缺陷，用《反不正当竞争法》进行规制就具有优势。因此，笔者认为，对于互联网企业"二选一"行为，用反不正当竞争法进行规制更具有优越性。

四、互联网企业"二选一"行为法律规制困境

互联网的发展呈日新月异之势，具有优势地位的互联网企业实施的不正当竞争行为使得健康的市场秩序遭到破坏，然而目前新的《反不正当竞争法》对于规制互联网企业的"二选一"行为虽然有法律依据但还存在着局限。

（一）一般条款适用的不确定性

虽然《反不正当竞争法》第2条可以为互联网企业"二选一"行为的规制提供法律依据，但是在适用的过程中却因为一般条款的不确定性而面临适用困境。前文已提及最高院对认定不正当竞争行为适用第二条原则规定的三个条件，下文拟结合三个条件分析一般条款规制互联网企业"二选一"行为

的困境。

第一个困境是如何认定互联网企业"二选一"行为对其他经营者造成了实际损害。首先,从证据角度看,以天猫和京东之争为例,天猫要求商家"二选一"的手段经历了从一开始的明示方式到暗示商家退出的转变,暗示的方式往往导致取证的困难。在计算实际损害时,哪些商家的退出是由于天猫的胁迫行为难以认定。其次,从因果关系上来说,是否可以将商家退出导致的销售额减少全都归因于天猫的强迫"二选一"行为存在争议。最后,实际损害的具体数额要达到多少才能认定为达到违法的门槛也没有明确的表述。

第二个困境存在于诚实信用原则和商业道德的具体适用上。在互联网不正当竞争案件的审理中纵观《反不正当竞争法》第 2 条第一款,使用的是诸如"自愿""平等""公平""诚信""商业道德"等表述,这一类的词汇具有很强的包容性和不确定性,虽能够为认定更多的不正当竞争行为提供依据,但是不可避免地存在被滥用的风险。法官以《反不正当竞争法》第二条第一款中的"诚实信用原则"和"商业道德"作为判定行为正当性的标准。这二者也使得执法机关和法官拥有更多的自由裁量权,也很难为互联网企业提供明确的行为标准。首先,诚实信用原则是一个极其抽象的准则,并且在不同时代被赋予了不同含义,在判定上很大程度也依赖于人们的道德感情。其次,商业道德也存在主观随意性的缺陷,商业道德是商人们从事商业活动时应当遵守的基本准则,在进行商业道德的判断上,主体、时间、地域的不同都会给结果带来很大差异。在依靠诚实信用原则和商业道德进行判定互联网企业"二选一"上,没有明确这两者是什么以及如何适用的标准。同样以天猫京东之争为例,在最初的"二选一"行为中,天猫对于不参加京东促销活动的商家给予流量等资源优待但无惩罚措施,在此种情况下,商家有一定的选择余地,当商家衡量利弊最终选择阿里而放弃京东时,天猫并没有实质剥夺用户的选择权,是否可以将京东的损害归因于阿里的"二选一"行为,还是这只是天猫为在竞争中取得优势而采取的一种商业模式。之后,天猫又与迪卡侬等 20 多个国际品牌签订独家合作协议,商业活动本就是为了营利而存在,在正常的商业活动中,天猫和这些品牌为了双方利益的最大化达成独家合作,虽然在客观上不可避免地造成京东的损失,但是否可以将之认定为违背诚实信用原则以及商业道德也存在争议。

（二）互联网企业"二选一"行为违法认定的模糊性

互联网企业"二选一"行为，是互联网企业强迫用户/消费者、商家二选一的行为，从本质上看是双方签订合同的结果。在合同的签订主体中，不可避免地会存在一方具有优势地位的情形，具有优势地位本身并不违法，只有优势方在没有正当理由的情况下，对另一方施加不合理的交易条件，转嫁自身经营成本，损害市场竞争才是法律需要规制的。天猫对商家具有优势地位，但如果"二选一"行为中天猫和商家达成的协议是双方自愿协商的结果，没有违背任一方的意志，也符合双方的利益，那就不能简单地认定此行为违法。同时，如果双方系自愿签订合同或者实施"二选一"行为的目的具有正当性，也不能草率地认定互联网企业"二选一"行为的违法。

可以看出，并不是所有互联网企业"二选一"行为都是违法行为，但是在判定过程中，却因为判定标准不明确而导致认定的模糊性。在互联网企业"二选一"行为的违法性认定上，要注意厘清私法和反不正当竞争法的边界。国家的干预必须要控制在合理的幅度和范围之内，如果属于私法能够调整的，就不应当由国家机关进行过度干预。[1]

五、互联网企业"二选一"行为反不正当竞争法规制思路

（一）一般条款的具体化

在一般条款的适用中，从第一个困境实际损害的认定来说，笔者认为首先应当加强受损者证据保全的意识，明确受损害的经营者的举证责任。被胁迫的商家应当做好证据保全，比如电话可以采取电话录音，网页上的信息可以做好截图。其次，在实际损害因果关系的考量上，应当综合考虑多方面的利益，实现公共利益、消费者利益和竞争者利益的衡量。商家退出京东可能获得天猫的资源支持，虽然损害了京东的利益但不一定会损害消费者利益和公共利益。这三者的利益在具体适用中可能会产生冲突，在这一层面上，执法人员和法官应当在考量反不正当竞争法立法宗旨的前提下，权衡这三者利

---

〔1〕 参见戴龙："滥用相对优势地位的法律规制研究——兼议《反不正当竞争法（修订草案送审稿）》第6条修改"，载《中国政法大学学报》2017年第2期。

益哪一方的利益将最终得到保护。最后，应当在司法实践中明确实际损害的标准，提供具体的参考。

针对第二个困境即诚实信用原则和商业道德在具体适用中的不确定性，最高人民法院曾对诚实信用原则和商业道德的关系作出界定，[1]认定不正当竞争行为的关键一点在于对商业道德的认定，为了弥补一般条款的不确定性，笔者认为应当对商业道德具体化，同时，法官在引用中也应当加强说理。

商业道德的具体化首先需要明确商业道德的适用领域，它不同于日常生活中的道德准则，而是在特定商业社会或特定行业中存在的。其次，需要明确商业道德在当今时代的涵义，商业道德在不同的时代被赋予了不同的意义。早期的商业道德主要体现为经营者的利益，而随着经济社会的不断发展，市场的健康有序发展，经营者的自由公平竞争的权利，消费者的合法权益等都被包含在内，在认定商业道德时，需要综合考虑多方面的因素。再者，商业道德的判定也不能忽略经济因素，商业活动本就是经济利益最大化的过程，在商业道德的判定中应注意经济分析，应当以特定商业领域普遍认识和接受的伦理道德作为判断商业道德的标准。[2]最后，也是最重要的，商业道德应当得到同行业的普遍认可，与人们的道德感情相吻合，得到同行业人们普遍认可的商业道德应当是商业活动中实际的做法。经营者为了自身利益争夺交易机会、损害其他竞争者并不直接违背商业道德，只有同时经营者实施的行为与同行业公认并遵守的商业准则相背离，才能够认定经营者的行为构成不正当竞争行为。

同时，法院在援引《反不正当竞争法》第2条作为裁判依据时，必须尽到充分说理的义务。该条的适用主要依靠法官的权利平衡和自由裁量权。法官必须结合《反不正当竞争法》的立法目的、案件的具体情况、特定行业的商业惯例等因素来说明此行为违背了诚实信用原则和商业道德。法官只有进行更充分的说理、引用更多的论据，才能减少滥用权力的可能。

---

〔1〕　最高人民法院发布的《最高人民法院知识产权案件年度报告（2010）》写道：公认的商业道德是诚实信用原则在反不正当竞争法意义上的具体体现，商业道德是在特定的不同商业领域中的商业伦理，是交易参与者共同认可和遵守的行为准则，应当按照特定商业领域中的伦理标准加以评定。参见最高人民法院："最高人民法院知识产权案件年度报告（2010）摘要版"，载 http://www.court.gov.cn/upload/file/2011/04/20/17/P020110420626161181172.doc，最后访问日期：2019 年 2 月 10 日。

〔2〕　参见孔祥俊：《反不正当竞争法新论》，人民法院出版社 2001 年版，第 89 页。

诚实信用原则和商业道德的具体化、法官的充分说理,在一定程度上能减少一般条款的不确定性,使得《反不正当竞争法》第 2 条的适用更加有效。

(二) 在司法实践中引入滥用相对优势地位的认定理论

互联网企业"二选一"行为,在违法性认定上存在一定的模糊性。从性质上来说,互联网企业"二选一"行为属于利用相对优势地位的行为,但是如果没有达到滥用的程度,那就不应由法律进行规制。为了防止执法部门过度适用,应当设置适当的执法门槛。笔者认为应该从以下三个要件对滥用相对优势地位进行规定从而规制互联网中的"二选一"行为。

1. 主体要件

相对优势地位规制的主体是在市场交易中对另一方具有优势地位,使其具有依赖性的一方。判断的依据是依赖性理论,具体的依赖关系产生的原因可能是多种多样的,比如基于供求关系、专属性投资或者必需设备。[1]我国目前的市场交易领域,依赖关系主要表现为中小型供货商对大型零售商的依赖,商家、消费者/用户对网络平台的依赖。在司法实践中应当将互联网领域的主体也囊括在内,不能忽视。在判断互联网企业"二选一"行为的主体要件时,需要重点考察商家、消费者/用户是否对该互联网企业形成依赖从而使该互联网企业具有优势地位。

2. 行为要件

相对优势地位的形成很大意义上是市场自由竞争的结果,实施滥用相对优势地位行为的关键在于对"滥用"的判断。"滥用"主要表现为具有优势地位的一方是否实施了强制购买、限定交易对象、限定交易条件、强制要求提供利益或强行干涉对方经营活动等行为,其强调的是优势方在没有正当理由的情况下,对另一方施加不合理的交易条件,转嫁自身经营成本,损害市场竞争。大型零售商向中小型供应商索要进场费、广告费等费用,拖欠供应商货款、网络平台胁迫商家签订独家交易合同、互联网企业强制用户/消费者接受不合理的交易条件等行为,都可以通过滥用相对优势地位进行干预。立

---

〔1〕 参见徐士英、唐茂军:"滥用相对支配地位行为的法律规制研究",载《东方法学》2008 年第 3 期。

法中，应当首先明确一个抽象的判断标准，比如优势方是否提出了不公平合理的交易条件，是否造成了另一方的不利益，其次还应当将典型的滥用行为类别化，在类别外的滥用行为，则通过原则性条款予以把握。

值得注意的是，如果互联网企业实施的"二选一"行为的目的是为了促进技术进步或者有其他合理目的的，或者虽然从事了上述限制性行为，但是系出于相对方自愿接受，那么就不应由滥用相对优势地位进行规制。

3. 结果要件

如果具有相对优势地位的互联网企业与交易相对方签订的合同虽然产生了不利影响，但这种影响只局限于双方之间，比如附加义务、瑕疵履行等，那么就应当由《合同法》进行干预。应当注意防范对于正常民商事活动的过度干预，国家机关通过《反不正当竞争法》进行干预的前提是行为的后果对市场造成了消极影响，超出了双方。这也是《反不正当竞争法》中的滥用相对优势地位跟一般违约行为的区别。在判断消极影响的条件上，应当考虑是否扰乱了市场秩序以及公平竞争。比如互联网企业"二选一"行为，以天猫京东为例，表面上看是商家与淘宝达成的自愿退出京东平台协议，但实际上协议已经扰乱了健康的市场秩序，阻碍了公平竞争。在具体判定的过程中，可以由司法或行政机关在个案中进行衡量。

综上分析，在互联网企业"二选一"行为《反不正当竞争法》规制上，一般条款虽然可以提供依据但也存在不确定性的缺陷，互联网企业"二选一"行为本身违法性认定的模糊性也给法律规制带来困境。但是，在我国的司法实践中可以通过具体化一般条款以及引入滥用相对优势地位的认定理论进行完善。

六、小结

互联网企业"二选一"行为是随着我国互联网产业的高速发展而出现的一种新型不正当竞争行为，以 3Q 大战和天猫京东之争为典型代表。2017 年11 月 4 日修订通过了新的《反不正当竞争法》，已经通过法律对部分互联网不正当竞争行为作出了规制，但是更多的互联网不正当竞争行为因其新颖性、隐蔽性、复杂性而难以完全被法律所涵盖，一般条款就起到了作用。《反不正当竞争法》就是通过一般条款为互联网企业"二选一"行为的规制提供了法律依据，笔者也从一般条款的具体化和在司法实践中引入滥用相对优势地位的认定理论对反不正当竞争法的规制提出了完善建议。互联网企业"二选一"行为属于利用相对优势地位的行为，在《反不正当竞争法（修订草案送审稿）》中曾有专条规制滥用相对优势地位的行为，但是在之后的修法过程中被删除，因为很多学者提出了反对意见，认为滥用相对优势地位的规定将导致《反垄断法》中的滥用市场支配地位被架空，笔者认为在目前的法制环境下对此采取审慎而暂不作规定的态度是比较妥当的。如果将来立法中考虑纳入这方面的规定，应当在相对优势地位的认定和适用上作出更明确的限定，在具体的制度设计上，希望通过日后的研究进行补足。

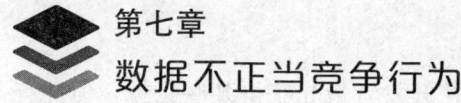

第七章

数据不正当竞争行为

一、数据不正当竞争行为概述

随着互联网的不断兴起，互联网领域的不正当竞争亦在逐渐发展演进。迄今为止，互联网领域的不正当竞争已不限于域名混淆、流氓软件等流于"简单粗暴"的行为，而转向关键词、广告屏蔽、数据等更为迂回的竞争方式。相较于早期互联网竞争的流于表面，后期互联网竞争逐渐接近互联网运营的核心。互联网运营模式以零价竞争的基础模式吸引客户，又以客户相关的数据为基础进一步开展营利业务，而其中最关键一环便是数据。在互联网规模效应的经营模式下，用户数量是互联网企业经营之根本。这也是近来互联网企业数据竞争案件频发的根本原因所在。互联网领域竞争如火如荼，几乎每个互联网企业均欲在竞争中先人一步。近期，随着"新浪"诉"脉脉"案、"大众点评"诉百度案的出现，互联网企业间关于数据的竞争逐渐进入视野，互联网领域的竞争围绕数据展开。这也意味着互联网企业间的竞争越来越接近其运营核心，而不再局限于表面的小打小闹，往往牵一发而动全身。互联网领域的竞争，很大程度上是数据的竞争，数据是企业立足之本、开展业务之基，而由于数据权属不明，围绕数据展开的不正当竞争亦逐渐出现。

二、数据的特点

在大数据时代，随着数据的重要性愈渐凸显，有学者将之称为"企业提升竞争力的核心资产"[1]，与通常所说的个人信息不同的是，互联网领域的数据具有易复制性、多样性、海量性及与原始主体分离等特点。

---

〔1〕 参见范为："大数据时代个人信息保护的路径重构"，载《环球法律评论》2016 年第 5 期。

（一）易复制性

从技术上来说，数据容易复制，即使开发者最先获得某些数据，但拥有和使用数据的人不一定仅限于开发者。这是因为与物体不同，数据不能被视为具有独占所有权，除受专利或版权保护的情况外，不能独自使用。但在例外情况下，对于一些原始数据，采集渠道是有限的，如果这些原始数据对业务活动至关重要，并且无法获得可替代的信息，那么拥有这些原始数据的企业就有可能拥有市场力量。虽然数据不能被视为具有独占所有权，但所有者可以管理其数据。业主可以保守秘密，也可以向特定或不特定的人披露（这种通常是以业主向买方披露数据的形式进行的）。

换言之，除了企业内部保密的数据（如专有技术）外，即使只有特定人拥有数据，其他人也往往容易通过相同或替代的途径获取相同或类似的数据，或从特定人处复制数据，从而获得和使用这些数据。不过，一些数据，如与企业内部专有技术相关的数据，作为商业机密通常受到保密，这使得通过替代途径获取类似数据变得困难。

（二）多样性

得益于收集和处理数据能力的进步，各种不同类型数据的组合和使用可产生额外的新信息，并扩大数据的使用范围，一般来说，不同类型数据的组合会产生各种协同作用，例如提高数据的真实性。这使公司不仅能够了解客户的地址（无论是物理地址还是 IP 地址）、生日和性别，还能够了解多种其他信息，如家庭组成、饮食习惯、购买历史、访问物理设备的频率和持续时间，现实中，企业还会通过网上商店，以及来自其他数据库的信息来充实客户的个人资料。这不仅使零售商能够对不同产品进行不同价格调整，而且还可以针对客户采取合适的营销行为和广告。此外，在积累相同类型的数据的情况下，有时只有在获得一定数量的数据时才可能获得重要的信息，但即使数据是同一类型的，也会在数据是从其他数据推断出来的还是最新的方面存在差异，这可能导致其使用价值的差异，具体取决于使用目的（例如，针对广告的个人品位和偏好信息）。

（三）海量性

互联网领域数据的海量性，系由大数据时代互联网数据搜集的便捷及数据分析与加工的多方面、多层次所导致，互联网的规模经济更使得此种海量性成为必然。譬如近期兴起的答题软件，一个软件短短几天所吸引的答题用户即以百万计，其据此所获取的个人信息数量便极为可观。微博、微信、淘宝等有多年积累的软件，其用户数量更不必说。加之除了单独的个人信息，依据群体的浏览、发表动态、评论等行为又可得出其衍生数据，这些数据较之个人信息数量更为可观；此外，根据海量原始数据经其他工具分析、加工又可产生与初始数据迥然不同的全新数据。凡此种种，无一不使得互联网领域数据的数量变得极为庞大，且有着每日极速增长的趋势。

由此可见，互联网领域的数据存在海量性特点，有学者将数据权分置为个人信息权与数据权，将个人信息与其他数据区分，[1]也有学者依据是否匿名化将数据分为三类：含有个人信息的底层数据，不含个人信息的匿名化数据以及经数据清洗、算法加工后的衍生数据。[2]笔者认为在数据保护中以获取方式不同，将互联网领域的数据主要分为以下三类更为妥当，即直接获取的个人信息，依群体行为产生的衍生数据，以及原始数据经加工后产生的全新数据。前二者系获得的直接数据，最后一种系间接获得的数据，其中获取数据付出的成本投入依次增加。依不同获取方式对数据加以分类，可以区别经营者在获得数时付出的成本，在数据保护中更具意义。

物理学上有量变产生质变的说法，这一论点可以用于数据之中。互联网领域数据的海量性决定了互联网领域数据与单独的数据有所区别，互联网数据中各种数据均为一种集合体，其保护方式应与单独的数据有所不同。

（四）分离性

互联网领域的数据往往掌控在互联网企业手中，而现有的关于数据的不正当竞争纠纷亦是因企业而起。从个人角度而言，数据之争涉及的不是不正当竞争问题，而往往是隐私权保护问题，因其涉及的是直接的个人信息，依照现有法律规定，个人对其直接信息享有处分权。从互联网企业角度而言，

---

〔1〕　参见许可："数据保护的三重进路——评新浪微博诉脉脉不正当竞争案"，载《上海大学学报（社会科学版）》2017 年第 6 期。

〔2〕　也有学者依据是否匿名化将数据分为三类：含有个人信息的底层数据，不含个人信息的匿名化数据以及经数据清洗、算法加工后的衍生数据。参见武长海、常铮："论我国数据权法律制度的构建与完善"，载《河北法学》2018 年第 2 期。

数据之争涉及的是不正当竞争问题，因其涉及的是经个人同意后搜集的个人信息及其衍生信息以及经加工后的全新信息。互联网企业所拥有的个人信息系经个人同意获得，由互联网企业进行管理与使用，与信息的原始主体（即个人）分离，而在此基础上获取的衍生数据及经加工后的全新数据自不待言。这就是为何个人信息与数据资产存在区别[1]，前者从个人角度出发，后者则从互联网企业角度出发。

然而，恰恰由于互联网企业所拥有的数据与原始主体分离，方导致数据的权属之争。互联网数据系归属于原始主体即个人，还是属于对其进行管理及加工的互联网企业，亦或属于所有人均可使用的公有领域？互联网企业经个人同意后是否就可随意处置所获数据？这些均无定论。这也导致关于互联网中的数据能否复制流通，该在何种限度内流通成为问题，而这也是互联网领域数据不正当竞争的根本缘由。

三、数据在互联网企业商战中的价值分析

互联网企业的运营模式与传统运营模式迥然不同，互联网企业的运营往往存在双边市场，一边对普通消费者提供低价甚至免费服务，以吸引庞大用户；另一边则是收费较高的特定对象，如广告商。互联网运营模式以大量富有粘性的用户群为基础，并具备利用长尾效应[2]及大数据进行精准营销的优势，同时还具备跨界整合资源的能力。[3]

互联网的双边市场运营模式，始终要以庞大的用户群为基础，比如滴滴与优步的价格补贴战，其目的便是为增加其用户数量，但数量达到一定程度之后，互联网运营往往并不局限于用户本身的消费，还依赖于对用户数据的分析与利用。尤其是在互联网技术日益进步的今天，刺激消费早已不限于供需关系的变化，而赖于互联网技术对数据分析取得的成果。比如淘宝不仅会

---

〔1〕 参见龙卫球："数据新型财产权构建及其体系研究"，载《政法论坛》2017年第4期。
〔2〕 "长尾"是统计学中幂律和帕累托分布特征的通俗表达。根据传统的二八定律，约20%的人享有80%的财富，同时，80%的收益是20%的大客户创造，而80%小客户构成的"长尾"仅能创造20%的收益。互联网不仅能关注到20%的大客户，还可以利用互联网技术将80%的小客户聚集，创造剩余的收益。
〔3〕 参见郝身永："'互联网+'商业模式的多重竞争优势研究"，载《经济问题探索》2015年第9期。

满足用户搜索商品的需求，还会利用用户的浏览痕迹所得出的数据为其推荐相关商品，此种手段既能刺激用户的消费欲望，也能为平台提供广告收入。此外，其他软件亦往往会依据用户的浏览痕迹推荐内容。此外，如大众点评、美团、淘宝等平台的用户评论亦能作为吸引其他消费者的资源。这些数据为互联网企业的持续提供了动力，使得互联网企业在与其他数量繁多的企业竞争中独占鳌头。

有人称互联网竞争是"领头羊"竞争，网络效应致使互联网企业集中度较高，[1]谁能成为其中的"领头羊"？以往的互联网企业竞争曾采取域名混淆、流氓软件等方式，近来，新浪诉脉脉案与大众点评诉百度案则采取了数据竞争方式。以往的竞争随着时间推移已不再引人注意，但近来的数据竞争却令不少互联网企业鸣起警钟。无论是违反 Robots 协议非法抓取信息，还是对数据的过度复制，均涉及互联网企业拥有的数据问题，不同于以往的隔靴搔痒，此次的数据竞争已然触及互联网竞争的底线。若说店铺是实体经营的依托，那么数据便是互联网企业经营的根本，其关乎着互联网企业经营的现在与未来。以新浪微博为例，对现在，其上用户数据是其吸引用户、赖以盈利之根本，因为其数据，用户方对其存在使用兴趣，也因此其得以吸引投资，同时借此盈利；对将来，利用大数据对微博数据加以分析，可以得出用户群的偏好，并以此确定企业将来的调整方向，或者调整对用户的推荐内容。对百度、360 等以搜索引擎为基础的互联网企业而言，数据的重要性更加不言而喻，其完全依赖于对数据的传递及分析。

总体而言，数据是互联网企业运营的基础之一，在其运营中具有举足轻重的作用，在互联网企业商战中，谁能具备数据优势，往往就能在互联网企业竞争中先人一步。比如新浪微博、大众点评、百度等。数据在互联网企业竞争中举足轻重，加之数据权属不明，互联网企业数据的处分及流通和流通限度问题至今未有定论，致使一些互联网企业蠢蠢欲动，不断探索其底线，故而近期互联网企业间数据不正当竞争问题层出不穷，而数据的海量性及与原始主体分离等特点又决定了其保护方式需区别于以往对单独的个人信息的保护方式。如何解决互联网企业间的数据不正当竞争问题，是理论与司法实

---

〔1〕　参见王永强："网络商业环境中竞争关系的司法界定——基于网络不正当竞争案件的考察"，载《法学》2013 年第 11 期。

践均亟待解决的问题。

四、数据不正当竞争行为典型案例分析

针对互联网企业间的数据不正当竞争问题，笔者将以"北京淘友天下技术有限公司等与北京微梦创科网络技术有限公司不正当竞争纠纷案"（以下简称"新浪诉脉脉案"）以及"北京百度网讯科技有限公司与上海汉涛信息咨询有限公司不正当竞争纠纷案"（以下简称"大众点评诉百度案"）为例对数据不正当竞争司法实践中的做法加以分析。

（一）新浪诉脉脉不正当竞争案

新浪诉脉脉案开启了我国数据不正当竞争的先河，也被称为"数据不正当竞争第一案"。其中关于数据不正当竞争部分颇具研究意义。

1. 案情概述

在新浪诉脉脉案中，新浪与脉脉达成合作并签订《开发者协议》，其中规定"用户数据是指用户通过微博平台提交的或因用户访问微博平台而生成的数据。"且其是微博的商业秘密。根据该协议，第三方开发者获得微博上的用户数据时需取得用户同意，且在与微博合作结束后必须立即删除其从微博获得的数据。据此，新浪与脉脉合作期间，允许其获取新浪微博平台上的用户名称、性别、头像、邮箱等相关用户信息，合作结束后须立即删除。然而，在合作期间，脉脉非法抓取了不在协议范围内的用户的职业、教育信息；合作结束后，脉脉仍然从新浪平台上抓取数据并显示在脉脉平台上。故此，新浪控告脉脉存在四项不正当竞争行为，其中与用户数据相关的有两项：一是非法抓取、使用用户数据，二是非法获取并使用脉脉用户手机通讯录联系人与新浪用户的对应关系。

对此，一审法院首先认定双方存在竞争关系。其次脉脉未经用户同意获取用户数据并使用，而在合作结束后又未依协议删除从新浪微博平台所获得用户数据。尽管脉脉辩称所获取的超出协议范围的职业、教育信息系通过协同过滤算法获得，但法院根据脉脉远高于协同过滤算法的精确率反驳了该种说法。故最终依据《反不正当竞争法》第2条认定，脉脉违背了诚实信用原则及商业道德，构成不正当竞争。二审法院则在不正当的认定上，从

OpenAPI 开发合作模式出发，依据《开发者协议》归纳得出在该模式中，第三方获取用户数据时应遵守的"用户授权"＋"平台授权"＋"用户授权"三重授权原则。据此得出脉脉违反三重授权原则，故而违反了诚实信用原则和互联网行业的商业道德。[1]

2. 案件评析

从新浪诉脉脉案中可以看出，数据作为一种重要商业资源已然得到法院认可，数据对互联网企业竞争的重要影响亦不容忽视。两审法院均首先认定新浪与脉脉的竞争关系，再从违背用户同意角度及平台授权出发，推论脉脉违反诚实信用原则及互联网商业道德，进而得出脉脉构成不正当竞争行为。不过二审法院较之一审法院更进一步归纳得出"用户授权＋平台授权＋用户授权"的三重授权原则。本质上均是从用户同意及平台授权角度出发，均未承认新浪微博所持商业秘密说，尽管二审承认用户数据是一种商业资源，但其与商业秘密相去甚远。

由此可见，在新浪诉脉脉案中，从根本上而言，法院在审判该案时，系以个人信息保护以及合同法为基础，遵循的是一种民法上的私法自治原则。依据《中华人民共和国消费者权益保护法》（以下简称《消费者权益保护法》）等相关法律规定，经营者收集用户信息须明示收集、使用信息的目的、方式和范围，并经被其同意，[2]在该案中，法院严格遵循法律规定，由于法律对数据交流共享的具体方式缺乏明确规定，法院以个人信息保护及合同法为基础，从用户同意角度出发并结合本案双方签订的《开发者协议》，创造性地提出三重授权原则。由于法律规定不明确，倘若无双方协议，仅依法律规定的个人信息收集时需用户同意结合诚实信用原则及商业道德，无法得出数据流通、共享的具体规则。

---

〔1〕　参见北京市高级人民法院（2016）京 73 民终 588 号民事判决书。

〔2〕　《消费者权益保护法》第 29 条第 1 款规定："经营者收集、使用消费者个人信息，应当遵循合法、正当、必要的原则，明示收集、使用信息的目的、方式和范围，并经消费者同意。经营者收集、使用消费者个人信息，应当公开其收集、使用规则，不得违反法律、法规的规定和双方的约定收集、使用信息"。《关于加强网络信息保护的决定》第 2 条第 1 款规定："网络服务提供者和其他企业事业单位在业务活动中收集、使用公民个人电子信息，应当遵循合法、正当、必要的原则，明示收集、使用信息的目的、方式和范围，并经被收集者同意，不得违反法律、法规的规定和双方的约定收集、使用信息"。

新浪诉脉脉案中法院在确定竞争关系的前提下，结合诚实信用原则与互联网商业道德，并结合市场主体间协议判断不正当竞争行为的逻辑思路，无疑为判断数据不正当竞争行为提供了一种可供借鉴的路径。而新浪提出的商业秘密亦不失为数据之争的又一种解决路径。两级法院对数据在互联网企业竞争中的重要作用以及对数据流通、共享的认可，也使得互联网企业间的数据之争大有可能。但以个人信息保护结合合同法对数据不正当竞争加以规制的方法是否可行，还有待进一步探讨。

（二）大众点评诉百度不正当竞争案

大众点评诉百度不正当竞争案是互联网企业不正当竞争的又一典型。相较于新浪诉脉脉案，此案更能揭露出互联网企业间数据竞争的激烈，更能窥得数据对互联网企业间竞争的重大影响，数据不正当竞争在互联网企业间竞争中的进一步发展。

在大众点评诉百度一案中，百度地图中复制并大量、全文使用来自大众点评网的点评信息，大众点评认为百度地图的行为超过了搜索引擎复制信息的限度，攫取其经营成果，构成对大众点评网的实质性替代。对此，法院沿袭了新浪诉脉脉案中的做法，在数据不正当竞争行为认定上仍旧坚持以存在竞争关系为前提，继而再以《反不正当竞争法》第 2 条为基础讨论正当性问题。但在商业道德方面，法院承认数据属于"劳动成果"，并创造性地提出在使用他人收集数据时数据获取者、数据使用者和社会公众三方概念，并结合第三方的数据使用效果及限度综合判断使用他人收集的数据是否符合商业道德。[1]

在该案中，法院提出从数据获取者、数据使用者和社会公众三方考虑对收集数据的使用问题，将用户排除在外，可见法院将数据当成与用户分离的商业资源的倾向。较之新浪诉脉脉案中的三重授权模式，本案中法院对数据的商业价值更为看重。数据获取者的财产投入、数据使用者的竞争自由、社会公众的资源获取权利，这几个方面是在数据使用中极为重要的方面。尤其在探究数据权属问题时，这三者必不可少。将用户排除在外也可以看出法院逐渐开始将商业化的数据与个人信息分离的倾向，如前所述，互联网领域的

---

[1] 参见上海知识产权法院（2016）沪 73 民终 242 号民事判决书。

数据有其特殊性，与单独的个人信息迥然不同，其更具有商品特质，将互联网企业获取的数据与个人信息分开考虑并加以区别保护，更为符合其特性及现实需要。

（三）司法实践中数据不正当竞争判定的逻辑思路

从新浪诉脉脉案与大众点评诉百度案，可以看到我国司法实践对数据不正当竞争行为规制的逻辑思路，即首先确定竞争关系的存在，再以《反不正当竞争法》第2条作为大前提，结合个案分析是否造成实际损害，是否违反商业道德与诚实信用原则。对互联网数据是否具有商业价值并非当然确定，而需结合互联网企业的成本投入，一般而言，足以引起纠纷的数据大多具备商业价值，尤其在大数据时代。而商业道德与诚实信用原则的确定则需结合个案具体分析。比如新浪诉脉脉案中依据对双方约定的违反确定其违背诚实信用原则，而在大众点评诉百度案中，则依据其行为超过必要限度、构成实质替代而违背商业道德。

但是在具体细节中又有所不同，新浪诉脉脉案中涉及的数据包括直接的个人信息，也包括用户行为衍生的数据，如微博动态，而利用"协同过滤算法"获得的数据则属于全新数据。依照该案中法院的思路，若能证明脉脉获取的数据属于经"协同过滤算法"获得的全新数据，则不构成不正当竞争。同时在诚实信用原则的认定中将用户同意作为重要基础，受隐私权影响颇深。而在大众点评案中，法院从数据获取者、数据使用者、社会公众三方考虑，将互联网企业的数据与用户分离，几乎完全从数据的商业价值方面考虑，与一般的个人信息区分。这种纯粹从互联网企业的数据不正当竞争行为构成出发，为数据不正当竞争的认定提供了一种全新思路。同时，将数据使用权与原始用户分离的思想，也为数据权属的确定提供了另一种方向。

五、数据不正当竞争规制的可能路径探讨

数据不正当竞争在近期内逐渐兴起，但一直以来，囿于数据权属不明，加之我国现行法律规定不明，对互联网企业间的数据不正当竞争如何规制问题尚不明确。从新浪诉脉脉案与大众点评诉百度案中，可以窥得规制互联网企业数据不正当竞争的几种规制路径，即商业秘密、个人信息保护、数据权属及反不正当竞争法规制路径。笔者将先探讨其他几种可能的规制路径，最后再探讨反不正当竞争法一般条款的规制路径。

（一）商业秘密

在新浪诉脉脉案中，新浪作为数据获取者提出用户数据属于其商业秘密，借此规制该数据不正当竞争行为。两级法院对用户数据是否属于商业秘密问题采取了回避态度，并未加以探讨。我国现行《反不正当竞争法》第 9 条对侵犯商业秘密行为进行了明确规定，若能证明互联网领域的数据属于商业秘密，便可直接据此加以规制。那么，数据是否符合商业秘密的特征呢？有学者认为数据符合商业秘密的三性，仅因其与立法与司法旨意相抵牾，故法院方不予讨论，[1]笔者不以为然。笔者认为法院不予支持商业秘密的说法并非因立法与司法的原因，而系由于数据本身不完全符合商业秘密的特征。

依照我国法律规定，商业秘密具有秘密性、价值性和保密性特征。[2]随着数据在互联网企业经营中的重要性日益凸显，加之互联网企业在收集数据时的经济投入，数据的价值毋庸赘言，但其秘密性及保密性仍有待商榷。互联网企业的运营模式是一种"注意力经济"[3]，而其吸引注意力的方式往往需依靠数据，这也使得其要实现其数据的价值，那么数据必须可见。这种可见性意味着互联网企业难以做到保密性并保持其数据的秘密性。比如在大众点评诉百度案中，大众点评网上的点评数据对所有人公开，而这种公开性恰恰是企业所需，若此类数据缺乏公开性，其价值也将不复存在。而互联网数据的此种特性也导致互联网企业无法做到保密性。同理，新浪微博的用户数据亦不外如是，其中与用户身份有关的电话此种私密信息具公开性，但此类信息属于隐私权范畴，互联网企业并无公开使用的权利。但昵称、头像等此类个人信息以及其赖以经营维持所涉及的用户行为数据如微博动态更必然具有一定公开性。当然，也有部分数据具有秘密性，比如经大数据技术加工处

---

[1] 参见许可："数据保护的三重进路——评新浪微博诉脉脉不正当竞争案"，载《上海大学学报（社会科学版）》2017 年第 6 期。

[2] 我国现行《反不正当竞争法》第 9 条第 3 款规定："本法所称的商业秘密，是指不为公众所知悉、具有商业价值并经权利人采取相应保密措施的技术信息和经营信息。"

[3] 参见陶钧："论反不正当竞争法在'互联网＋'经济模式下适用的正当性分析"，载《竞争政策研究》2016 年第 3 期。

理后的全新数据，往往由互联网企业内部控制，但此类成果依然具有创造性，与其说是商业秘密，毋宁说是创作性劳动成果，属于知识产权调整范畴。然而，在注意力经济下，互联网企业所赖以维持经营的那一部分数据往往具有公开性或有限度的公开性，使数据得以被公众知悉，否则将难以为继。法院未承认数据属商业秘密的说法在一定程度上应该也是基于此种考量。

如果说新浪诉脉脉案中我们对数据是否属于商业秘密还有疑虑，那么在大众点评诉百度案出现后，足以说明这种将互联网数据笼统地称为商业秘密的做法难有立足之地。诸如此类公开作为吸引用户、促进交易机会的数据绝不符合商业秘密的特性，故而用商业秘密作为规制不正当竞争的手段无法实现对数据的全面保护。

（二）个人信息保护——"三重授权原则"之基础

个人信息是针对数据不正当竞争的又一种规制思路，在新浪诉脉脉案中，法院确立的"三重授权原则"，即系结合个人信息保护及合同法对数据的保护。在对数据的三种分类中，用户的直接个人信息及由用户行为产生的衍生数据无疑与个人密切相关，即便是经大数据技术分析加工得到的全新数据，也需以前两类数据作为基础。若直接从隐私权出发，则直接从源头解决数据流通共享中的问题，如在三重授权原则中，缺少了一重用户授权，则证明脉脉的数据使用行为缺乏正当性。故而，个人信息权保护也是数据不正当竞争的一种规制方法。尤其随着《中华人民共和国民法总则》（以下简称"《民法总则》"）颁布，个人信息保护进一步得到重视，这种规制方法难免引人注意。

但是个人信息权保护的规制方法存在难以规避的问题。首先对单独的个人信息而言，此法无疑是一个很好的规制思路，但是，在新浪诉脉脉案中的涉及个人信息是一种海量个人数据的集合体，其自用户同意由新浪使用其信息开始，已经成为一种与原始主体脱离的商业资源，成为一种与个人信息相区别的经营者信息[1]。在此种情况下在互联网企业进行数据流通共享时，要求取得用户的再次同意无疑忽视了这种特性，将单独的个人信息与作为商业数据的个人信息混为一谈。最后，数据不正当竞争往往发生在互联网企业之间，若从个人信息角度出发加以规制，尽管可以从源头解决，但战线拉得太

---

〔1〕　参见郑佳宁："经营者信息的财产权保护"，载《政法论坛》2016 年第 3 期。

长，反而会令此种规制缺乏动力及张力，也背离了维护竞争秩序的目的。加上我国法律并未规定在数据流通使用需用户再次同意，此类规则系互联网企业自己设置，用户在现实中对此知之甚少，故而依据个人信息权设立的三重授权原则缺乏实质意义。

故此，个人信息保护规制的方法缺乏可行性及可操作性，难以有力规制数据不正当竞争行为。同时，此法对单独的个人信息与作为商业资源的个人信息不加区分，亦具有不合理性。故而新浪诉脉脉案中的三重授权模式在数据不正当竞争的规制中并不合适。

（三）数据权属——侵权法规制路径

除隐私权外，还有一种方法可以从源头规制数据不正当竞争行为，即确定数据权归属，进而据此规制数据流通、共享问题，借侵权法加以保护，此种方法类似于财产权保护[1]。数据权属不明也是数据不正当竞争出现的根本原因，目前关于数据权属问题的讨论层出不穷，但尚无统一定论。

如何根据数据权属规制数据不正当竞争行为？因目前数据权属问题存在争议，暂且举例说明，比如有学者提出依是否匿名，将信息分为三类，并分别确定权利归属：对包含用户个人信息、使用痕迹的底层数据，用户拥有所有权；对经匿名化处理的数据，数据控制者拥有受限制的所有权；对经过数据清理加工的衍生数据，数据控制者拥有所有权。[2]若依此种分类，新浪诉脉脉案中所涉数据所有权归属于用户，大众点评诉百度案中所涉数据归属于数据控制者即大众点评网。据此是否可以得出脉脉与百度侵犯了用户与大众点评对数据的所有权？所有权具有占有、使用、收益、处分权能，但因数据不具有排他性，脉脉抓取新浪用户数据与百度复制大众点评网数据的行为，并不会阻碍数据所有权人对数据所有权的正常行使。在此情形下，因数据所有权不具有排他性，数据所有权人对数据的占有、收益与处分不受影响。有学者认为数据所有权具备复制、传输权能[3]，笔者则认为数据的传输、复制

---

[1] 有学者认为因数据的商业价值可以将其视为一种新型财产权加以保护。参见郑佳宁："经营者信息的财产权保护"，载《政法论坛》2016 年第 3 期。

[2] 参见武长海、常铮："论我国数据权法律制度的构建与完善"，载《河北法学》2018 年第 2 期。

[3] 有学者认为经营者信息权主要包括复制权、使用权、传输权和处分权四个基本权能。参见郑佳宁："经营者信息的财产权保护"，载《政法论坛》2016 年第 3 期。

是数据的使用手段，而非数据所有权的特殊权能。由于数据的非排他性，其使用权可与所有权分离，而这种分离需通过复制、传输而达成。其他使用者对数据的复制，不会阻碍数据所有权的行使，但会造成数据使用效果的减损，而这种效果单独从所有权角度难以判断。除非将数据的所有权重新构建，将复制传输纳入数据所有权权能，但在目前法律对数据所有权无特殊规定的情况下，此种做法难以得到普遍认同。法律对此未明确规定，难以找到有利的规制手段，至多可作为一种商业道德加以约束。故而难以单独利用数据权属对数据不正当利用问题加以侵权法规制。

依照现行法律规定，仅能确定用户对其个人信息享有处分权，但在互联网领域的数据不正当竞争中，所涉数据往往均已经过用户授权，在此种情形下，互联网企业拥有的海量数据已然从个人信息转化为一种商业化数据。在大众点评诉百度案中法官提出从数据获取者、数据使用者与社会公众三方考虑数据使用限度问题，这无疑为数据权利归属提供了方向。但是如前所述，即便确定数据权利归属，单独依据侵犯所有权而对数据不正当竞争加以侵权法规制仍缺乏法律依据。

综上所述，作为商业资源的互联网数据缺乏足够的秘密性，又不具排他性，无论是利用商业秘密保护路径，还是依个人信息保护确立用户同意原则路径，抑或是利用数据权属对数据不正当竞争行为予以侵权法规制的路径，或多或少缺乏足够妥当性。故而欲规制互联网领域的数据不正当竞争行为，还需寻求其他更为恰当的方式。

六、数据不正当竞争规制的路径选择——一般条款规制

新浪与大众点评案最终选择的均为《反不正当竞争法》一般条款[1]的规制路径，在目前数据权属不明，对数据使用、流通缺乏具体法律规定的情形下，充分利用《反不正当竞争法》一般条款的兜底功能，并结合具体个案对数据不正当竞争行为加以规制，不失为一种可行的选择路径。但目前法律

---

[1]　也有学者认为《反不正当竞争法》第 2 条不是一般条款，但司法和学术界中多将之称为一般条款，笔者在此处暂不讨论该问题，将其视为一般条款。参见刘继峰："反不正当竞争法的'不可承受之轻'——论一般条款的缺失及原则受限的改进"，载《北京化工大学学报（社会科学版）》2010 年第 3 期。

规定较为模糊，仅有一个一般条款可供利用，具体如何适用还需进一步明确。

（一）数据不正当竞争的竞争法规制理念

随着数据在互联网商战中重要性的日益凸显，数据成为拉开互联网企业间竞争优势的重要因素，这也使之成为各互联网企业争夺的对象。从近来不断出现的数据竞争行为中，可以看到数据已然成为影响互联网领域竞争秩序的一大因素。我国《反不正当竞争法》目的在于鼓励和保护公平竞争，利用竞争法规制数据不正当竞争行为，符合其立法目的。

由于《反不正当竞争法》并未明确规定数据是否属于其规制对象，有人对数据可否由其加以规制提出质疑，却忽视了该法第 2 条[1]，无特别规定的不正当竞争行为，可依据该条加以规制。在新法修订以前，还有学者提出立法限制对新型不正当竞争行为的适用，造成立法与司法矛盾的问题[2]。但随着《反不正当竞争法》的修订，增加了第 12 条对互联网不正当竞争的规定[3]，自此结合该法第 2 条，互联网领域的不正当竞争正式由立法明确纳入《反不正当竞争法》调整范围。数据在互联网领域作为一种独特的商业资源，成为左右经营者竞争优势的一大利器，只要互联网企业对数据的利用行为符合不正竞争行为要件，该行为即受竞争法规制。

故而，随着新法的修订，无论从立法还是从司法方面，利用一般条款对互联网企业间数据的不正当竞争行为加以规制，均符合《反不正当竞争法》的理念。

---

[1] 《反不正当竞争法》第 2 条规定："经营者在生产经营活动中，应当遵循自愿、平等、公平、诚信的原则，遵守法律和商业道德。本法所称的不正当竞争行为，是指经营者在生产经营活动中，违反本法规定，扰乱市场竞争秩序，损害其他经营者或者消费者的合法权益的行为。"该条款通常被称为一般条款，对于未特别规定的行为可以据此加以规制。

[2] 参见刘继峰："反不正当竞争法的'不可承受之轻'——论一般条款的缺失及原则受限的改进"，载《北京化工大学学报（社会科学版）》2010 年第 3 期。

[3] 新修订后的《反不正当竞争法》第 12 条规定："经营者利用网络从事生产经营活动，应当遵守本法的各项规定。经营者不得利用技术手段，通过影响用户选择或者其他方式，实施下列妨碍、破坏其他经营者合法提供的网络产品或者服务正常运行的行为：①未经其他经营者同意，在其合法提供的网络产品或者服务中，插入链接、强制进行目标跳转；②误导、欺骗、强迫用户修改、关闭、卸载其他经营者合法提供的网络产品或者服务；③恶意对其他经营者合法提供的网络产品或者服务实施不兼容；④其他妨碍、破坏其他经营者合法提供的网络产品或者服务正常运行的行为。"

（二）数据不正当竞争的行为规制进路

前文以述，无论是从商业秘密保护角度，或是以个人信息保护为基础，抑或以数据权属为保护手段，均或多或少存在不妥当性，而此三种规制方式无一不是以数据作为立足点。由此可见，以数据为立足点规制数据不正当竞争的路径难以行之有效，故而不妨以不正当竞争行为作为立足点，探究数据不正当竞争行为的规制路径。此外，在互联网领域有关数据的不正当竞争案件出现伊始，多数学者关注的对象是数据，试图从数据本身出发，寻求突破。然而，《反不正当竞争法》规制的是不正当竞争行为，其是一种行为规制法而非对象规制法，就如同经济法规制的是经济行为而非其他对象。故而，对数据不正当竞争行为的规制，不应以数据为中心，而应当以不正当竞争行为认定为立足点。

无论是新浪诉脉脉案还是大众点评诉百度案中，法院在认定数据不正当竞争时，无一不是从行为的正当性角度出发。尽管在新浪诉脉脉案中，曾涉及商业秘密及用户同意问题，但法院只是以此作为不正当性的认定基础。而在大众点评诉百度案中，法院亦未曾探讨数据的归属问题，并非因该问题难以解决，而是该问题并非数据不正当竞争行为规制的重心。无论数据归属于哪方，只要竞争对手复制数据的行为影响了竞争秩序，即构成不正当竞争行为。故在该案中尽管法院未确定数据归属问题，仍能够认定不正当竞争行为。故而在对数据不正当竞争行为认定时，其重心应放在"行为"而非"数据"上，在法律适用中完全可以先将数据归属问题置于一侧，利用一般条款，从不正当竞争行为认定方面入手。

（三）数据不正当竞争行为的认定标准

从新浪案与大众点评案中，可以看到司法实践对数据不正当竞争的竞争法规制逻辑：既遵循一般互联网不正当竞争的规制路径，又具有其独特性。具体包括以下四个方面：一是双方具有竞争关系；二是法律无特别规定；三是存在实际损害；四是违反诚实信用原则或商业道德。后三点是适用《反不正当竞争法》一般条款的条件。[1]在互联网数据不正当竞争的判断中，还需

----

[1]　参见宁度："互联网领域反不正当竞争法一般条款的具体化进路——兼评不正当竞争纠纷司法裁判规则"，载《电子知识产权》2017年第4期。

将这几项标准再进一步明确化。

1. 竞争关系的确定——相同用户体标准

对于是否以竞争关系作为不正当竞争规制的前提，目前有少数国家不再使用竞争关系加以考虑，如德国、法国、日本、意大利等，多数国家仍坚持以竞争关系为前提。[1]笔者认为在数据不正当竞争规制中对一般条款的适用，应以存在竞争关系为前提，而一些以违反一般条款反推存在竞争关系的做法有违法律适用的一般逻辑，[2]竞争关系的判断理应在一般条款适用之前。比如前文所列数据不正当竞争案中，法院均首先以存在竞争关系的论证作为逻辑展开。

对互联网领域的数据不正当竞争应如何确定其是否存在竞争关系？首先，互联网领域的竞争具有跨界性、全网络性的特点，一个互联网企业往往经营多项业务，互联网经营模式的双边性特点更使得同行业判断极为困难，以往依"同行业竞争"等判定竞争关系的标准难以适用。其次，对互联网中的数据竞争而言，其必然涉及流量携带问题，若从流量竞争角度而言，几乎所有互联网企业都存在竞争，若从此种角度界定竞争关系，无疑太过宽泛，流量截取可以作为一种不正当竞争效果，但不能作为竞争关系判断标准。

在大众点评诉百度案中，法院首次提出"相同网络用户群体"[3]概念，将相同用户群作为判断竞争关系的标准，这一标准对互联网领域数据不正当竞争意义重大。互联网经济是一种"注意力经济"，其竞争在很大程度上是对用户的争夺。而数据作为商业资源的价值很大程度上在于其对用户的吸引，比如脉脉不正当使用数据是为吸引更多用户关注，百度地图不正当使用数据是为向更多用户推介服务，尽管存在细微差别，但本质上还是对不同意义上用户的争夺。

互联网中数据的竞争背后是对用户的争夺，故而将相同用户群作为数据不正当竞争中竞争关系的判定标准，既符合数据不正当竞争的实质，又使得竞争关系的判断更为明确。

---

〔1〕 参见王永强："网络商业环境中竞争关系的司法界定——基于网络不正当竞争案件的考察"，载《法学》2013 年第 11 期。

〔2〕 参见焦海涛："不正当竞争行为认定中的实用主义批判"，载《中国法学》2017 年第 1 期。

〔3〕 参见上海知识产权法院（2016）沪 73 民终 242 号民事判决书。

2. 诚实信用原则和商业道德的具体化——不正当性判断

从司法实践来看，因法律无具体规定，对互联网数据竞争的不正当性判断通常依照一般条款，以违反诚实信用原则和商业道德为判断标准。在有限的两个数据不正当竞争案中，法院亦均采用该标准，依一般条款确定数据不正当竞争的不正当性亦与立法目的相符。但由于一般条款的模糊性，如何将商业道德与诚实信用原则具体化还需继续探究。

首先，可以依据协议判断。在数据权属未明的情况下，一般而言，经营者会针对数据使用及处分制定相关协议，确定数据使用及处分方式，而这种协议通常经过用户同意。此种情况下，无论数据权利归属于用户还是经营者，此种协议均会对数据使用及处分产生约束效力。每个互联网企业对其掌控数据收集及使用、处分均会作出相关约定。这种情况下，只要经营者对第三方作出通知，第三方知道或应当知道依据协议其不能未经同意使用相关数据，则可以认为各竞争者之间达成了协议，若第三方竞争者在此种情况下未经经营者同意擅自抓取并使用经营者的数据，构成对诚实信用原则的违反，具有不正当性与可责性。如新浪诉脉脉案中，脉脉在结束与新浪的合作后，明知未经同意不能抓取并使用相关数据，但仍旧擅自抓取并使用新浪用户数据，就属于明知但故意违反的情形。即便此前双方并无合作，只要新浪作出了声明通知第三方不得抓取并使用新浪用户的数据，同样违反诚实信用原则，具有不正当性。若存在公认的行业规定，还可以依照行业规定加以判断。如之前讨论得如火如荼的 robots 协议，若存在此类公认的行业标准，可以将其视为一种所有人均遵守的商业道德，并据此对违反公认标准的行为进行不正当性认定。

其次，还可依成本投入判断。互联网企业对其控制支配的数据往往付出了较多的时间及经济成本，不劳而获的行为往往会损害这种经劳动投入所获得的成果，影响经营者的积极性。而第三方未几乎未付出任何据成本，仅仅依靠简单的技术抓取即获得其他经营者的劳动成果，并据此在竞争中获得竞争优势，无疑违反了合理公正的商业交往规则。故此，在司法实践中可以将严重损害他人劳动成果，并据此获得竞争优势，争夺他人交易机会的行为认定为违反商业道德，具有不正当性。

最后，还可以依据数据权属并结合违法性来判断。新法修订后将原来的

"商业道德"修改为"法律和商业道德"〔1〕，此前一般仅将不正当竞争行为的判断限定于《反不正当竞争法》规定当中，此后若竞争者的行为违反了其他法律规定，亦可作为不正当性判断的基础，将违法性纳入了不正当性当中。而仅依数据权属难以规制数据不正当竞争行为，但当法律对数据权属明确规定后，可据此得出违反数据权属的规定而具有违法性，进而确定行为的不正当性。

总体而言，不正当性的判断需结合具体案件，以违反诚实信用原则和商业道德为基础，结合违法性问题，综合认定互联网企业间数据竞争行为的不正当性。

3. 实际损害——综合考虑损失

存在实际损害是互联网数据不正当竞争判断的另一要件，只有行为对经营者造成反不正当竞争法所指的损害，法律才有规制的必要，否则会造成干预过度的问题。互联网数据不正当竞争的实际损害后果往往包含两种，一种是直接后果，一种是间接后果。直接损害后果是对流量的截取，间接后果是交易机会的减损，其中交易机会的减损才是不正当竞争法规制的根本原因。

数据在互联网中流通的表现形式就是流量，流量的多少表明互联网企业受到的用户关注度，而这种关注度影响着互联网企业的价值。数据不正当竞争最直接的后果就是对流量的截取。流量背后是用户关注，这种关注间接地影响着互联网企业的交易机会，关注度越高，交易机会越多，反之则越少。由于竞争者对数据的不正当利用，导致流量被截取，无形中交易机会间接减损。而这种间接减损往往难以证明，但这却是互联网数据不正当竞争的本质，若无法证明对交易机会的损害，则无需由竞争法规制。故此，笔者认为，认定数据不正当竞争的损害，须先证明竞争者对数据的不正当利用存在流量截取，并以此切入点，结合经营者的营业模式，探讨是否对交易机会产生减损，若存在交易机会减损，则属于反不正当竞争法所指的损害，如大众点评诉百度案则是此类。若仅有流量减损而无交易机会减损，则需判断流量是否为经营者的主要营业方式，若是，则属于由不正当竞争造成的损害，否则，则不

---

〔1〕 2017 年《反不正当竞争法》修订，将第 2 条第 1 款"经营者在市场交易中，应当遵循自愿、平等、公平、诚实信用原则，遵守公认的商业道德。"修改为"经营者在生产经营活动中，应当遵循自愿、平等、公平、诚信的原则，遵守法律和商业道德。"

属于不正当竞争法所指的损害，如新浪诉脉脉案则属此类。

故而对互联网数据不正当竞争实际损害的衡量，既要考虑直接的流量损失，又要考虑间接的交易机会损失。若仅有流量损失而无交易损失，判定是否属反不正当竞争法所指的损害时，还需结合经营者的营业模式分析。

综上所述，互联网数据不正当竞争行为的规制应当选择竞争法规制路径，以确定相同用户群为判断标准确定竞争关系，结合诚实信用原则、商业道德与违法性判断数据竞争行为的不正当性，并根据直接的流量损失与间接的交易机会损失确定竞争者对经营者的损害，据此依《反不正当竞争法》一般条款对数据不正当竞争行为加以规制。

七、小结

互联网领域数据不正当竞争行为的规制是实务与理论界日渐关注的话题，由于立法的不明确，如何解决数据不正当竞争问题需要进一步明确。商业秘密保护、个人信息保护与依数据权属的侵权法保护均为可能的规制路径。但是由于作为商业资源的大部分数据缺乏足够的秘密性，而个人信息保护方法缺乏可行性与可操作性，依目前的所有权体系又难以依数据权属对数据不正当竞争行为课以侵权法保护，故而最终对数据不正当竞争行为的规制还需依赖于《反不正当竞争法》的一般条款规制。对互联网领域的数据不正当竞争行为的规制，须以相同用户群标准确定竞争关系为前提，结合实际损害、诚实信用与商业道德标准，以《反不正当竞争法》一般条款为路径。

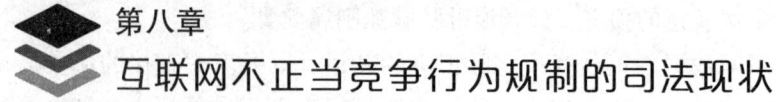

第八章
互联网不正当竞争行为规制的司法现状

一、互联网不正当竞争案件系统梳理

（一）案件数量统计与分析

通过在中国裁判文书网以及北大法宝网"司法案例"库进行相关词条检索，将案件类型设置为"民事案件"，案由设置为"不正当竞争"，可以得到如下搜索结果：自 2008 年至今，不正当竞争领域的案件裁判文书呈递增趋势，2008 年至 2011 年四年间的裁判文书总数不足 100 例，而 2012 年仅一年就发生 71 例，2013 年 188 例，2014 年激增至 751 例。另外，根据最高法院发布的《2015 年全国法院审判执行情况》报告显示，2015 年全国共受理不正当竞争案件 2181 件，2016 年突破至 1225 例，2017 年已有 1307 例。在此基础之上，通过输入"互联网""不正当竞争"等全文关键词缩小案件范围以检索出与互联网有关的不正当竞争案例，经过筛选之后不难发现，互联网领域不正当竞争纠纷亦呈爆发式增长。据统计，自 2002 年开始至 2013 年审结完成的有关互联网公司之间不正当竞争的案件共有 126 件。[1]其中，2002 年案件数量仅有 2 件，2005 年、2011 年、2013 年分别以 14 件的数量成为诉讼发生最多的年份。从 2005 年开始，互联网领域的不正当竞争案件呈现出多发的态势，2014 年案件数量为 101 件，2015 年至 2017 年案件数量分别为 70 件、89 件、89 件。

（二）案件地区分布情况归纳与总结

从地域分布情况来看，2002 年至 2013 年的 126 起互联网不正当竞争案件分别发生于北京、上海、天津、浙江、山东、湖北、广东、江苏八个省市。

---

〔1〕　参见张钦坤："中国互联网不正当竞争案件发展实证分析"，载《电子知识产权》2014 年第 10 期。

其中，北京市的案件发生数量遥遥领先于其他地区，其次是上海市，排名第三的是广东。

互联网公司在互联网领域的不正当竞争案件自 2002 年起连续四年都只发生在北京，从 2007 年开始其他地区才相继出现，可见经济发展及人才结构因素对互联网不正当竞争案件地域分布的影响。[1]根据拉手网发布的《2014 年中国互联网职场调查报告》显示，中国互联网公司分布的十个主要城市是北京、上海、深圳、广州、杭州、成都、南京、武汉、厦门和西安，北京在互联网公司的城市分布和互联网从业者投递的目标工作城市两项指标中高居榜首。此外，腾讯研究院于 2017 年 4 月发布的《中国"互联网+"数字经济指数（2017）》报告显示，北京、上海、广州、深圳成为我国数字经济一线城市，而广东、北京、上海、浙江、江苏、福建、四川、山东、湖北、湖南则是位居我国"互联网+数字经济指数"榜单排名前十的省份。[2]经济的发展尤其是数字经济的发展使得上述省份及城市的有关互联网不正当竞争的案件逐渐增加，以北京、上海、广州、深圳为代表的互联网公司集聚地则更是此类案件频发的地区。

（三）案件关键词及不正当竞争行为类型的嬗变

互联网经济形态中，最重要的资源既不是传统意义上的资本，也不是信息本身，而是注意力。[3]在互联网领域下，信息传递方式的扁平化、信息量的爆炸式增长更加剧了注意力的稀缺性。由于技术变化对互联网行业的影响和刺激远强于其他行业，相比传统行业对用户的争夺，互联网领域对注意力的争夺更加激烈和频繁。这个特点造就了互联网领域中不正当竞争行为与传统不正当竞争行为的不同特点，即技术的发展变化会在一个阶段催生出基于新技术产生的不正当竞争行为，同时也会使得传统的不正当竞争行为逐渐减少。[4]案件关键词的变化可以体现不同技术背景之下互联网不正当竞争行为

〔1〕 参见张钦坤："中国互联网不正当竞争案件发展实证分析"，载《电子知识产权》2014 年第 10 期。

〔2〕 参见腾讯科技："中国'互联网+'指数发布：数字经济已占 GDP 总量三成"，载 http://tech. qq. com/a/20170420/026037. htm，最后访问日期：2018 年 3 月 10 日。

〔3〕 See Michael H. Goldhaber："Attention Shoppers!"，载 http://www. wired. com/wired/archive/5. 12/es_ attention. html，最后访问日期：2018 年 3 月 4 日。

〔4〕 参见李杨："互联网领域新型不正当竞争行为类型化之困境及其法律适用"，载《知识产权》2017 年第 9 期。

的变化，经过对案件初步的分析，我们尝试根据不同关键词的特点，将有关互联网不正当竞争案件划分为三大主要时期，在时间变化的基础之上分析对应时期案件的关键词以及所反映出来的不正当竞争行为的类型的变化。

第一个时期：2000~2009 年：传统不正当竞争行为在互联网领域的延伸

之所以选择 2000 年和 2009 年这两个年份，是因为其分别对应两大重要案例：美国杜邦公司诉北京国网信息有限责任公司计算机网络域名纠纷案（以下简称"杜邦公司案"）[1]和山东省食品进出口公司诉青岛圣克达诚贸易有限公司不正当竞争纠纷案（以下简称"海带配额案"）[2]，两者都是2014 年 6 月北京市第一中级人民法院针对"涉互联网不正当竞争案件"发布的十大典型案例之一。其中，杜邦公司案是我国首个认定未经许可恶意将他人驰名商标注册为域名构成不正当竞争的生效判决，是早期互联网领域不正当竞争行为的重要代表。其实在 1999 年就有了首例将他人商标注册为域名的案例，只不过法院认为"被告注册该域名的行为，没有使公众产生混淆，不存在以此利用原告商标声誉牟取利益"，故没有将被告的行为认定为不正当竞争行为。[3]而"海带配额案"则是最高人民法院明确规定人民法院可以根据《反不正当竞争法》[4]第 2 条第 1 款和第 2 款的一般规定对那些不属于《反不正当竞争法》第二章列举规定的市场竞争行为予以调整的重要案件，有关其具体内容将在下文具体分析。

这一时期案件的关键词主要有："域名抢注""商业诋毁""虚假宣传""混淆行为""侵犯商业秘密"等，[5]这些行为类型大都包含在《反不正当竞

---

〔1〕 参见北京市第一中级人民法院（2000）一中知初字第 11 号民事判决书。

〔2〕 参见最高人民法院（2009）民申字第 1065 号民事裁定书。

〔3〕 参见北京市第一中级人民法院（1999）一中知初字第 48 号民事判决书。

〔4〕 本章中的《反不正当竞争法》是指 1993 年版的《中华人民共和国反不正当竞争法》；新《反不正当竞争法》是指 2017 年修订后施行的《中华人民共和国反不正当竞争法》。

〔5〕 ①"域名抢注"典型案例如美国杜邦公司诉北京国网信息有限责任公司计算机网络域名纠纷案（2000）一中知初字第 11 号；②"商业诋毁"案例有金山软件诉瑞星案（2003）海民初字第 8 号、北京视翰科技有限公司诉北京视点科技有限公司案（2006）海民初字第 29346 号、百度网讯诉搜狐（2006）海民初字第 26763 号卡巴斯基诉瑞星案（2007）一中民三初字第 62 号、奇虎科技诉瑞星案（2010）西民初字第 3570 号等案件；③"虚假宣传"有关案件参见北京云网无限网络技术与网银在线（北京）科技互诉案件（2005）海民初字第 17567 号（2005）海民初字第 15573 号、北京数字冰雹信息技术诉讼火精灵软件科技案（2008）海民初字第 28113 号等案件。④"混淆行为"案件参见北京开心人信息技术有限公司诉北京千橡互联科技发展有限公司、北京千橡网景科技发展有限公司案（2009）

争法》规定的具体行为类型条款之中。只不过在互联网领域下，这些传统的不正当竞争行为主要利用网络技术发布、传播或者获取信息，以互联网为平台实施相关不正当竞争的行为，但是在本质上这些行为并没有改变，其目的都是为了损害其他经营者的利益，其侵害的法益和传统不正当竞争行为相同，受具体条款规制。而对于一些不能完全被解释到具体条款中的其他不正当竞争行为，法院则尝试用一般条款予以适用，典型的案例是百度在线网络技术（北京）有限公司等诉北京三七二一科技有限公司不正当竞争纠纷案。该案涉及对于同类产品不恰当的软件冲突提示和警告的行为，是地址栏搜索技术发展带来的发生在同类产品下的新型侵权行为。虽然其在本质上和"商业诋毁"有着共通之处，尤其是恶意风险提示行为可以说是变相的诋毁，但是涉案的行为却无法完全被归类到某一项具体的条款之中，需要借助一般条款来裁判。法院在该案中对涉案行为这样认定：百度公司和三七二一公司均采取了用自己的软件注册表信息替代对方软件注册表信息的措施，双方均通过不正当的技术手段阻止了用户使用对方软件，导致双方原本平等地接受用户的选择，变为只有一方能被用户选择，另一方丧失被选择的机会〔1〕。

　　总的来说，此时间段是我国互联网技术发展的初期阶段，与此相对应，互联网领域的不正当竞争案件案情相对比较简单，涉案的不正当竞争行为不正当性较为明显，行为相对较为简单，因此对于侵权事实的认定较为清楚。这一时期的不正当竞争行为主要是传统不正当竞争行为在网络环境下引发的不正当竞争纠纷，多数可以从《反不正当竞争法》第二章所规定的具体行为类型条款中找到法律依据。对于没有在类型化条款中规定的不正当竞争行为，法院开始尝试通过一般条款对涉案行为是否具有不正当性进行认定。

　　第二个时期：2009～2014年：新型不正当竞争行为涌现

　　这一时期我国互联网产业发展较为迅速，各类新技术频现，与此同时出现了各种各样的较为新型的不正当竞争行为。之所以称之为相对新型的不正当

（接上页）二中民初字第10988号及（2011）高民终字第846号、谷歌公司诉爱思美（北京）信息科技案（2010）一中民初字第6347号等案件。⑤"侵犯商业秘密"案件参见华路讯网络技术有限公司诉美之景网络技术有限公司案（2003）一中民初字第2328号、华胜影捷信息技术有限公司诉博睿思达数字科技有限公司案（2007）一中民初字第10042号等案件。

　　〔1〕　参见北京市朝阳区人民法院（2003）朝民初字第24224号民事判决书。

竞争行为是因为这些行为竞争方式本身相对前一时期更为复杂，事实和因果关系的认定也相对不易，且它们并不能被《反不正当竞争法》的类型条款所规制。正如最高人民法院指出的，"由于市场竞争的开放性和激烈性，必然导致市场竞争行为方式的多样性和可变性，《反不正当竞争法》作为管制市场竞争秩序的法律不可能对各种行为方式都作出具体化和预见性的规定。"[1]这一点在互联网领域显得更为明显，这一时期的互联网企业为了在其自身发展过程中获得更多的用户和流量，经常针对性地采取有关不正当竞争行为，比如以修改设置等方式干扰他人软件或服务的运行与提供、以屏蔽广告等方式破坏他人的商业模式，或者以自动跳转、修改 DNS 地址等方式实施流量劫持等。这一阶段的案件在法律适用方面虽然仍以《反不正当竞争法》第 2 条为主，但是涉案行为显然变得更加复杂，法律适用标准也更具有张力。同时，自从2009 年最高人民法院在"海带配额案"中明确"在具体案件中，人民法院可以根据《反不正当竞争法》第 2 条第 1 款和第 2 款的一般规定对那些不属于反不正当竞争法第二章列举规定的市场竞争行为予以调整，以保障市场公平竞争"[2]之后，随着互联网产业发展的创新和多样化，法院越来越多地将目光投向一般条款，这也反映出该时期互联网不正当竞争行为的创新性和多样化特征。

该时期案件的关键词主要有："强制跳转""恶意不兼容""干扰他人网络产品""捆绑安装""广告弹窗""网页插标""流量劫持"等等。此外，这一时期的案件涉案行为通常不仅仅只有一类，很可能同时涉及不同类型的不正当竞争行为，一个案件中同时存在诋毁商誉、虚假宣传等传统不正当竞争行为以及新型行为的可能性非常大，这也凸显了这一时期不断涌现的新不正当竞争手段与传统不正当竞争手段相结合的特点。在涉及相对新型的不正当竞争行为案件中，涉及搜索引擎、浏览器网页和软件的案件占据绝大多数。据数据显示，2002 年至 2013 年法院审理的 126 件互联网不正当竞争案件中，涉及搜索引擎的案件数量约占案件总数的 17%，涉及软件的案件数量约占案件总数的 32%，浏览器网页类案件约占到案件数量的 30%。[3]搜索引擎主要

---

[1] 最高人民法院（2009）民申字第 1065 号民事裁定书。
[2] 最高人民法院（2009）民申字第 1065 号民事裁定书。
[3] 参见张钦坤："中国互联网不正当竞争案件发展实证分析"，载《电子知识产权》2014 年第10 期。

与关键词搜索、竞价排名等有关，浏览器网页案件多涉及网页内容的抄袭和广告屏蔽，软件则主要是不同软件之间的干扰和冲突问题。以下选取几类相对具有代表性的新型不正当竞争行为进行简要阐述：

（1）利用搜索引擎的不正当竞争行为

搜索引擎类不正当竞争行为主要涉及恶意竞价排名、恶意设置网络搜索关键词、垂直搜索等。涉及搜索引擎关键词的典型案件如指导案例 29 号天津中国青年旅行社诉天津国青国际旅行社擅自使用他人企业名称纠纷案、2014年的奇虎诉百度案等，而大众点评诉北京爱帮聚信科技有限公司案则是关于垂直搜索是否构成不正当竞争行为认定的典型案例。

早在 2007 年，北京市就有了首例搜索引擎排名案——北京枫叶之都旅游文化交流有限公司诉百度在线网络技术（北京）有限公司、北京百度网讯科技有限公司不正当竞争纠纷案。该案指出，当时国家及行业对搜索引擎的商业模式及排名算法规则均没有明确的法律规范和技术标准。在枫叶之都公司不能证明百度公司的行为具有违法性的情况下，法院认为百度公司实施该行为并不具有主观故意和过失或仅针对枫叶之都公司网站采用了与众不同或歧视性的排名算法规则，因此认定网站自行设定自然排名算法规则不属于不正当竞争行为。[1]

而恶意设置关键词搜索多与企业名称以及商标、知名品牌等有着密切联系，如在 29 号指导案例中法院认为被告天津国青旅未经原告天津青旅许可，通过在相关搜索引擎中设置与天津青旅企业名称有关的关键词并在网站源代码中使用等手段，使相关公众在搜索"天津中国青年旅行社"和"天津青旅"关键词时，直接显示天津国青旅的网站链接，从而进入天津国青旅的网站联系旅游业务，达到利用网络用户的初始混淆争夺潜在客户的效果，同时认为天津国青旅作为与天津青旅同业的竞争者，在明知天津青旅企业名称及简称享有较高知名度的情况下，仍擅自使用，有借他人之名为自己谋取不当利益的意图，主观恶意明显。[2]除了恶意设置搜索关键词之外，和关键词搜索一起出现的还有推广链接的问题，该项技术也使得与搜索引擎有关的不正当竞争行为有了新特点。在 2014 年的奇虎诉百度上诉案中，一审法院考虑到

---

〔1〕　参见北京市第一中级人民法院（2006）一中民初字第 12408 号民事判决书。
〔2〕　参见天津市高级人民法院（2012）津高民三终字第 3 号民事判决书。

推广链接的具体表现形式、竞价排名服务市场的特性以及网络用户的认知水平等因素，并没有将百度公司以奇虎公司产品作为关键词设置推广链接的行为认定为不正当竞争行为，但是二审法院在裁判中认为在百度搜索中只有输入"360 杀毒"才出现"百度杀毒"产品推广，而输入"金山杀毒""腾讯杀毒""瑞星杀毒""江民杀毒"等其他有关杀毒软件的关键词，左侧搜索结果均未出现推广链接。因此认为百度公司专门针对"360 杀毒"的行为属于歧视性对待，该行为破坏了公平、自由的竞争环境，违反了诚实信用的原则和公认的商业道德，构成不正当竞争行为。[1]

（2）广告屏蔽行为

随着视频播放技术以及广告植入技术的发展，互联网企业尤其是视频网站经营企业的商业模式有了很大的变化，其盈利方式更多通过用户播放量以及广告播放量来实现。在此模式之下，产生了部分浏览器屏蔽视频广告的做法，这一行为对于消费者来讲存在一定的好处，但是对于其他不属于同类竞争经营者来说，如何判断其不正当性就成为了这一时期相对较新的课题。从这一时期的司法判例来看，法院对互联网企业"付费+无广告、免费+广告"的经营模式予以认可，因此若开发浏览器的主体将他人基于正当商业模式投放的广告予以屏蔽，即构成为争夺客户群体和交易机会而为的不正当竞争。[2]

如在猎豹浏览器屏蔽优酷视频广告案中，被告猎豹浏览器在明确知晓该过滤后果可能对合一公司经营利益造成损害的前提下，依然开发并向用户提供被诉猎豹浏览器，其中的视频广告过滤功能使得投放的广告不能正常播放，影响了合一公司的广告收益，破坏了其正常的经营活动。而原告合一公司所经营的优酷网的用户量在同类网站中位居前列，但是因为用猎豹浏览器播放其视频会自动屏蔽广告，这会使得相当比例的优酷用户选择使用被诉猎豹浏览器。这一选择意味着相当比例的优酷用户会同时成为猎豹浏览器的用户，从而使得猎豹浏览器的用户量相应增加，故法院认定其屏蔽广告的行为

---

〔1〕 参见北京市第一中级人民法院（2014）一中民（知）终字第 08599 号民事判决书。

〔2〕 参见张钦坤："中国互联网不正当竞争案件发展实证分析"，载《电子知识产权》2014 年第10 期。

属于不当利用合一公司经营利益的行为。[1]

（3）软件干扰和冲突

软件之间的干扰和冲突较为普遍，具体表现为冲突提示和安装失败、强制卸载、死机故障等各类影响用户电脑性能的情形。"一般来说，软件冲突是在用户运行计算机程序中产生的正常现象，特别是在安全软件行业领域。但是如果软件冲突超出了正常范围，就可能属于恶意软件冲突，从而构成不正当竞争行为。"[2]典型的软件恶意冲突如搜狗与腾讯拼音输入法案，该案中被告腾讯科技公司的涉案"QQ拼音输入法"软件在个性化设置的过程中，采取诱导的方法使用户倾向于不选择其计算机中已有的涉案"搜狗拼音输入法"软件，导致用户计算机中已有的涉案"搜狗拼音输入法"软件的快捷方式被删除。法院认为，各种不同的拼音输入法软件在技术上并非必然相互排斥，而是完全可以在同一计算机中同时存在且同时运行的，被告以上的行为属于恶意的软件冲突，违反了诚实信用的原则和公认的商业道德，构成不正当竞争。[3]

第三个时期：2015年至现在：大数据与移动互联网

自2015年以来，伴随着我国互联网行业快速发展以及"互联网+"概念的普及，互联网行业有了更深一步的融合和发展，网民数量的激增和活力四溢的市场更是推动了互联网领域更为激烈的发展热潮。如前所述，截至2017年12月，我国网民规模达7.72亿，互联网普及率为55.8%，超过半数中国人已经接入互联网；境内外上市互联网企业数量达到102家，总体市值为8.97万亿人民币，企业也越来越广泛地运用互联网工具进行信息获取和内外部交流沟通等方面的工作。对于网络经济市场而言，竞争依然是其常态。与此同时，这一时期互联网产业发展的明显特点就是科技的升级改进，经营者为了争取更多的交易机会和市场份额，采取的手段和方法相较上一时期更具明显的时代特色。

需要指出的是，2015年之后的这一时期，传统的不正当竞争行为基本上

---

〔1〕　参见北京市第一中级人民法院（2014）一中民终字第3283号民事判决书。

〔2〕　张钦坤："中国互联网不正当竞争案件发展实证分析"，载《电子知识产权》2014年第10期。

〔3〕　参见北京市第二中级人民法院（2009）二中民初字第12482号民事判决书。

不再是竞争模式的主角，依赖于早期互联网企业竞争产生的新型不正当竞争行为也相对趋向稳定，并受到相应司法解释的规制。相比之下，2015 年以来，井喷式的高科技驱动着互联网企业依赖的计算设备变得越来越便携、功能越来越丰富，不正当竞争行为也随之转变。硬件厂商、网络服务提供商、系统厂商、应用软件开发者等高度参与，导致手持移动计算设备强势兴起，并驱动着互联网企业将利益重心从桌面环境转向移动互联网。与用户刷屏前互联网企业不正当竞争行为已经或者正在逐渐消失的趋势相比，用户"屏幕后"的不正当竞争行为纷纷登场。[1]该时期案件的关键词主要有："信息抓取""APP 视频聚合盗链""虚假交易""强制下架竞争对手 APP""APP 分享链接屏蔽"等。以下通过比较有代表性的三类不正当竞争行为来窥见这一时期互联网不正当竞争的特点：

(1) 信息抓取

信息抓取，也称"信息提取"或"信息获取"，是一项互联网搜索引擎商利用网络爬虫（Web Crawler）将非结构化的信息从网站中抓取出来保存到结构化的数据库中的过程。"从结构上来看，互联网其实就是一张大型的网络图，搜索引擎中可以把每一个网页作为一个节点，把网页内的超链接当做网页的弧。搜索引擎在进行信息抓取时，可以按照图论的相关算法进行处理。网络爬虫从某个网站的首页进入，按照图论的相关遍历算法就可以访问这个网站的所有信息。"[2]爬虫技术原本是为了提升网络检索体验的一种信息抓取技术，其基于传统互联网"搜索引擎商抓取整合信息、内容服务商提供信息内容"的协作模式完成。然而近年来，互联网经营者为锁定用户群体、获取更多市场价值、巩固现有经济成果，不断拓展自己的业务疆土，致力于将自身打造为一个综合服务者。

例如现在的百度公司，以搜索引擎起家，但已完成百度知道、百度糯米团购、百度外卖、百度地图等全方位服务体系架构。而大众点评等传统内容服务商则是通过自行积累并整合网络信息资源，利用搜索引擎功能提供线上城市服务，其点评信息有聚合效应和很高的商业价值，能够吸引更多的客户

---

〔1〕 李扬："互联网领域新型不正当竞争行为类型化之困境及其法律适用"，载《知识产权》2017 年第 9 期。

〔2〕 杨松梅："网络爬虫"，载《硅谷》2009 年第 15 期。

使用其产品，从而带来更多的网络流量和广告效益。这样一来就产生了一个较为普遍的问题，即搜索引擎商与内容服务商的界限变得越来越模糊，但两者的竞争关系却越来越激烈。基于信息抓取而发生纠纷的案件也以这两家之间的不正当竞争纠纷案件最为典型。在2016年的大众点评诉百度一案中，百度辩称其进行网络信息的抓取和使用是遵守互联网行业通用的Robots协议，没有违反法律。而一审法院认定百度公司在其相关社交软件中大量使用"大众点评"中的点评信息，具有明显的"搭便车""不劳而获"的特点，违反了公认的商业道德和诚实信用原则。法院指出，"Robots协议只是关于搜索引擎抓取网站信息的行为是否符合公认的行业准则的问题，而搜索引擎抓取网站信息后的使用行为是否合法，应该在法律上进行明确规制。百度公司的搜索引擎抓取涉案信息的行为虽然没有违反Robots协议，但不意味着百度公司抓取信息后任意使用大众点评上的点评信息的行为是合法的，百度公司应本着诚实信用的原则，遵守公认的商业道德，合理控制来源于其他网站的信息的使用范围和使用方式"。本案终审的上海知识产权法院认为，百度公司通过技术手段，从大众点评网获取点评信息直接用于充实自己产品功能，在其产品中使用大众点评网信息的数量、比例及使用方式，已对大众点评网的相关服务构成实质性替代。百度公司的行为虽在一定程度上丰富了消费者的选择，但大量全文使用信息的行为已经超出必要的限度，严重损害了汉涛公司的利益，并破坏了公平竞争的市场秩序，其行为构成不正当竞争。[1]值得注意的是，本案中法院将消费者的利益和其他经营者的利益在一定程度上进行了比较，这是法院审理此类案件所具有的特点，有关其内容将在下一节予以分析。

　　另一个典型案例是两款社交软件之间基于数据信息产生的纠纷，即"脉脉抓取使用新浪微博用户信息案"，涉案的两家公司分别为经营新浪微博的微梦公司和经营脉脉软件的淘友公司。新浪微博既是社交媒体网络平台，也是向第三方应用软件提供接口的开放平台；而脉脉则是一款移动端的人脉社交应用，上线之初和新浪微博合作，主要通过新浪微博开放的API接口[2]来进行数据的分享与利用。在双方合作期间，脉脉用户的一度人脉中，大量非脉

---

〔1〕 参见上海知识产权法院（2016）沪73民终242号民事判决书。

〔2〕 API是Application Programming Interface（应用程序接口/应用编程接口）的缩写，是软件系统不同组成部分衔接的约定，现在也广泛被厂商用于与合作厂商之间进行数据分享。

脉用户直接显示有新浪微博用户头像、名称、职业、教育等信息；而双方终止合作后，非脉用户的新浪微博用户信息没有在合理时间内删除，引起微梦公司的不满。值得注意的是，该案主要涉及互联网数据利用，数据的收集、共享、删除等问题在判决书中被提及，反映出互联网大数据时代之下数据之争所需要解决的几大问题。另外，本案的特殊性在于涉案信息并不能认定为著作权法意义上的作品，这在此前的案例中前所未有。法院在审理中认为涉案信息与用户名、微博通行证等内容相结合，具有高度的私密性和敏感性，而对于该信息的抓取和利用行为，主要涉及 Open API 开发合作模式。因为通过 API，厂商直接可以决定哪些数据开放、数据不开放，并且可以随时变更数据开放的范围与程度。API 技术与爬虫技术均可以抓取网络数据，不同的是，爬虫技术以 Robots 协议为依据，API 技术则以"开发者协议"为依据。二审法院在审理中认为，"Open API 开发合作模式是在互联网环境下实现数据信息资源共享的新途径。"开发者协议"是约束 Open API 合作双方的协议，双方均应本着平等互利、诚实信用、保护用户利益的基本原则进行合作"。双方合作终止后，淘友公司没有及时删除从微梦公司获取的新浪微博用户头像、名称（昵称）、职业、教育、个人标签等信息。淘友公司的上述行为，危害到新浪微博平台用户信息安全，损害了微梦公司的合法竞争利益，对微梦公司构成不正当竞争。[1]

可见，在互联网大数据背景之下，API 和爬虫技术等原本都是中立的信息抓取技术，但部分互联网经营者以违反商业道德和诚实信用原则的方式使用中立性技术时，因为其损害了其他互联网经营者的合法权益及公平竞争的权利，打破了互联网行业有序的竞争秩序，便使得中立的技术逐渐异化为搜索引擎商争夺竞争优势的工具。

（2）视频聚合盗链

所谓视频聚合盗链，是指利用深层链接聚集各大视频网站的海量内容，并对链接进行有目的的选择、编排、整理，用户可以在点击链接后不跳转或者不实质跳转的情况下观看被链接网站的视频内容，该技术可以应用于网络机顶盒、智能手机和平板电脑等多个平台。面对海量的信息，用户总是意图

---

〔1〕 参见北京知识产权法院（2016）京 73 民终 588 号民事判决书。

寻找更快、更全面的平台去获取目标信息，而经营者则利用用户的这一心理，采取不正当的手段侵害被链接网站的利益，以便吸引更多的用户，获取更多流量收益。

涉及该类行为的案例存在通过著作权保护解决纠纷的方式，在著作权保护的概念下，法院认为这种盗链行为实现了向公众提供涉案作品播放等服务的实质性替代效果，对涉案作品超出授权渠道、范围传播具有一定控制、管理能力，不合理损害了权利人对作品的合法权益，构成侵犯信息网络传播权。[1] 但因为不少视频聚合平台所侵害的网站并不享有视频资源的信息网络传播权的独占许可，所以无法通过信息网络传播权得到保护，故大多转而寻求反不正当竞争法的保护。例如在我国首例认定视频聚合盗链行为构成不正当竞争的爱奇艺诉聚网视"VST全聚合"软件不正当竞争纠纷一案中，聚网视公司的"VST全聚合"软件可以直接观看"爱奇艺"平台的视频内容，而且具有过滤广告功能。上海知识产权法院二审认为，爱奇艺公司依托"广告+免费视频"或者收取会员用户费用的经营模式，通过广告费和会员费谋求商业利益的经营行为应当受到法律保护。绕开广告直接播放爱奇艺公司视频的行为是上诉人聚网视公司采取技术手段的结果，聚网视公司凭借技术使其用户在无需付出时间和费用成本的情况下观看爱奇艺的视频，这将导致部分爱奇艺公司用户转而成为聚网视公司的用户以及爱奇艺公司广告点击量和会员费收入的下降。由于聚网视并没有支付相应版权费用，该成本仍由爱奇艺公司承担，并同时面临着用户数量减少和商业利益受损的危险。作为技术实施方的聚网视公司明知该技术会出现'损人利己的后果'，仍实施该技术，具有主观故意，违背了诚实信用原则和公认的商业道德，侵害了爱奇艺公司合法的经营活动，具有不正当性。[2] 在该案中，聚网视公司的行为实际上是一种资源窃取行为，但爱奇艺公司最终寻求的是反不正当竞争法的保护。"这种链接形式，虽然被链网站地址是开放的，或者说是无需通过破解被链网站的相应技术措施，但播放仍然是在自己的网址下进行，使被链网站的广告等利益不能

---

[1]　参见冯晓青："视频聚合平台盗链行为直接侵权的认定"，载《人民法院报》2016年8月3日，第7版。

[2]　参见最高人民法院："北京爱奇艺科技有限公司诉深圳聚网视科技有限公司其他不正当竞争纠纷案"，载《最高人民法院公报》2016年第12期。

实现且占用了被链网站的宽带资源。因此，该行为即使没有侵犯信息网络传播权，但其去除广告、占用宽带资源等行为，显然违背诚实信用原则及公认的商业道德，损害其他经营者合法权益的，构成不正当竞争。"[1]

同样，随着手持移动设备的不断发展，视频聚合盗链行为在移动端也频频出现。在手机 APP "电视粉" 与搜狐视频的不正当竞争纠纷案中，法院认为 "电视粉" 直接提供了搜狐视频网站内容的下载，下载完毕后使用 "电视粉" 即可播放，其显然完全替代了 "搜狐视频手机客户端" 的功能，挤占了本应属于原告的市场份额，不当地阻止了用户下载搜狐视频移动端，破坏了原告正常的经营活动。被告所获得的竞争利益，是通过不劳而获、损人利己的不正当手段实现的，其获利核心在于夺取本属搜狐的合法商业利益和竞争优势。在损害原告商业利益的同时，被告的行为亦违背了诚实、公平的商业伦理，破坏了原本稳定、有序的竞争秩序，已构成不正当竞争。[2]

（3）虚假交易

2016 年央视 "3·15" 晚会曝光了网店刷单的内幕，采用刷单形式虚拟交易的新型违法行为进入人们视线。"3·15" 节目记者在淘宝上开了一个卖面膜的店铺，只要支付给 "刷客" 千元佣金，便可在三天内立马升级为蓝钻，拥有 200 多条好评。即使店内没有一件真实商品，也可通过网上的 "代发空包" 服务，将一件件并不真实存在的包裹进行签收。

这种虚假交易的行为也称 "刷单" "炒信"，是指商家为增加浏览量、交易量、好评，提高网上销售的竞争力，使所经营商品排名靠前，而获取更多的商品交易机会。通过能提供刷单服务的群体（炒信平台），并以支付一定费用为条件，为其经营的商品进行刷单，形成虚假的商品交易记录的行为。[3]

实际上，法律早已确认刷单行为的违法性。《网络交易管理办法》第 19 条第（四）项规定："网络商品经营者、有关服务经营者销售商品或者服务，应当遵守《反不正当竞争法》等法律的规定，……不得利用网络技术手段或

---

〔1〕 林子英、崔树磊："视频聚合平台运行模式在著作权法规制下的司法认定"，载《知识产权》2016 年第 8 期。

〔2〕 参见北京知识产权法院（2017）京 73 民终 25 号民事判决书。

〔3〕 参见曾利剑、许健楠：" '刷单' 刷来罚款单：金华 15 家公司因不正当竞争被罚 30 万元"，载《金华日报》2016 年 7 月 14 日，第 7 版。

者载体等方式，从事下列不正当竞争行为：（四）以虚构交易、删除不利评价等形式，为自己或他人提升商业信誉。"根据《网络交易管理办法》第53条"违反本办法第19条第（四）项规定的，按照《反不正当竞争法》第24条的规定处罚"。《反不正当竞争法》第24条："经营者利用广告或者其他方法，对商品作引人误解的虚假宣传的，监督检查部门应当责令停止违法行为，消除影响，可以根据情节处以一万元以上20万元以下的罚款。"

在互联网领域，刷单行为严重困扰着各大电商平台。电商平台在经营过程中积累了大量用户评价，长年建立起来的评价体系正是网站的核心竞争力之一，消费者在购物中形成了对评价数据的依赖。评价数据若被刷单行为污染，将会严重误导消费者，不仅损害了各大电商平台的声誉及市场竞争力，也侵害了消费者的知情权等消费者权益。

2016年，浙江省杭州市西湖区人民法院受理了电商起诉刷单平台第一案，该案于2017年10月宣判，判决被告杭州简世网络科技有限公司赔偿原告浙江淘宝网络有限公司、浙江天猫网络有限公司经济损失（含合理费用）202 000元。本案中，被告简世公司于2014年9月开始通过其旗下刷单平台傻推网（网址为www.shatui.com）从事网络刷单炒信的违法行为，一方面该公司利用网络卖家为增加交易量、获取更多好评，提高网上销售的竞争力，提升商家经营商品的排名，进而获取更多的商品交易机会的心理需求与利益诉求；另一方面该公司利用网络刷手无本起利，积少成多，方便快捷等心理需求与利益诉求，无条件吸引网络刷手在其平台上注册登记，领取刷单任务。被告简世公司经营专门组织刷手刷单炒信的傻推网平台，其行为显然违反诚实信用原则和公认的商业道德，损害两原告的合法权益，扰乱社会经济秩序。至于对两原告是否构成不正当竞争，法院具体从以下两方面进行考量，一是被告简世公司的行为是否具有损害两原告经营利益的可能性；二是被告简世公司是否会基于这一行为而获取现实或潜在的经营利益。本案中，一方面，两原告的信用评价体系系其核心竞争利益。两原告平台上的销量、评价等数据经过长期交易积累而形成。两原告经营的淘宝网、天猫网两大平台系中国最大的网络零售交易平台，法院有理由相信该平台上的消费者在网络购物决策过程中已养成对信用评价数据的依赖和习惯。而被告简世公司经营的傻推网专门组织刷手实施虚假刷单，客观造成两原告平台上相关数据的不真实，直接影响、破坏了两原告构建的信用评价体系，因此导致消费者对两原告平台产生不信任，以致对经由两原告平台上所售的商品的质量产生合理怀疑，从而损害两原告的市场声誉与竞争力，亦即损害了两原告的利益。另一方面，被告简世公司成立并经营组织虚假刷单的平台，其目的就是谋取利益，且确已获利。事实上，被告简世公司组织刷单会提升刷单商品在两原告平台上的搜索排名，会提高发布刷单任务的淘宝、天猫卖家的真实销量，从而增加利润，被告简世公司从中收取会员费、手续费，直接获取利益。[1]

正是因为电子商务领域虚假宣传、刷单问题严重，侵害了消费者的合法权益、破坏了公平、诚信的网购环境，严重扰乱了市场秩序，在此次新修订的《反不正当竞争法》第 8 条中，扩大了虚假宣传行为所涉及的商品属性，涵盖了商品的销售状况、用户评价及曾获荣誉，也在此条中新增加了一条规定："经营者不得通过组织虚假交易等方式，帮助其他经营者进行虚假或者引人误解的商业宣传。"该法第 20 条还规定了对该种行为的处罚，情节严重的，处一百万元以上二百万元以下的罚款；情节够不上严重的，处二十万元以上一百万元以下的罚款。而被处罚的主体，包括经营者和帮助者。这无疑为电商平台的商铺经营者和刷单平台敲响了警钟。

（四）不正当竞争行为认定标准的迭代

早期的互联网不正当竞争案件中所涉及的不正当竞争行为大部分能够被《反不正当竞争法》的具体条款所规制，其不正当性较为明显，行为相对较为简单，因此对于侵权事实的认定较为清楚，法院主要从道德角度（或者说主观角度）论证实施不正当竞争行为一方损害对方经营者的恶意和侵权损害目的，同时结合对其行为的客观分析归类到具体规制的行为中，最终得出相关行为的不正当性。但随着互联网技术的快速发展，各种各样的网络不正当竞争行为开始逐渐增加，互联网商业模式也在不断发生变化，这些都给快速发展的互联网市场带来了诸多法律难题和困扰。由于许多新涌现的互联网不正当竞争行为并未囊括在我国《反不正当竞争法》类型化条款的规制范畴之中，所以法官开始在实践中引用《反不正当竞争法》第 2 条作为判定涉案行为正

---

[1] 参见浙江省杭州市西湖区人民法院（2016）浙 0106 民初 11140 号民事判决书。

当性的法律依据。[1]在前文提到的"海带配额案"中，在"关于《反不正当竞争法》第2条作为一般条款予以适用的基本条件"这一点上，最高人民法院认为，"应当同时具备以下条件：一是法律对该种竞争行为未作出特别规定；二是其他经营者的合法权益确因该竞争行为而受到了实际损害；三是该种竞争行为因确属违反诚实信用原则和公认的商业道德而具有不正当性或者说可责性，这也是问题的关键和判断的重点。"[2]由此可见，最高人民法院对于一行为是否构成不正当竞争行为所确立的认定标准重点在于其是否违反诚实信用原则和公认的商业道德，换言之，主观恶意的认定至关重要。但是因为其规定过于原则，对于如何认定和理解"诚实信用原则"和"公认商业道德"在实践中也莫衷一是。通过观察欧美国家的情况可以发现，历史上，欧洲大陆国家将"正当性"视为社会价值意义上的正当性，法官主要参照"社会商业道德""公共秩序""效能竞争"等标准使"善良风俗"具体化，但是不确定性较大。但是晚近对于"正当性"的判断转而以"效率"标准为主，欧美国家就支持"效率"观念，强调提高经营者效率和市场机制的选择能力。[3]

　　类似地，我国法院在相当长的一段时期内主要通过对"诚实信用原则"和"公认商业道德"在具体案件中的解释，注重对行为实施者主观方面的分析，最终认定涉案行为是否具有不正当性。直到近几年，由于市场经济的进一步发展以及消费者权益保护的重视、竞争环境的改善，需要法院不仅仅注重主观方面的认定，而是需要从不同利益主体的角度客观、全面地分析涉案行为对互联网市场竞争所造成的影响，在此基础上才能够作出正当性的判断。以下简要分析法院对于互联网不正当竞争行为的认定标准随着时间进程发生的变化：

　　1. 主观认定标准（商业道德标准）为主

　　在《反不正当竞争法》中，商业道德是别于原则的一个辅助性标准。从

---

〔1〕 参见王艳芳："《反不正当竞争法》在互联网不正当竞争案件中的适用"，载《法律适用》2014年第7期。

〔2〕 最高人民法院（2009）民申字第1065号民事裁定书。

〔3〕 参见［比］保罗·纽尔著，刘利译：《竞争与法律：权利机构、企业和消费者所处的地位》，法律出版社2004年版，第3～5页。如今，欧洲大陆国家基本转向效率标准，因为它反映了市场需求和市场规律。参见孔祥俊：《反不正当竞争法的创新性适用》，中国法制出版社2014年版，第69页。

法理上而言，违反商业道德的不一定违法。

自 2011 年最高人民法院在"海带配额案"中明确了一般条款的适用情形之后，法院审理的有关新型不正当竞争行为案件中越来越多地选择一般条款进行裁判。"海带配额案"中最高人民法院对"商业道德"的内涵和外延进行了评价，认为诚实信用原则更多的是以公认的商业道德的形式体现出来的。最高人民法院认为商业道德要按照特定商业领域中市场交易参与者即经济人的伦理标准来加以评判，它既不同于个人品德，也不能等同于一般的社会公德，所体现的是一种商业伦理。反不正当竞争法所要求的商业道德必须是公认的商业道德，是指特定商业领域普遍认知和接受的行为标准，具有公认性和一般性。而具体到个案中的公认的商业道德，应当结合案件具体情形来分析判定。[1]根据最高人民法院的表述可以看出，其主要着眼于"经济人的伦理标准"，主张结合具体案情予以分析和适用。由此，在这之后的一段时期之内，以行为是否违反商业道德与诚实信用原则来判定其正当性成为了许多法官审理互联网新型不正当竞争行为案件时采用的方法，同时，对商业道德和诚实信用原则的解释也逐渐丰富和完善。

从此以后，商业道德便成为认定"互联网新型不正当竞争行为"的主要标准。但实践中，对于什么是商业道德，在具体案件中商业道德是如何表现出来的等问题的认识并不一致。

如"2014 年腾讯与奇虎不正当竞争上诉案"中将《互联网终端软件服务行业自律公约》作为认定商业道德的重要渊源，一审法院明确指出要判断被告的行为是否构成不正当竞争，关键在于厘清被告的行为是否违反了诚实信用原则和互联网业界公认的商业道德，并损害了原告的合法权益。最高人民法院在此基础之上针对一审法院援用工信部颁布的《规范互联网信息服务市场秩序若干规定》和中国互联网协会的《互联网终端软件服务行业自律公约》是否适当的问题进一步阐述，认为"在市场经营活动中，相关行业协会或者自律组织为规范特定领域的竞争行为和维护竞争秩序，有时会结合其行业特点和竞争需求，在总结归纳其行业内竞争现象的基础上，以自律公约等形式制定行业内的从业规范，以约束行业内的企业行为或者为其提供行为指引。

---

〔1〕 参见最高人民法院（2009）民申字第 1065 号民事裁定书。

这些行业性规范常常反映和体现了行业内的公认商业道德和行为标准，可以成为人民法院发现和认定行业惯常行为标准和公认商业道德的重要渊源之一"。[1]此外，在2013年的百度诉奇虎Robots协议案中，北京市第一中级人民法院还将行业内公认的Robots协议认定为互联网行业搜索领域内公认的商业道德。法院认为，"在被告推出搜索引擎伊始，其网站亦刊载了Robots协议的内容和设置方法，说明包括被告在内的整个互联网行业对于Robots协议都是认可和遵守的。其应当被认定为行业内的通行规则，应当被认定为搜索引擎行业内公认的、应当被遵守的商业道德"。[2]

可以说，注重主观标准的审判方式与市场经济之本质——"道德支配市场"高度契合。[3]但是需要强调的是，过于重视主观标准的评价和认定具有很大的局限性和时代性。因为商业道德具有与生俱来的抽象性与不确定性，而在虚拟复杂的互联网领域，法官判定和分析商业道德的内涵尤其困难。此外，一味注重以道德标准对涉案行为的正当性予以判定，往往会忽视客观标准（经济标准等）的重要作用。商业道德的固有缺陷决定了法院不能对其过度依赖，而应寻找其他更为理性、客观的出路，而客观标准（经济标准等）强调事实、理性，更加满足现代法治致力于客观理性的价值追求，可有效弥补商业道德标准的弊端。[4]

2. 主客观相结合（商业道德标准与经济标准），注重客观分析

一方面，面对不断出现的新型不正当竞争行为，法院不断总结以往案件中对于一般条款的解释和适用规律；另一方面，互联网技术的发展和互联网经济主体和消费群体规模的不断扩大，也要求司法审判中不仅仅考虑经营者的主观方面，更需要从多方角度去考量多方利益。这一过程中，法院逐渐注重对涉案行为的客观评判，采取道德标准与经济标准相结合的分析方法，同时更加注重结合《反不正当竞争法》的保护客体分析涉案行为客观效果，从而进一步认定其正当性。《反不正当竞争法》反对的是不正当竞争的行为，与

---

〔1〕　最高人民法院（2013）民三终字第5号民事判决书。

〔2〕　北京市第一中级人民法院（2013）一中民初字第2668号民事判决书。

〔3〕　参见吴太轩、史欣媛："互联网新型不正当竞争案件审理中商业道德的认定规则研究"，载《现代财经（天津财经大学学报）》2016年第1期。

〔4〕　史欣媛："互联网新型不正当竞争案件中的行为正当性判定标准研究"，载《安徽大学学报（哲学社会科学版）》2017年第1期。

该行为有着利益关系的客观主体则主要是竞争者（其他经营者）、消费者和不特定公众，那么从这个角度出发进行客观分析，可以把不正当竞争行为分为三类：侵害竞争者利益的不正当行为、侵害消费者利益的不正当行为和侵害公众利益的不正当行为。

首先，竞争者的利益分析代表了对市场自由竞争秩序的维护。在竞争有序的市场环境下，经营者享有自由竞争和获得合理回报的权利。从目前的司法实践来看，无论是互联网发展的前期还是现阶段，不正当竞争行为都有"损人利己"的特性。根据效能竞争理论，这种行为会明显妨碍其他经营者商品的正常提供，其"损人利己"体现在破坏或利用他人经营的行为使得自己获利，具有不正当性。《反不正当竞争法》所肯定的竞争应该是经营者自身经营活动的改善、竞争优势的取得而进行的竞争，经营者不能通过不合理地破坏其他经营者的经营活动而进行竞争，这种论理逻辑是正确的。[1]因为破坏他人经营行为的不正当性一般是显而易见的，因此，只要经营者的交易机会或盈利机会被侵害或剥夺，相关行为就会被认定为是不正当竞争。比如在"爱奇艺诉北京极科极客不正当竞争案"中，被告极科极客公司综合利用"屏蔽视频广告"插件和"极路由"路由器屏蔽爱奇艺网站视频的片前广告，将爱奇艺公司的用户吸引为自己的用户，导致爱奇艺公司的广告收益受损。法院认为"极科极客公司为获取商业利益，利用'屏蔽视频广告'插件直接干预爱奇艺公司的经营行为，超出正当竞争的合理限度，损害了爱奇艺公司的合法利益，违反诚实信用原则和公认商业道德，构成不正当竞争"。[2]然而，值得注意的是，在认定过程中法官分析与评估行为的破坏性时，在论证行为对其他经营者权益造成损害之前，先是要证明受害方企业拥有法律保护的合法权益。[3]例如在2016年的"奇虎诉搜狗不正当竞争纠纷案"中，法官认定奇虎科技公司是360安全中心网的主办单位，是360安全浏览器软件V6.0、7.0.0.116版本的著作权人，也是360游戏大厅软件V2.0的运营方和著作权

---

〔1〕 参见谭宇航："反不正当竞争法中的'互联网条款'的适用逻辑——兼评相关典型案例"，载《市场周刊（理论研究）》2017年第8期。

〔2〕 参见北京市海淀区人民法院（2014）海民（知）初字第21694号民事判决书。

〔3〕 参见史欣媛："互联网新型不正当竞争案件中的行为正当性判定标准研究"，载《安徽大学学报（哲学社会科学版）》2017年第1期。

（署名权除外）、经营权利和维权权利的享有者。[1]

除了直接破坏他人经营行为之外，竞争者之间还存在着通过利用他人经营的行为来谋取不正当利益的情况。对涉及利用他人经营的行为的正当性分析时，主要分析涉案行为是否在未付出任何成本和劳动的前提下利用了他人的劳动，即实施了"不劳而获"的行为或者"搭便车"的行为等（如上文提到的"大众点评诉百度公司不正当竞争案"）。目前来看，法院在分析时承认"搭便车"是一种经济学上的中性行为，特别是在商业推广方面，允许合理搭便车行为的存在。正如在2014年的"奇虎360诉百度推广案"中，一审法院认为"百度网提供的竞价排名服务中，推广链接与自然搜索结果同时展现，使网络用户在搜索某一商品时，既能搜索到自然搜索结果中关于该商品的相关信息，又能搜索到该商品竞争对手设置的推广链接，只要该推广链接中对其商品的来源及相关信息作了清楚而不引人误解的描述，则能为竞争者形成一个公平、平等、可供消费者自由选择的交易机会"。[2]可见，这种竞争对手之间商业机会的争夺是商业竞争的常态，也是市场经济所鼓励和倡导的。至于何种行为属于不正当的行为，则需要分析这种搭便车行为是否会导致消费者无法使用产品或享受服务，这便涉及对另一客体即消费者的权益保护问题。

其次，消费者权益的保护在近几年来的互联网不正当竞争案件中越来越受到重视，对消费者权益的分析成为了认定一项行为是否具有不正当性的重要的一部分。需要注意的一点是，竞争法之下对于消费者权益的保护与民法和《消费者权益保护法》中对于个体消费者的保护略有不同。竞争为消费者提供了更多选择，尤其是在市场经济中，消费者自主选择商业行为或手段的权利应受到保护。消费者在市场竞争中扮演着"裁判者"的角色，因此消费者利益在《反不正当竞争法》中往往具有独立的价值。当然，竞争法对消费者利益的保护仅仅是保护消费者从公平竞争中可获得的利益（例如充分、真实信息的知情权、自由选择权等），并且是一种集体保护，与《消费者权益保护法》的个体保护有所不同。[3]在互联网竞争中，有可能存在一种涉案行为

---

[1] 参见北京知识产权法院（2016）京73民终313号民事判决书。

[2] 北京市海淀区人民法院（2014）海民初字第4327号民事判决书。

[3] 参见张占江："不正当竞争行为的认定的逻辑与标准"，载《电子知识产权》2013年第11期。

或许同时侵害经营者利益和消费者利益的情况，例如篡改浏览器的不正当行为就侵犯了消费者的知情权和选择权。此时，消费者利益通常不需要作单独考量。[1]但是在许多情况下，尤其对于很多新型的互联网不正当行为来说，其通常很可能存在正外部性，即增进消费者福利。例如，视频聚合盗链行为或是过滤广告行为虽然侵害了经营者的商业利润，但却提升了用户体验。因此，消费者这一客体的利益确实应作为一项重要的考量标准，但也不能完全仅凭消费者利益就对行为的正当性下定论。

最后，保护公共利益在认定标准中同样重要，公共利益反映在互联网市场中代表了自由竞争机制，竞争本身即是法律所要保护的法益。互联网领域出现了许多通过干扰、修改其他互联网提供的产品与服务来破坏竞争对手的优势从而使自身获得相对竞争力的行为，包括屏蔽广告、插标、修改搜索引擎下拉提示词、软件冲突等。这些行为相对复杂而且其影响并不明显，需要结合自由竞争这一核心概念来分析是否需要对此类涉案行为进行限制。在2013年的"百度诉奇虎插标案"中，奇虎专门针对百度搜索结果中的挂马网站与涉嫌欺诈的网站进行插标，在用户点击插标链接后，页面均会发生弹框与指引，询问用户是否继续浏览该网页还是选择退出网页、使用奇虎相关产品"安全上网"。对于涉案的插标行为，法院提出了"非公益必要不干扰原则"，这反映出了对不正当竞争行为的认定标准除了道德之外向公共利益的倾斜。该规则主要包括三层含义：一是不干扰，即原则上互联网企业开发的产品或提供的服务不应妨碍其他互联网企业产品的运行与服务的开展；二是非公益不干扰，即阻碍其他互联网企业开发产品或服务的正常运行的特殊理由为维护社会公共利益，增进社会福祉；三是公益且必要合理的干扰才合法，即确实出于保护社会公共利益的目的，干扰他人互联网产品或服务运行的手段应当具有必要性及合法性。[2]可以说，"非公益必要不干扰原则"明确了软件之间的运行规则，为同类竞争行为树立了明确的外部制度条件，有利于提高产业的竞争效率。该原则在一定程度上保护了互联网领域的良性发展环境，与互联网稳定的竞争秩序、经济发展和技术进步密切相关，保护了一种

---

〔1〕 参见周樨平："竞争法视野中互联网不当干扰行为的判断标准——兼评'非公益必要不干扰原则'"，载《法学》2015年第5期。

〔2〕 参见北京市高级人民法院（2013）高民终字第2352号民事判决书。

普遍的发展利益。

二、互联网不正当竞争案件审理的特点

如前文所述，互联网不正当竞争行为与互联网技术和互联网企业的商业经营模式息息相关，因此涉及互联网不正当竞争行为的案件有着鲜明的时代性和技术性。一方面，互联网的发展使得该经济市场的主体越来越丰富，从专门从事某一领域内容的小型互联网公司到诸如"BAT"等发展综合业务的大型互联网企业，无不使得对不同主体间竞争关系的认定成为法院审理案件的第一步，也是极具互联网产业特色的部分；另一方面，由于技术发展迅速而法律法规具有滞后性，使得许多新型的互联网不正当竞争行为无法参照传统的竞争行为进行正当性判断，这使得法院拥有了较大的裁量权。以下简要总结法院在审理有关互联网不正当竞争行为案件所体现的几大特点：

（一）放宽主体间竞争关系认定标准

互联网市场主体的繁杂使得传统反不正当竞争案件中对主体间竞争关系的认定变得更为复杂，而要判断一项行为是否属于不正当竞争行为，首先就需要对涉案当事人之间是否存在竞争关系进行认定，这方面的典型案件有2010年的"百度诉联通案"[1]和2014年的"猎豹浏览器屏蔽优酷视频广告案"[2]。

在"百度诉联通案"中，对于提供搜索服务的百度公司与提供互联网接入服务的联通山东公司、联通青岛公司之间是否存在《反不正当竞争法》中所规定的"竞争关系"时，山东省高级人民法院认为，"经营者的确定并不要求原、被告属同一行业或服务类别，只要是从事商品经营或者营利性服务的市场主体，就可成为经营者。联通青岛公司、奥商网络公司与百度公司均属于从事互联网业务的市场主体，属于反不正当竞争法意义上的经营者。虽然联通青岛公司是互联网接入服务经营者，百度公司是搜索服务经营者，服务

---

〔1〕 该案全称为：北京百度网讯科技有限公司诉中国联合网络通信有限公司青岛市分公司、青岛奥商网络技术有限公司、中国联合网络通信有限公司山东省分公司、青岛鹏飞国际航空旅游服务有限公司不正当竞争纠纷上诉案。

〔2〕 该案全称为：贝壳网际（北京）安全技术有限公司等与合一信息技术（北京）有限公司等不正当竞争纠纷案。

类别上不完全相同，但是联通青岛公司实施的在百度搜索结果出现之前弹出广告的商业行为，与百度公司的付费搜索模式存在竞争关系"。[1]可以说，该案中对于两者竞争关系的认定并没有局限于经营者的服务类别，法院选择用一方业务对于另一方商业经营模式的影响来解释不同业务主体之间的竞争关系。

对于如何认定不同业务经营主体之间的竞争关系这一问题，北京市第一中级人民法院在2014年的"猎豹浏览器屏蔽优酷视频广告案"中进行了更为清晰的阐释。该案的两方主体中，一方主体经营的产品是浏览器，而另一方则是互联网视频。这两者之间明显不属于同业竞争，而且也没有明显的、现实存在的竞争。在这一状况下，法院将竞争关系的认定与侵害可能性联系在一起，认为应考虑经营者的经营行为是否具有"损人利己的可能性"。该可能性取决于两个方面：一是该经营者的行为是否具有损害其他经营者经营利益的可能性（即是否具有损人的可能性）；二是该经营者是否会基于这一行为而获得现实或潜在的经营利益（即是否具有利己的可能性）。[2]也就是说，如果某一经营者的行为不仅具有对其他经营者的经营利益造成损害的可能性，而且该经营者同时会基于其实施的行为获得现实或潜在的经营利益，那么就可以认定经营者之间存在着竞争关系。

与此类似的还有基于信息抓取产生的搜索引擎商与内容服务商两者之间竞争关系的认定。前文曾提到，爬虫技术使得搜索引擎商与内容服务商两者主体的界限变得越来越模糊，但两者的竞争关系却越来越激烈。对于这两大类主体间竞争关系的分析，上海市浦东新区人民法院在"大众点评诉百度案"的一审判决书中提出了"竞争本质上是对客户即交易对象的争夺"的观点，认为"对于竞争关系的判定，不应局限于相同行业、相同领域或相同业态模式等固化的要素范围，而应从经营主体具体实施的经营行为出发加以考量……在互联网行业，将网络用户吸引到自己的网站是经营者开展经营活动的基础。即使双方的经营模式存在不同，只要双方在争夺相同的网络用户群体，即可认定为存在竞争关系。"[3]由此可以看出，法院在对不同主体间竞争

---

[1] 山东省高级人民法院（2010）鲁民三终字第5-2号民事判决书。

[2] 参见北京市第一中级人民法院（2014）一中民终字第3283号民事判决书。

[3] 上海市浦东新区人民法院（2015）浦民三（知）初字第528号民事判决书。

关系的认定过程中比较明显的特点是注重对涉案竞争行为的分析。因为不正当竞争行为实质上是一种侵权行为，法律所禁止的是不正当竞争这种行为，因此在适用《反不正当竞争法》时自然需要注重对涉案行为的分析，由该不正当竞争行为所引起的法律关系便是主体之间基于该行为产生的竞争关系，而这与主体之间是否属于同业经营没有必然联系。

（二）回应互联网技术创新发展

由于互联网不正当竞争案件和互联网技术的发展息息相关，日新月异的互联网技术对该类案件的影响更为显著。在此前提下，互联网技术的中立性与有关行为不正当性的判断则有着微妙的联系。最高人民法院法在"360 扣扣保镖"软件商业诋毁纠纷案中就涉及对互联网技术创新的态度，明确提出，"技术创新可以刺激竞争，竞争又可以促进技术创新。技术本身虽然是中立的，但技术也可以成为进行不正当竞争的工具。技术革新应当成为公平自由竞争的工具，而非干涉他人正当商业模式的借口。"[1]在此基础之上，最高人民法院对技术创新是否"属于互联网精神鼓励的自由竞争和创新"提出了三个衡量标准：一是"是否有利于建立平等公平的竞争秩序"，二是"是否符合消费者的一般利益"，三是是否符合"社会公共利益"。[2]上述标准从行业竞争秩序拓展到消费者以及不特定多数群体的利益，是对技术创新较为全面的衡量，既包含了对其客观效果的评价，也有对其价值取向上的考量。

如前所述，技术本身是中立的，行为正当性的判断更多是从互联网企业使用相关技术的方式以及使用的意图等方面考量，而不是仅从行为手段来分析。北京市第一中级人民法院也在"猎豹浏览器屏蔽优酷视频广告案"的判决中指出，要正确理解技术中立原则，需要区分"技术本身"和对技术的"使用行为"，"中立"指的是"技术本身"的中立，而不是"使用行为"的中立。[3]可以说，使用行为带有行为人的主观意图，同时兼具客观的使用效果，更能够全面地反映出其正当性与否。我们不断强调《反不正当竞争法》所反对的是不正当竞争的行为而不是该行为所采取的手段（或技术），因此，如果

---

[1]　最高人民法院（2013）民三终字第 5 号民事判决书。

[2]　参见最高人民法院（2013）民三终字第 5 号民事判决书。

[3]　参见北京市第一中级人民法院（2014）一中民终字第 3283 号民事判决书。

技术本身满足实质性非侵权用途，那么就不能认定技术本身是不正当的。法院在判断正当性之时，更着眼于技术使用行为本身，这与法院在认定主体间竞争关系时的着眼点是一致的。

（三）综合考量长远利益

该类案件中所谓长远利益的内涵较为丰富，既包括行业内部竞争秩序的维护、知识产权的保护、商业模式的考量，也有对特定消费者权益甚至公共利益的保护。在"百度诉奇虎插标案"中，北京高级法院在对涉案的"插标+跳转"行为的正当性进行判断时，在没有明确法条的规制前提下，采取了较为全面的分析方法，典型地反映出对多方利益的衡量。其采取的分析方法主要有：①明确立法目的和价值取向；②分析不同裁判规则和结果对未来行为的影响；③选择最符合立法目的和价值取向的裁判规则和结果。[1]该案将社会影响以及立法价值等概念引入到对《反不正当竞争法》一般条款的解释中去，体现了法官的自由裁量权，从法律、经济、社会等方面多维度地解释了涉案行为以及一般条款的内涵。

值得一提的是，最高人民法院民三庭庭长宋晓明法官也曾在一次专访中提出："判断处于模糊地带行为正当性时，需要注重效果思维。当一个案件存在多种法律适用选择和裁判方法时，反复斟酌和考量不同选择可能造成的社会效果，作出符合立法目的、立法精神和立法原则的法律适用选择"。[2]而效果思维体现在对互联网不正当竞争案件之中，需要结合互联网产业未来发展方向和模式这一角度，着重分析涉案行为对经营者的商业模式会造成何种影响。其中较为典型的是涉及互联网视频广告商业模式的案例，如"优酷诉猎豹浏览器广告屏蔽案"以及"腾讯诉世纪之窗浏览器案"等。在优酷与猎豹浏览器一案中，体现了互联网视频网站典型的商业模式，即"免费视频+广告"模式。该案中，优酷网站的盈利模式包括收费和广告两种，前者用户每月付费7.5元即可在线观看没有广告的视频，但这并不是主要营利模式。广告才是主营模式，主要针对大量的免费用户，免费用户无法跳过广告。法院

---

〔1〕 参见北京市高级人民法院（2013）高民终字第 2352 号民事判决书。

〔2〕 参见严明、李雪："专访：互联网+时代知识产权司法保护难题如何破解"，载 http://www.china.com.cn/legal/2015-12/02/content_37215509.htm，最后访问日期：2018 年 3 月 19 日。

在判决中也认为，优酷视频广告非恶意广告，该商业模式可受法律保护，进而认定猎豹浏览器非法拦截视频网站广告，侵犯了优酷合法权益，其行为具有不正当性。[1]但是在最近的"腾讯诉世纪之窗浏览器案"中，对于以往典型案例判决中普遍予以保护的"免费视频＋广告"的商业模式，北京市朝阳区人民法院则认为，"'商业模式'本身作为市场经济条件下自由竞争的产物，就是要将其留在自由竞争的领域，让优胜劣汰的市场机制决定其命运。本案中，'免费＋广告'并非互联网视频网站唯一或主要的生存模式；含有屏蔽软件的制作、使用是经营者出于市场利益最大化而进行的经营行为，同时也是为网络用户自愿选择提供的合理机会。"[2]由此可见，法院开始注重市场对于经营者商业模式的影响，并且逐渐转向用户自由选择等消费者权益保护视角来综合分析类似行为的正当性。这一点反映出法院对于长期利益的考量，试图在分析各方利益的基础之上做出符合行业发展的判断。正如有学者指出的那样，我们应从考察行为整体对经营者的商业模式造成何种影响的角度作判断，考察该行为将会产生何种效果，如何影响长期利益。尤其是在我国互联网产品和服务的提供多采取"使用免费＋增值付费"模式的竞争环境，假如不对商业模式（即整个提供行为）作综合判断，显然会忽视该竞争领域中实际存在的竞争样态，而对利益的把握与判断应站在行业的角度。[3]

三、互联网不正当竞争案件审理的难点

（一）行为正当性的判断

涉及到互联网不正当竞争行为的案件，其事实本身就比较复杂，相较于其他实体经济之下相对明显和常规的不正当竞争行为，互联网不正当竞争行为则具有多样性，包括了许多在传统不正当竞争案件中不曾存在的形式，这就对涉案行为的事实认定和正当性判断提出了挑战。在正当性判断的过程中，涉及对商业道德的认定、多方利益衡量以及公共利益的考量等等，这些都是

---

[1] 参见北京市第一中级人民法院（2014）一中民终字第3283号民事判决书。

[2] 楼仙英："浏览器广告屏蔽：何去何从（二）——从爱奇艺赴美上市说起"，载 http://www.cqlsw.net/service/warning/2018032224203.html，最后访问日期：2018年3月24日。

[3] 参见谭宇航："反不正当竞争法中的'互联网条款'的适用逻辑——兼评相关典型案例"，载《市场周刊（理论研究）》2017年第8期。

审理案件的难点所在，需要全面客观的分析和论证。以下我们主要分析法院在此类案件中判断涉案行为正当性时面临的两大问题，一是涉案行为造成经营者和消费者之间利益冲突时的裁判态度，二是如何考量公共利益的重要性：

1. 消费者利益与经营者利益的冲突

互联网不正当竞争行为往往因其复杂性会同时影响多方利益，这就使得法院不得不分析涉案行为所可能造成的不同影响，衡量不同主体利益的损益。以广告屏蔽这一行为为例，一方面，广告屏蔽行为对通过广告获取利益的经营者造成了损害，但另一方面，广告屏蔽行为却使相关消费者获得了更好的服务体验。当经营者和消费者利益发生冲突时，如何平衡消费者利益保护和经营者竞争权利的保护成为法院审理案件过程中的一大难题。

以往我国法院对于屏蔽视频广告的行为态度较为一致，即在承认互联网视频行业"免费视频+广告"的商业模式已经成为行业惯例的前提下，认定拦截视频网站正常广告的行为，违背了诚实信用原则和公认的商业道德，属于不正当竞争行为。可见，以往我国法院面临广告屏蔽行为时的严格态度实际上反映了一种经营者利益优先的保护理念[1]。不过在前几年也存在强调消费者利益保护的案例，如在 2013 年的"百度诉奇虎插标案"中，法院就提出了一条"用户选择原则"，即"在不损害他人合法权益前提下，在网络用户自由选择的情况下，互联网产品或服务可以成为非实质性侵权用途的工具，用以修改他人互联网产品或服务"。[2]该原则附加了不损害他人合法权益的前提条件，看似是支持消费者自由选择，但其在司法实践中几乎没有适用的空间。因为只要广告本身合法，即便消费者选择了技术中立的广告屏蔽工具，屏蔽行为还是会被认为是损害了其他经营者的合法权益。实际上，屏蔽恶意广告的行为可以通过"公益"例外得到豁免，并不需要采用"用户选择原则"。

但值得注意的是，在最近的"腾讯诉世纪之窗浏览器案"中，法院似乎开始转变了态度。北京朝阳区人民法院于 2018 年 1 月 26 日针对"腾讯诉世

---

〔1〕 以往典型案例包括优酷视频诉猎豹浏览器案（2014）一中民终字第 3283 号、爱奇艺诉"极路由"案（2014）京知民终字第 79 号、聚力诉"Adsafe 净网大师"案（2016）沪 73 民终 34 号、爱奇艺诉"VST 全聚合软件"案（2015）沪知民终字第 728 号等。
〔2〕 北京市高级人民法院（2013）高民终字第 2352 号民事判决书。

纪之窗浏览器一案"（以下简称"世纪之窗案"）做出的一审判决中，认定被告世界星辉公司开发、经营具有选择性过滤、屏蔽广告功能的浏览器的行为不构成不正当竞争行为。该案中，法院特别强调了用户的意愿，认为"在互联网产业下，广大网络用户的利益即为社会公共利益"，"网络用户对具有广告屏蔽功能的浏览器具有现实需求"，用以佐证浏览器拦截广告的社会公共利益。同时，针对一直以来被默认的互联网视频网站"免费+广告"的商业模式，法院从消费者权益保护的角度重新进行了阐释。朝阳区人民法院认为，"免费+广告"并非互联网视频网站唯一或主要的生存模式；含有屏蔽软件的制作、使用是经营者出于市场利益最大化而进行的经营行为，同时也是为网络用户自愿选择提供的合理机会。另外，值得注意的是，于 2018 年 1 月 1 日起施行的新《反不正当竞争法》第 2 条在"不正当竞争行为"的定义中引入了"扰乱市场竞争秩序"及"消费者的合法权益"两个条件，更加突出了对于"消费者的合法权益"的保护。而"世纪之窗案"的一审判决从更加尊重消费者自身意愿的角度，将浏览器拦截广告行为认定为一种"不具有不正当性"的竞争行为，与其说是一个偶然的个案判决，不如认为是在新《反不正当竞争法》实施的大背景下做出的。[1]更有学者认为，赋予消费者选择权顺应市场决定机制，消费者有权拒绝选择不违法但不受欢迎的商业技术手段，从而强迫经营者优化经营模式。[2]与此同时，即便优先考量保护消费者权益有一定的正当性基础，也应遵循微小限制原则，不能给经营者权益带来超出比例的损害。例如，若屏蔽广告最终是为了提升用户体验，那么并非只有过滤广告是唯一可行的方法，如浏览器设置手动快进广告功能这一替代手段可以在同等地实现正当目的的前提下对经营者损害更小，总而言之，如何兼顾两者的利益才是最终需要解决的问题。

2. 公共利益内涵模糊

如博登海默所言："正义犹如一张普洛透斯似的脸，公共利益更是如此，

---

〔1〕　参见楼仙英："浏览器广告屏蔽：何去何从（二）——从爱奇艺赴美上市说起"，载 http://www.cqlsw.net/service/warning/2018032224203.html，最后访问日期：2018 年 3 月 24 日。

〔2〕　参见周樨平："竞争法视野中互联网不当干扰行为的判断标准——兼评'非公益必要不干扰原则'"，载《法学》2015 年第 5 期。

变幻无常、呈现出不同形状且具有各不相同的容貌"。[1]"公共利益"在互联网市场竞争语境下涉及哪些主体？而有多少个体的集合可以被称为"公共"？利益的范围又包括哪些？这些问题都是法院在认定互联网不正当竞争行为正当性时需要面对的。因为公共利益在价值位阶上高于个人和群体利益，那么如果涉案的不正当竞争行为具有公益目的，就可以成为正当化的依据。但是前文提到的消费者利益并不完全属于公共利益，虽然朝阳法院在"世纪之窗案"中认为"在互联网产业下，广大网络用户的利益即为社会公共利益"，但我们认为其难免有过于简单化之嫌。全体消费者的利益是否属于公共利益不能一概而论，消费者利益不等于公共利益，二者应该为动态交叉关系。当消费者利益与发展、进步等社会价值相一致，则属于公共利益，否则不能。例如网络用户的安全利益具有秩序安定的普遍价值，属于公共利益；而用户不看广告的体验与普遍价值无关，就不属于公共利益范畴。[2]

除此之外，在"百度诉奇虎插标案"中提出的"非公益必要不干扰原则"中"公益"在产业竞争中的内涵还是非常复杂的，要适用这一原则还必须结合案件具体地分析。有学者指出，"公益"是指网络安全利益，比如杀毒软件或者防火墙等安全软件组织其他软件的行为，或者是指社会整体从正当公平的竞争环境中可获得的利益，比如科技创新带来的效率以及互联网行业的发展。按照其观点，社会公共利益是整体的、普遍的，而不是局部的、特殊的[3]。"公益"这一概念引入互联网竞争领域，如果不对其进行界定，就无法明确其外延和内涵，不能准确地发挥其效用，更严重的是，它可能最终损害互联网市场的竞争自由。而对于经营者来说，其在作出某项市场决策时，本质目的是追求私人利益的最大化，而公共利益（如推动技术发展、维护竞争秩序等）只是其附带的后果。因此，对"公共利益"的考量可能会倾斜法官对双方利益衡量的天平。例如，竞争行为者很可能以公共利益为挡箭牌，

---

〔1〕 [美] E. 博登海默著，邓正来译：《法理学—法律哲学与法律方法》，中国政法大学出版社2004年版，转引自吴太轩、史欣媛："互联网新型不正当竞争案件审理中商业道德的认定规则研究"，载《现代财经（天津财经大学学报）》2016年第1期。

〔2〕 参见周樨平："竞争法视野中互联网不当干扰行为的判断标准——兼评'非公益必要不干扰原则'"，载《法学》2015年第5期。

〔3〕 参见梁上上："利益的层次结构与利益衡量的展开——兼评加藤一郎的利益衡量论"，载《法学研究》2002年第1期。

以技术进步、增进消费者福祉为借口，专门开发干扰同业竞争经营者经营模式的同类产品或服务。总之，由于公共利益的概念模糊，使得法官在审理案件时拥有较大的自由裁量权，但这一自由裁量权如何行使同时也是法院面对复杂的新型互联网不正当竞争行为时的难点。

（二）赔偿数额的认定

根据我国修订前（1993 年版）的《反不正当竞争法》第 20 条及《最高人民法院关于审理不正当竞争民事案件应用法律若干问题的解释》第 17 条的规定[1]，确定不正当行为侵权赔偿数额的基本思路是，首先考虑侵权者所获利益，再计算受侵害的经营者支出的合理费用，同时部分不正当行为的损害赔偿额还可以参照专利侵权、商标侵权以及商业秘密的价值等来进行计算。可见上述规定比较抽象和笼统，并不能很好地帮助法院确定最终赔偿额。而 2017 年修订后的新《反不正当竞争法》第 17 条则在侵权所得利益之前加入了"实际损失"，[2]在依次考虑实际损失、侵权人因侵权所获得的利益之后仍无法确定的，则由人民法院根据侵权行为的情节判决给予权利人三百万元以下的赔偿，这也是新法新增的对法定赔偿数额的规定。

在传统的不正当竞争案件中，法官在确定行为的不正当性时多数是考量原告的损失主要来源于其失去的交易机会，考虑到被告侵权行为的直接后果是挤占了原告的市场份额，被告每销售一件侵权产品就相当于原告少销售了

---

〔1〕　我国 1993 年版的《反不正当竞争法》第 20 条规定，"经营者违反本法规定，给被侵害的经营者造成损害的，应当承担损害赔偿责任，被侵害的经营者的损失难以计算的，赔偿额为侵权人在侵权期间因侵权所获得的利润；并应当承担被侵害的经营者因调查该经营者侵害其合法权益的不正当竞争行为所支付的合理费用。"2007 年施行的《最高人民法院关于审理不正当竞争民事案件应用法律若干问题的解释》第 17 条规定，"确定反不正当竞争法第 10 条规定的侵犯商业秘密行为的损害赔偿额，可以参照确定侵犯专利权的损害赔偿额的方法进行；确定反不正当竞争法第 5 条、第 9 条、第 14 条规定的不正当竞争行为的损害赔偿额，可以参照确定侵犯注册商标专用权的损害赔偿额的方法进行。因侵权行为导致商业秘密已为公众所知悉的，应当根据该项商业秘密的商业价值确定损害赔偿额。商业秘密的商业价值，根据其研究开发成本、实施该项商业秘密的收益、可得利益、可保持竞争优势的时间等因素确定。"

〔2〕　修订后的《反不正当竞争法》第 17 条第 3、4 款规定，"因不正当竞争行为受到损害的经营者的赔偿数额，按照其因被侵权所受到的实际损失确定；实际损失难以计算的，按照侵权人因侵权所获得的利益确定。赔偿数额还应当包括经营者为制止侵权行为所支付的合理开支。经营者违反本法第 6 条、第 9 条规定，权利人因被侵权所受到的实际损失、侵权人因侵权所获得的利益难以确定的，由人民法院根据侵权行为的情节判决给予权利人三百万元以下的赔偿。"

一件。因此，可以原告的单位利润乘以被告的侵权产品销售量，以此作为赔偿额。此种计算方法实质上是将被告挤占的原告的市场份额作为原告的损失，故仍是以原告损失作为赔偿额的计算标准。但是，这样的方式在互联网上根本行不通。[1]互联网市场的经营者主体复杂而且经营模式多样，不同的商业模式对应不同的收入模式，其财产损失的认定与实体经济有较大的不同。例如，视频网站以广告和收费会员为主，搜索引擎以竞价排名为主要收入来源，即时通讯则以增值服务来获得收入。所以针对受侵害经营者实际损失的计算在不同类型行为的案件中就存在很大不同，因其收入模式不同，对其损失的认定就变得更加困难。此外，由于互联网是一个双边市场，企业商誉和商品信誉的损害对其有重要影响。对于商誉损失的计算，目前一般是通过专业鉴定机构评估、鉴定得出价值。也有学者认为，"商誉损失还可以采取替代方式加以确定，即参考原告重新进行广告宣传等资金投入情况确定。"[2]但是目前司法实践中对于商誉诋毁所造成的品牌损失等的赔偿数额认定仍是一大难题。

在"优酷诉猎豹浏览器广告屏蔽案"中，优酷根据猎豹浏览器访问优酷网的播放量、对应的独立用户数以及视频广告的刊例来要求猎豹赔偿损失及合理支出 500 万元，但由于此类数据以及推理方式存在证明上的缺陷，因此最终未被法院全部支持。可以说，在互联网不正当竞争案件中原告所要求的赔偿数额一般都十分巨大，但原告基本上又没有证据证明自己所受损失和对方所获利润，于是法院大多是情况下会适用法定赔偿，酌情确定赔偿数额。[3]从目前的趋势来看，法院所判赔的数额总体上呈增长趋势，在新《反不正当竞争法》颁布之前，甚至还存在超出法定赔偿最高额的情况。在目前判赔额最高（500 万）的"3Q"大战中，虽然腾讯提供了专业评估机构作出的品牌损失报告和资产损失报告书，但最终法院只是采纳了部分意见。但无法否认的是，最高人民法院肯定了商誉损失的影响，支持了一审法院对于互联网环境下侵权行为的迅速扩大及蔓延这一特征的考虑，认为奇虎公司对腾

---

〔1〕 参见张钦坤："中国互联网不正当竞争案件发展实证分析"，载《电子知识产权》2014 年第10 期。

〔2〕 张家勇、李霞："论侵权损害赔偿额的酌定——基于不正当竞争侵权案例的考察"，载《华东政法大学学报》2013 年第 3 期。

〔3〕 参见刘钰婕："不正当竞争案件中法定赔偿的超越与限度——基于互联网不正当竞争案例的整理与研究"，载《电子知识产权》2015 年第 11 期。

讯公司的"商业诋毁所造成的严重后果并不会随着软件的召回或者原告对 QQ 软件的升级而终止，商业诋毁一旦在互联网环境下广泛传播，其影响必须经过一个较长的沉淀期，并且在各方面努力之下，才能逐渐消除。"最高人民法院也认为，评估机构所出具的资产损失报告书以及 360 自己所宣传的"72 小时扣扣保镖被下载超过千万"的证据证明，奇虎公司"发布扣扣保镖的行为给被上诉人造成的损失已经明显超过了法定赔偿的最高限额，本案依法不适用法定赔偿额的计算方法，而应当综合案件的具体证据情况，在法定赔偿最高限额以上合理确定赔偿额。"[1]

除此之外，最高人民法院王艳芳法官也在其论文中特别指出，"对于难以证明侵权受损或侵权获利的具体数额，但有证据证明前述数额明显超过法定赔偿最高限额的，可以根据《最高人民法院关于当前经济形势下知识产权审判服务大局若干问题的意见》之规定，综合全案的证据情况，在法定最高限额以上合理确定赔偿额。当然，此时赔偿计算方法已经发生变化，不再是法定赔偿而是实际损失的一种计算方法。"[2]可见，法院以往在认定赔偿数额的时候，如有证据能够证明巨大损失的存在，并不会局限于法定的赔偿数额，而是倾向结合证据情况和案件特殊性在法定赔偿限额之上自由裁量、合理确定赔偿数额。但这就要求法官不仅要具备深谙竞争市场运行规则的基础知识，而且更要具备了解相关新型行业特殊规则的能力，[3]这无疑不是对法院认定赔偿数额时的一大考验。

表1　典型互联网不正当竞争案例赔偿数额和确定依据统计[4]

年度	案件名称	案件类型	原告诉请	法院判决结果	赔偿数额确定依据
2010	黄金假日诉携程	虚假宣传	500 万	驳回原告	无

---

〔1〕　最高人民法院（2013）民三终字第 5 号民事判决书。

〔2〕　王艳芳："《反不正当竞争法》在互联网不正当竞争案件中的适用"，载《法律适用》2014 年第 7 期。

〔3〕　参见刘钰婕："不正当竞争案件中法定赔偿的超越与限度——基于互联网不正当竞争案例的整理与研究"，载《电子知识产权》2015 年第 11 期。

〔4〕　刘钰婕："不正当竞争案件中法定赔偿的超越与限度——基于互联网不正当竞争案例的整理与研究"，载《电子知识产权》2015 年第 11 期。其中，2015 年以及之后的案件统计为作者的补充。

年度	案件名称	案件类型	原告诉请	法院判决结果	赔偿数额确定依据
2010	百度诉奥商网络、联通青岛、联通山东、鹏飞航空	利用技术手段,强行投放广告	480万	20万	根据原告支出的合理费用、被告不正当竞争行为的情节、持续时间等酌定
2011	开心人诉千橡互联、千橡网景	使用知名社会性网络服务特有名称	1000万	40万	综合考虑被告的侵权行为方式、期间、规模、后果及主观过错程度等因素,酌定
2011	金山软件诉三际无限、奇虎科技	阻止安装、损害商誉	2000万	30万	根据被告不正当竞争行为的具体情节、所造成影响的范围等因素,酌情予以确定
2011	北京奇虎、奇智诉北京金山、珠海金山	阻止安装、诋毁商誉	1000万	驳回	无
2011	汉涛公司诉爱帮科技公司	"搭便车"垂直搜索、虚假宣传	900万	50万	综合考虑被告主观过错、经营规模、不正当竞争行为性质等因素酌定
2012	尚杜·拉菲特罗兹施德民用公司诉金鸿德公司、生物医药公司	域名侵犯注册商标专用权	50万	30万	考虑原告的知名度、侵权情节、主观故意及必要费用等情况综合确定
2013	北京趣拿公司诉广州去哪公司	擅自使用在先注册域名	300万	25万	综合考虑原告经营规模、赢利能力、被告侵权方式、持续时间、侵权后果、合理费用等因素酌定

年度	案件名称	案件类型	原告诉请	法院判决结果	赔偿数额确定依据
2013	百度、百度在线诉北京奇虎、奇智软件	恶意插标、劫持流量	1000万	40万	根据被告不正当竞争行为具体情节、所造成影响范围等因素，酌情确定
2013	谷歌诉爱思美	擅自使用知名域名、虚假宣传	30万	5万	依据本案具体事实对赔偿数额予以酌定
2014	百度诉北京奇虎、奇虎三六零	恶意传播插件	50万	20万	综合考虑原告与被告的市场份额、侵权结果和侵权时间等因素酌情确定
2014	央视国际诉我爱聊公司	擅自在线传播电视节目	100万	40万	综合考虑被告过错、行为后果、持续时间等因素酌定
2014	暴雪娱乐公司等诉网之易公司、游易公司	擅自使用知名商品特有装潢	500万	33.5万	综合被告营销手段、影响程度、原告投入、知名度等因素酌情确定
2014	百度诉奇虎	违反搜索引擎Robots协议	1亿多	70万	原告未指出被告的不当行为给两原告造成了何种商业信誉上的损失，故法院不予支持
2014	腾讯诉奇虎、奇智	破坏软件及其服务、诋毁商誉等	1.25亿	500万	确定损失超过法定赔偿限额，酌情确定
2015	搜狗信息、搜狗科技诉奇虎科技、奇虎360	阻碍安装、设置浏览器	4950万	510万	酌情确定经济损失，根据合理性与必要性原则，酌情支持合理支出

年度	案件名称	案件类型	原告诉请	法院判决结果	赔偿数额确定依据
2016	大众点评网诉百度	信息抓取	9045 万	323 万	综合考虑被告市场地位、被告侵权方式和范围、不正当竞争行为的持续时间、网站直接从用户获取信息的难易程度、诉讼过程中仍未停止等因素，酌情确定
2016	微梦创科诉脉脉	信息抓取	1000 万	200 万	考虑涉案不正当竞争行为涉及的用户群体广泛、影响范围巨大、危害性显而易见及双方均存在过错，酌情确定
2017	爱奇艺诉乐视	利用软件屏蔽广告	200 万	40 万	考虑原告经营状况、被告的过错程度、不正当竞争行为的持续时间和影响范围，酌情确定

第九章
互联网不正当竞争行为对法律的挑战和回应

一、互联网商业模式对法律提出的挑战

（一）商业模式的法律定位问题

2013 年"扣扣保镖"一案引发的学界关于商业模式法律定位问题的热议一直持续至今。在该案中，原告腾讯公司诉称被告奇虎公司的行为破坏了其合法的商业模式，构成不正当竞争。被告奇虎公司则辩称商业模式本身不是一种法定权利，也不具有法律可保护的利益，并不构成法律保护的客体。针对这一争议焦点，二审法院判决认为，免费平台与广告或增值服务相结合的商业模式是本案争议发生时互联网行业惯常的经营方式，符合我国互联网市场发展的阶段性特征。这种商业模式并不违反反不正当竞争法的原则精神和禁止性规定，被上诉人腾讯公司以此谋求商业利益的行为应受保护。[1] 在此后屏蔽广告的一系列案件中，法院均对免费加广告的商业模式予以肯定。例如 2014 年猎豹浏览器屏蔽优酷网视频广告不正当竞争案，一审法院认为原告合一公司对其经营的优酷网提供广告加免费视频的商业模式具有可受法律保护的利益，二审法院对此予以肯定[2]。2015 年"极路由"屏蔽视频广告不正当竞争案的审理法院亦对此予以肯定[3]。

法院的判决一石激起千层浪，学界对此褒贬不一。商业模式本身应该如何界定？商业模式是否应该纳入法律保护对象？如果说对商业模式的保护具有合理性和必要性，那么具体应当将商业模式纳入何种法律进行保护，或者说商业模式的法律保护路径具体应该如何选择？本章将围绕上述问题对商业

---

〔1〕 参见最高人民法院（2013）民三终字第 5 号民事判决书。
〔2〕 参见北京市第一中级人民法院（2014）一中民终字第 3283 号民事判决书。
〔3〕 参见北京知识产权法院（2014）京知民终字第 79 号民事判决书。

模式的法律定位进行探究。

商业模式一词，实际上并非一个法学概念，而是经济学和管理学领域的专有名词。因此，目前对商业模式的概念研究主要集中在经济学和管理学领域，法学领域对此研究甚少。而反观经济学和管理学学者对商业模式的概念研究，亦可发现定义不一、莫衷一是。

曾有学者分析得出，目前对商业模式的定义主要可以分为盈利模式说、价值创造模式说、体系说三种类别。盈利模式说将商业模式定性为企业进行经营并获取利润的模式。价值创造模式说认为商业模式是企业用来进行价值创造的系统。体系说认为商业模式是一个由许多因素构成的系统，是一个体系或者集合〔1〕。实际上，上述三种不同的观点之间并非截然对立、泾渭分明的关系，只是分别从不同的角度对商业模式的概念进行界定罢了。我国著名的管理学学者、北京大学汇丰商学院的魏炜教授、朱武祥教授在总结现有商业模式定义的基础上分析指出商业模式本质上是内外部利益相关者的交易结构，包括定位、业务系统、关键资源能力、盈利模式、自有资金流结构和企业价值六个构成要素〔2〕。这一观点为学界所广泛认同。

尽管经济学和管理学领域对商业模式的概念界定尚未完全达成共识，但这对法学领域尤其是反不正当竞争法视域下的商业模式界定的影响似乎并不十分显著。因为通过对目前司法实践的考察，争议焦点主要集中在"免费基础网络服务+广告收费"这一新兴互联网商业模式是否应受法律保护以及如何保护的问题上。这一问题的提出实际上等于肯定了"免费基础网络服务+广告收费"本身是一种商业模式。然而却有学者对此提出质疑。本章认为"免费基础网络服务+广告收费"作为当前很多互联网运营商所普遍采用的一种经营方式，本质上也是一种利益相关者之间的交易结构，能够体现一个企业的战略定位、业务系统、关键资源能力、盈利模式、企业价值等构成要素。因此，"免费基础网络服务+广告收费"本身无疑具有商业模式的本质属性，是商业模式的具体表现形式之一。

---

〔1〕 参见谭庭俊："商业模式的知识产权保护研究"，暨南大学 2016 年硕士学位论文。
〔2〕 参见魏炜等："基于利益相关者交易结构的商业模式理论"，载《管理世界》2012 年第 12 期。

(二) 商业模式保护的可能性

1. 否定商业模式法律保护的论据梳理

有关商业模式是否应受法律保护的问题，学界持或肯定或否定两种截然相反的立场。反对将商业模式纳入法律保护对象的学者主要以下论据为支撑。

从社会创新与发展的角度来看。有学者主张商业模式总是在不断演进，如果通过法律手段来保护既有的商业模式，社会就很难进步。亦有学者认为对落后模式的维护将会导致商业模式无法创新，因此商业模式应多样化，众多利益无需经过法律设定保护。[1]

从现实可操作性的角度来看。有学者认为将商业模式纳入法律保护对象首先则需要对商业模式的具体内容加以明确和认定，而商业模式本身概念的抽象性与模糊性使得法院在认定其具体内容时面临着界定困难、操作不便等问题。因此，将商业模式纳入法律保护范围并不具有现实意义。[2]

从国外司法例的角度来看。有学者根据美国和德国法院对广告拦截行为并不过多干预，认为互联网商业模式可否作为互联网环境下竞争行为正当性的考量因素仍然值得讨论。[3]

从市场与政府的关系角度来看。有学者认为，"企业在正常的市场竞争中，并不负有尊重他人的商业模式（受知识产权保护的除外）、维护其他经营者的利益的义务，这正是市场经济竞争法则的体现。"[4] 按照这一逻辑，既然商业模式的新陈代谢本是市场竞争法则的体现，则应该将其交由市场自由竞争所决定，法律不应攻城略地、强加干预，否则将会破坏市场自身的运行

---

〔1〕 此为谢晓尧教授、兰磊教授在华东政法大学知识产权研究中心与上海律师协会知识产权委员会等举行的"浏览器拦截或快进广告侵权吗？"专题沙龙上的观点。参见"浏览器拦截或快进广告侵权吗？"，载 http://www.iprchn.com/index_ newscontent. aspx? newsid = 71010，最后访问日期：2018 年 3 月 26 日。

〔2〕 参见周瑜："'爱奇艺'诉'极科极客'不正当竞争纠纷案之评析"，西南政法大学 2016 年硕士学位论文。

〔3〕 此为黄武双教授在华东政法大学知识产权研究中心与上海律师协会知识产权委员会等举行的"浏览器拦截或快进广告侵权吗？"专题沙龙上的观点。参见"浏览器拦截或快进广告侵权吗？"，载 http://www.iprchn.com/index_ newscontent. aspx? newsid = 71010，最后访问日期：2018 年 3 月 26 日。

〔4〕 张广良："具有广告过滤功能浏览器开发者的竞争法责任解析"，载《知识产权》2014 年第 1 期。

规律，在导致市场失灵的同时也未必能发挥政府干预的理想作用。

从利益冲突与平衡的角度来看。在反不正当竞争法的视域下，以保护竞争、维护自由公平的市场竞争秩序为最高宗旨，经营者利益、消费者利益与市场竞争秩序这一社会公共利益三者之间始终处于一种既紧张对立又协调统一的矛盾关系。在商业模式本身界定尚不明晰的情况下，将其纳入法律保护范围，难免有向经营者利益尤其是作为原告一方的经营者利益倾斜而忽视甚至是倾轧消费者利益保护之虞。

学界的上述观点并非毫无道理，但仍然有失偏颇。

第一，从社会创新与发展的角度来看。商业模式保护与市场创新、社会进步二者之间的关系并非绝对。创新是时代发展的主题，这一点毋庸置疑。但是将商业模式纳入法律保护范围并不会当然抑制创新、阻碍进步。以法律手段保护商业模式只是为防止市场主体通过不正当手段损害其他经营者通过正当合法的商业模式获取的经济利益，而不排除经营主体通过改进商业模式、提高服务质量的正当竞争方式促进商业模式的更新换代。正如在"扣扣保镖"一案中，最高人民法院认为，"商业模式的改进和服务质量的提高应当是正当竞争和市场发展的结果，而不能通过不正当竞争的方式推进"。[1]事实上，商业模式的创新是市场竞争状况和消费者选择的结果，与商业模式是否受法律保护二者之间并没有绝对的关联关系。相反，将商业模式纳入法律保护范围，通过有效规制针对商业模式的不正当竞争行为，更有利于激发经营者不断改进商业模式的积极性从而鼓励市场创新、促进社会进步。

第二，从现实可操作性的角度来看。以当前学界对商业模式本身的界定存在困难、操作不便来认定将商业模式纳入法律保护范围并不具有现实意义这一论据似乎并不具有充分的说服力。法律来源于社会生活，又必须高于社会生活，进而才能对人未来的行为提供指引。即使当前学界对商业模式的具体内容存在界定困难，也不能够当然否定将商业模式纳入法律保护范围的合理性与必要性，否则会有因噎废食、规避问题之嫌。

第三，从国外司法例的角度来看。美国与德国对广告拦截行为正当性的认定事实上都是非常谨慎而非一刀切式的。美国与德国对广告拦截行为的合

---

〔1〕 最高人民法院（2013）民三终字第 5 号民事判决书。

法性判定都是一个利益衡量的过程，而非当然认定原告的经营模式不值得法律保护。况且"免费基础网络服务+广告"这一商业模式只是众多商业模式中的一种，不能以"免费基础网络服务+广告"这一种商业模式应受法律保护与否而断定所有的商业模式是否应受法律保护，否则会有以偏概全之嫌疑。

第四，从市场与政府的关系角度来看。市场调节与政府干预两者之间并非绝对割裂关系，而是相辅相成、相得益彰的。商业模式的新陈代谢本是市场自由竞争的产物，但无序的市场竞争状态无疑阻碍商业模式的创新与发展，因此，适度的政府干预是完全必要的，而法律尤其是经济法正是政府适度干预的合法性依据。

第五，从利益冲突与平衡的角度来看。商业模式作为企业从事市场经营并获取利润的方式，是一个企业在激烈的市场竞争中制胜的重要法宝，并且发挥着愈来愈重要的作用。商业模式背后所代表的经营者利益与消费者利益乃至市场竞争秩序这一社会公共利益无疑具有紧张对立的一面，但这种紧张对立关系恰恰统一于市场经济环境。消费者利益无疑是反不正当竞争法视野下判定市场竞争行为正当与否的重要因素，对自由公平的市场竞争秩序的保护更是反不正当竞争法的最高立法宗旨，但对经营者合法利益的保护仍然不可偏废。如果过于强调对消费者利益的维护，从而枉顾经营者合法权益，甚至无视对市场竞争秩序的维护，那么无疑会导致矫枉过正的不良后果。因此，本文认为将商业模式纳入法律视野，与消费者利益保护是可能并行不悖的，这只是利益衡量的结果罢了。

2. 商业模式保护的必要性分析

与学术界对商业模式应受法律保护与否持或肯定或否定的截然对立的态度不同，司法实践对商业模式应受法律保护这一点几乎没有任何疑议，只是要求受法律保护的商业模式本身必须具有正当性。例如，北京市海淀区法院在"优酷诉猎豹浏览器广告屏蔽不正当竞争案"中指出，正当的商业模式必然产生受法律保护的正当商业利益。[1] 最高人民法院在"扣扣保镖"案的判决书中也指出，"这种商业模式并不违反反不正当竞争法的原则精神和禁止性规定，被上诉人以此谋求商业利益的行为应受保护，他人不得以不正当干扰

---

〔1〕　参见北京市海淀区人民法院（2013）海民初字第 17359 号民事判决书。

方式损害其正当权益。"[1] 对商业模式进行法律保护的必要性由此可见一斑。具体而言，对商业模式进行法律保护的必要性主要体现在以下几个方面。

从商业模式自身的经济价值来看。商业模式是企业实现商业运作进而增加企业价值的内部机制，具有创造价值的巨大能力。尤其是在当前"互联网+"发展模式下，互联网正在与经济社会各个领域深度融合，互联网新兴技术的发展给经济社会带来了深刻变革。技术创新和商业模式的创新是当前企业尤其是网络运营商创造收益实现价值增长的两大重要引擎，而商业模式的创新在一定程度上比技术创新更为重要，对企业的生存与发展的影响更为关键。因此，经营主体对于涉及商业模式创新的保护需求日益强烈。根据法制日报的记者的调查，自 2010 年起，国内商业模式的专利申请量呈直线上升趋势，截至目前，国内商业模式专利申请总量已达到 3.6 万件。[2]

从保护商业模式的社会价值来看。商业模式不仅具有创造经济价值的巨大能力，而且极易被模仿和复制，尤其是对不包含专业性技术特征的商业模式来说。其既不具备商业秘密的秘密性特征，如果又没有任何法律予以保护，则无疑会导致"搭便车"问题。这不仅不利于促进社会信息共享，而且会极大地抑制市场主体的创新积极性，更会纵容市场中不劳而获的经营行为，破坏市场竞争秩序。相反，将商业模式纳入法律保护范围则会有利于促进商业模式的创新，有利于营造自由公平的市场竞争秩序，从而促进社会主义市场经济协调健康发展，促进社会进步。

（三）以往案件中商业模式保护的思路

1. 权利保护路径

2017 年 4 月 1 日起实施的《专利审查指南》新增了涉及商业模式的权利要求条款，其具体规定如下："涉及商业模式的权利要求，如果既包含商业规则和方法的内容，又包含技术特征，则不应当依据专利法第 25 条排除其获得

---

〔1〕 最高人民法院（2013）民三终字第 5 号民事判决书。

〔2〕 参见万静、张维："商业模式专利申请量超 3 万件——专利法尚无专门规定官方研究报告年内出台"，载《法制日报》2016 年 4 月 26 日，第 6 版。

专利权的可能性。"[1] 一般而言，纯粹的商业方法难以成为专利保护的客体，但包含技术特征的商业模式却可以成为专利保护的对象、被授予专利权，只要符合专利申请的"三性"要求即满足新颖性、创造性和实用性便可。

事实上，将包含技术特征的商业模式纳入专利保护客体并非为我国所首创，在国外早已有之。美国联邦最高法院在 1991 年做出的一项裁决使电子商务中的网络商业模式成为可专利主体。1996 年 2 月 16 日美国公布的《计算相关发明审查基准》指出，在审查商业方法时应和其他方法同等对待。在美国2000 年颁布的《自动化商业方法专利白皮书》中，将电子商业模式作为"现代商业数据处理"专利正式纳入第 705 类专利之中。此后，欧洲专利局、日本等纷纷对涉及商业模式的专利化问题做出类似规定。[2]

当前，互联网正在与经济社会各个领域深度融合，互联网新兴技术的发展给经济社会带来了深刻变革，包含技术特征的商业模式可以说是比比皆是。对符合专利申请"三性"特征的商业模式授予专利权进行保护的合法性、正当性与必要性毋庸置疑。

2. 法益保护路径

如果说对商业模式的权利保护路径是在遵循专利法的内在逻辑，那么法益保护路径则是从反不正当竞争法的角度对商业模式的法律保护问题进行考量。专利法保护与反不正当竞争法保护两条路径之间并非二选一的关系，而是相辅相成、并行不悖的。对包含技术特征并且具备新颖性、创造性和实用性的商业模式纳入专利保护客体，授予专利权进行保护。而对不包含技术特征或者包含技术特征但技术特征不符合专利申请"三性"要求的商业模式通过反不正当竞争法予以保护。

反不正当竞争法与专利法的本质属性截然不同。专利法属于私法范畴，本质上是一部确权赋权之法，权利主体明确，权利内容明晰，因此专利法的保护路径是确权——→认定侵权——→私法救济。反不正当竞争法本质上是行为法而非权利法，其通过对市场不正当竞争行为的规制维护自由公平的市场竞

---

[1]　"国家知识产权局关于修改《专利审查指南》的决定（2017）（局令第 74 号）"，载 http://
www. sipo. gov. cn/zcfg/zcfgflfg/flfgzl/zlbmgz/1020135. htm，最后访问日期：2018 年 3 月 28 日。
[2]　参见张喜征："对电子商务商业模式专利化的思考"，载《科学学与科学技术管理》2004 年
第 6 期。

争秩序、保护市场有序竞争，进而维护经营者和消费者的合法权益。而经营者合法权益、消费者合法权益与市场竞争秩序这一社会公共利益正是反不正当竞争法所保护的三重法益，法益正是反不正当竞争法的保护客体。虽然有学者曾经提出公平竞争权的概念，但是公平竞争权在法律上并没有依据。与权利内容的确定性不同，法益具有模糊性与不确定性。因此，反不正当竞争法视野下保护商业模式的内在逻辑与专利法截然不同，利益衡量是反不正当竞争法保护商业模式的具体方式。准确来说，反不正当竞争法所保护的并不是正当的商业模式本身，而是商业模式背后所代表的经营者的合法权益。反不正当竞争法通过对经营者利益、消费者利益与市场竞争秩序这三重法益的比较与权衡，最终做出是否对经营者的正当商业模式予以保护的决定。

(四) 小结

商业模式作为一个企业内外部利益相关者的交易结构，包括定位、业务系统、关键资源能力、盈利模式、自有资金流结构和企业价值六个构成要素。

商业模式是企业进行商业运作实现价值增长的内在运行机制，对企业的生存与发展发挥着日益重要的作用。由于商业模式自身蕴藏的巨大的经济价值，加之商业模式极易被模仿和复制的特点，导致经济生活中商业模式"搭便车"问题日益严峻，创新主体对商业模式的保护需求日益强烈。而且对商业模式进行法律保护不仅有利于鼓励商业模式的创新，而且有利于营造公平有序的市场竞争秩序。因此，对商业模式进行法律保护实有必要。

具体而言，对商业模式的法律保护路径有二。一是根据专利法对包含技术特征并且符合新颖性、创造性、实用性要求的商业模式授予专利进行保护。二是从反不正当竞争法的视角出发，通过利益衡量的方式对经营者的正当商业模式予以保护，以协调经营者利益与消费者利益的紧张关系，最终维护公平有序的市场竞争秩序。这两条路径相辅相成，并行不悖。

二、消费者和经营者利益平衡问题

随着信息社会的发展，互联网渐渐进入人们的生活。互联网与我们的生活密切相关，极大地影响着我们生活与工作方式。而随着"互联网+"行动的普及与发展，未来互联网产业必将更大地改变着世界。而在互联网发展与普及的同时，互联网不正当竞争案件也在频繁出现。从"腾讯诉 360 案"[1]到"合一诉金山案"[2]，互联网市场中各企业之间的竞争越来越激烈，战火硝烟不断，各方利益的冲突也从而体现了出来。由于与传统的竞争相比，互联网行业竞争类型新颖且多样化，且欠缺相对较为具体的法律法规规制，因此，在互联网市场认定不正当竞争过程中，无法避免的可能会出现一定的问题。其中，互联网络市场主体利益无法平衡这一问题尤为突出。

本章汇总统计了 2000～2017 年我国互联网范畴不正当竞争案例 375 起，通过分析发现在我国的互联网领域内对经营者权益的保护强度远大于消费者权益，甚至消费者利益被忽略。因此，本文尝试通过对相关案例进行对比与分析，探究出现这一现象的深层次原因，并尝试提出优化方案。

在第一部分中，本章对互联网不正当竞争中主体利益保护的理论基础进行了分析，又对互联网竞争中的主体利益做了概述，在此基础上对互联网领域的不合法不正当的竞争进行探究。

在第二部分中，本章首先梳理了近 18 年来本国互联网范围内的不正当竞争案件，并以"腾讯诉 360 案"与"合一诉金山案"两则案例为典型进行研究。从中分析出目前我国互联网领域竞争中的利益冲突主要为市场主体之间的利益冲突，即互联网中经营者和消费者之间的利益冲突，并分析其冲突的具体表现。

在第三部分中，本章进一步探究了当发生利益冲突时，司法对该两种利益冲突如何保护的问题。通过分析上述 2000 年～2017 年 375 则案例发现，在网络不正当竞争行为认定过程中存在较为严重的主体利益保护失衡问题，其中经营者权益得到较多的重视而消费者权益往往被忽略。究其原因，在于不正当竞争认定过程中理念不够全面、方法不够完善。

在第四部分中，本章通过借鉴境外相关制度，尝试从完善行为认定理念、优化行为认定方式、细化相关法律制度、充分考虑各方利益四个方面对该问题的解决提出优化建议。

---

〔1〕　参见最高人民法院（2013）民三终字第 5 号民事判决书。
〔2〕　参见北京市海淀区人民法院（2013）海民初字第 13155 号民事裁定书。

（一）互联网不正当竞争主体利益概述

互联网产业的发展影响着社会生活的方方面面。由于互联网产业盈利速度快、能力强的特点，越来越多的互联网产业和互联网服务应运而生，也越来越多的互联网企业认识到了自身的利益与知识产权的维护问题，从而使得近几年网络不正当竞争的案件数量增加。

1. 互联网不正当竞争中主体利益保护的理论基础

根据我们国家《反不正当竞争法》第 2 条第 2 款[1]的规定，市场竞争秩序、经营者合法权益与消费者合法权益均应纳入不正当竞争行为概念中。而由于互联网行业竞争有其特殊性，其不正当竞争中主体利益保护的理论基础主要有以下两方面：

（1）注意力竞争理论

互联网领域的竞争与一般的商业竞争相比，存在一定的特殊性。具体来看体现在双边市场性、网络外部性和盈利模式方面。而该些特性使几乎全部的互联网企业都需要大量的用户群体支撑才得以获得利润，互联网用户的注意力自然成为了互联网企业竞争中激烈争夺的对象，在针对消费者注意力的竞争中，企业常常会损害到消费者的利益，如通过对消费者个人信息的数据分析，有针对性地投放商业广告等，一定程度上侵犯了消费者的隐私权。因此，基于注意力竞争理论应当对消费者的主体利益进行有效保护。

（2）创新性竞争理论

在经济学中，熊彼特假说[2]、阿罗模型[3]、倒 U 型理论[4]均就创新对企业的影响做出了详细的阐述。对于互联网企业来说亦是如此。一个互联网企业要想吸引到大量的客户群体，必须对其产品、经营模式等进行不断创新。因此网络经营者常开发出许多新的网络产品，以保证其在互联网市场的

---

[1]《反不正当竞争法》第 2 条第 2 款："本法所称的不正当竞争行为，是指经营者在生产经营活动中，违反本法规定，扰乱市场竞争秩序，损害其他经营者或者消费者的合法权益的行为。"

[2] 熊彼特于 1942 年《资本主义、社会主义与民主》（Capitalism, socialism and democracy）一书中将竞争和垄断问题与创新联系到了一起，提出了技术创新与竞争之间的关系理论。

[3] 美国诺贝尔经济学奖获得者肯尼特·阿罗在 1962 年提出，完全竞争能比垄断获得更有效的技术创新收益，同时有助于技术创新的激励，创新激励更容易发生在竞争的市场结构下。

[4] 施勒提出，创新与竞争强度存在"倒 U 型"的关系，适度的竞争有利于促进创新，在竞争较小或异常激烈时都将不利于创新。

创新性竞争力，在互联网技术创新竞争的过程中，许多经营者会采取"损人利己"的技术以获取更强的市场竞争优势。因此，基于创新性竞争理论也应当对经营者的主体利益进行合理保护。

2. 互联网不正当竞争中的主体利益

在有关互联网的不正当竞争案件中，一方面要考虑经营者之间利益的权衡，另一方面广大网络市场消费者的利益同样也应当被纳入不正当竞争行为认定的要素。因此，本文将网络不正当竞争利益类型划分为经营者的利益和消费者的利益两类。

（1）经营者利益

《反不正当竞争法》第 2 条第 3 款〔1〕中对于"经营者"的含义做出了相关界定。根据立法原则可以推知，经营者的利益主要包括回报性利益〔2〕与活动自由〔3〕。在网络不正当竞争案件中具体分析，也就是经营者从他们所开发的网络产品中获得商业机会或经济收入。例如在"合一诉金山案"中，金山浏览器阻拦优酷网站广告的行为，直接减少了优酷视频网站播放广告的价值与收视率，从而必将对其广告收益这部分实际利益造成损害。同时，也在一定程度上减少了合一优酷视频与广告商的合作机会，从而对经营者潜在利益造成一定损失。

（2）消费者利益

《消费者权益保护法》第 2 条〔4〕对于"消费者"概念做出了具体的定义。在互联网领域，可利用类推法将网络消费者定义为想要满足生存和个人的消费需要而在互联网市场上购入或应用互联网商品或服务的用户。虽然在互联网的不正当竞争案件中，消费者不作为争议一方，但在对案件进行认定与裁判时，消费者利益往往成为一项衡量标准，且时常作为被告的抗辩理由出现。例如在上述"腾讯诉 360 案"中，腾讯宣布实施其产品与 360 产品在同一系统中不兼容的行为，虽在一定程度上维护其作为经营者的合法利益，

---

〔1〕《反不正当竞争法》第 2 条第 3 款："本法所称的经营者，是指从事商品生产、经营或者提供服务（以下所称商品包括服务）的自然人、法人和非法人组织。"

〔2〕 指经营者享有通过自己合法经营获取合理商业回报的利益。

〔3〕 指经营者享有自由选择经营活动范围以及自由参与市场竞争的利益。

〔4〕《消费者权益保护法》第 2 条："消费者为生活消费需要购买、使用商品或者接受服务，其权益受本法保护；本法未作规定的，受其他有关法律、法规保护。"

却在另一方面伤害了广大互联网消费者用户群体的利益。因此，在互联网竞争中消费者利益应当作为一项独立的与经营者利益并列的利益种类，并应受到法律的同等保护。

（二）互联网不正当竞争认定中主体利益保护实证分析

近几年互联网领域内的不正当竞争有关案件屡屡发生，由于相关立法还未完善，因此对于许多问题的处理常存在一定争议。例如在对一个具体网络竞争行为是否构成不正当竞争进行认定时，我们该如何平衡考量它所涉及的各方利益，从而使结果达到利益最大化。因此厘清利益冲突是实现利益权衡的基础。

本章统计了 2000 年至 2017 年来互联网领域不正当竞争案件（见表 1），对其进行逐一整理，并对其中典型案例进行分析。通过归纳分析上述案例可以发现，在共计 375 例网络不正当竞争案件中，产生冲突的利益基本可以划为经营者利益、消费者利益两类。典型案例诸如"百度诉 360 案"[1]"腾讯诉 360 案"[2]"合一诉金山案"[3]"天猫比价软件案"[4]"金山诉 360 案"[5]等，均对主体利益之间的冲突有所体现。本文将通过对以下两个案例的重点分析从而分析互联网不正当竞争行为中主体利益保护的权衡问题。

表 1　2000~2017 年互联网不正当竞争案件数量统计[6]

年份/年	2000	2001	2002	2003	2004	2005	2006	2007	2008
案件数量/件	4	6	4	16	23	21	21	29	20
年份/年	2009	2010	2011	2012	2013	2014	2015	2016	2017
案件数量/件	15	25	19	16	21	41	33	30	31

[1]　参见北京市高级人民法院（2013）高民终字第 2352 号民事判决书。
[2]　参见最高人民法院（2013）民三终字第 5 号民事判决书。
[3]　参见北京市海淀区人民法院（2013）海民初字第 13155 号民事裁定书。
[4]　参见北京市海淀区人民法院（2016）京 0108 民初 5132 号民事判决书。
[5]　参见北京市第一中级人民法院（2010）一中民初字第 10831 号民事判决书。
[6]　参见此处统计的案例来源于中国裁判文书网（http://wenshu. court. gov. cn/）、北大法宝网（http://www. pkulaw. cn/）以及中国司法案例网（https：//anli. court. gov. cn/）。

1. 我国互联网反不正当竞争典型案例分析

（1）腾讯诉 360 案[1]

"3Q 大战"是互联网竞争领域著名的案件之一。2010 年 9 月，360 公司发布了其新开发的专门针对于检测腾讯软件是否侵犯用户隐私的保护器，随后腾讯公司发布公告，在装有 360 软件的电脑上强行卸载 QQ 软件，从而使得用户无法在电脑上同时安装腾讯与 360 软件。从经营者利益来讲，腾讯公司维护自己竞争地位的做法无可厚非。然而从消费者角度来看，由于互联网的高度虚拟性与消费者获取信息的不对称性，消费者仍处于相对较弱的地位，而腾讯公司的这一做法很显然已经侵害到了消费者对于一项商品或服务的自主选择权。但本案最终的审判结果为腾讯公司胜诉，经营者利益与消费者利益冲突时法院选择了更多保护经营者利益。

（2）合一诉金山案[2]

2012 年起，金山旗下的猎豹浏览器通过技术手段对合一集团的优酷视频中插入的广告进行拦截，这一举动迅速吸引广大用户群体，从而使得猎豹浏览器在互联网市场得到广泛认可。合一集团优酷视频认为金山猎豹浏览器的这一行为对其视频网站及广告客户的正当权益均造成了重大损害，遂起诉金山猎豹浏览器停止该行为并赔偿一定经济损失。

该案最终判决合一公司胜诉。法院认为其在视频前插播广告的行为是一种新的互联网商业营销模式，因此应受到保护。从此以后各大视频网站均以此案为例采取在视频前插播广告的盈利模式，且任意加长广告的插播时间，甚至在视频播放中途弹出广告，而这一模式降低了消费者的利益。

2. 基于上述典型案例分析互联网竞争中的利益冲突

如上文所述，在互联网领域，利益冲突主要体现为经营者与消费者之间的利益冲突。虽然这种冲突在传统的市场中同样存在[3]，但互联网领域中的

---

[1]　参见最高人民法院（2013）民三终字第 5 号民事判决书。

[2]　参见北京市海淀区人民法院（2013）海民初字第 13155 号民事裁定书。

[3]　在传统市场中，通过"经济理性人"框架分析，消费者总是希望以同样的价格买到质量最优的产品，而经营者总是希望在卖出同样产品时收获最丰厚的对价。

主体利益冲突有其自己的特点。这是由于互联网领域有注意力竞争[1]、创新性竞争等特点，因此为了获得更大的用户群体、吸引更多的用户，许多互联网公司纷纷推出增加用户体验的新产品，但同时也带来了一定的问题：很多情况下当互联网公司推出的产品满足了消费者利益，却同时对其他经营者在互联网领域的相关利益造成了一定的损害，同时消费者利益又成为被告经营者对其行为合法性进行抗辩的理由，从而造成经营者利益与消费者利益保护的失衡。例如在"天猫比价软件案"[2]中，"聪明狗"公司推出的比价插件极大地方便了消费者在网络购物时对商品价格的筛选，提升了用户体验，然而其这一行为也对经营者天猫网页造成了一定的影响，经营者利益无法得到完整保护。另一方面，网络不正当竞争的主要根源在于经营者与经营者之间的市场竞争，因此在网络不正当竞争中最直接体现出的受到损害的利益是经营者利益。基于此许多法院在判决时也会更加偏重保护经营者利益，从而导致出现消费者利益受到一定损害的情况。

因此我们可以看出，在网络市场中利益的冲突不是单纯的经营者或消费者利益冲突，而是错综复杂的。从而，对于主体利益的保护也不仅仅是对单独某主体的某项利益进行保护，而是一个动态的平衡过程。

(三) 互联网不正当竞争认定中主体利益保护失衡成因分析

1. 利益保护失衡的体现

(1) 过度强化对经营者利益的保护

对上述表 1 表格中本文整理的 375 则案例进行逐一分析与归纳，其中明确涉及到利益衡量问题的案件中，72.9% 的案件优先保护经营者利益，而仅有 27.1% 的案件对消费者利益进行衡量与参考（见图 1）。

---

〔1〕 注意力竞争是指互联网竞争者的竞争行为围绕用户注意力而展开，然后再通过独特的经营方式将用户的注意力转化为经济利益。参见叶明、陈耿华："互联网不正当竞争案件中竞争关系认定的困境与进路"，载《西南政法大学学报》2015 年第 1 期。
〔2〕 参见北京知识产权法院（2016）京 73 民辖终 475 号民事裁定书。

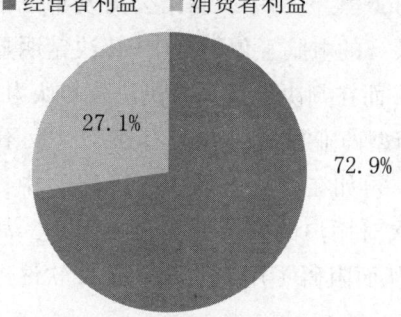

图1 2000~2017年互联网不正当竞争认定案件中主体利益保护情况

例如,最高人民法院在"合一诉金山案"中认为:视频中插播广告的行为使互联网页面的经营者、互联网用户和广告商之间各自获得其所需要的利益,构成了有序的利益平衡与循环,这种经营分配模式也得到了市场的普遍认可[1],因此认为"免费+广告"这一经营模式并不违法,并予以鼓励。而正是这一判决成为了众多视频网站的护身符,短时间内大量视频网站纷纷在其所提供视频中任意插播广告。这一过度强化经营者利益的行为,极大降低了用户体验,同时这一行为对消费者利益也造成了一定损失。

由此可见,在很多情况下如果法院在判决时认为一项行为损害了其他网络经营者合法利益时,往往会直接认定为受诉者构成不正当竞争行为,而忽略掉对其他相关因素的考虑。

(2)过于忽视对消费者利益的保护

与经营者利益相比,消费者利益在互联网竞争案件中时常处于弱势地位。有学者认为,在许多的情况下经营者并没有对消费者的自主选择权给予足够的尊重与重视,而是依靠着它作为经营者而在市场上所占的较大的份额和广大用户对其产品的依赖性而表现出一种强制进行交易的姿态,因此消费者在网络市场中经常性处于一个弱者的位置。[2]

---

〔1〕 参见芮松艳:"合一信息技术(北京)有限公司与北京金山网络科技有限公司等不正当竞争纠纷上诉案——浏览器针对视频网站使用广告过滤功能构成不正当竞争",载《人民司法·案例》2015年第16期。

〔2〕 参见刘建臣:"浏览器屏蔽网页广告行为的不正当竞争认定",载《上海政法学院学报(法治论丛)》2015年第2期。

例如在"腾讯诉360案"[1]中，腾讯公司发布公告称其经商议后决定在安装了"360扣扣保镖"的电脑上停运QQ。该决定明显侵害了消费者的自主选择权利与相关利益，而在判决中最高人民法院却认为QQ软件的这种商业模式为"免费+增值"新型商业模式，并没有违反《反不正当竞争法》的原则精神和禁止性的规定；再如在"金山诉360案"[2]中，奇虎公司在用户安装金山杀毒软件时，屡次对用户的安装行为进行阻止，甚至在弹出的对话框中默认"取消"选项，从而阻碍了用户对金山杀毒软件进行常规的下载，同时也无法使用该软件。

事实上，在互联网领域本就处于相对弱势地位的消费者，面对出现的不合理交易条件时，只能选择被动接受。而在司法认定过程中，该群体利益却又常常被忽视。

2. 利益保护失衡的原因

由此可见，网络不正当竞争的认定过程中存在较为严重的主体利益保护失衡问题，究其原因，本文认为主要在于认定思想不全面与认定方法不完善两方面。

（1）互联网不正当竞争认定的思路未清晰

在近十几年来我国有关互联网不正当竞争行为认定的司法判决中，绝大多数以"该行为是否侵害经营者的利益"作为其认定标准。对于其他相关因素虽然也加以一定的考虑但却并不全面。因此，网络不正当竞争案件在认定时出现的经营者与消费者利益保护失衡问题的根本原因在于认定思路未清晰。

一方面，从世界各国反不正当竞争法立法思想来看，在西方国家近几年的立法过程中，消费者的利益大多作为一项受保护的利益被列入了反不正当竞争法所保护的范围，并将这一利益作为反不正当竞争法的一项重要立法目标[3]。

---

[1] 参见最高人民法院（2013）民三终字第5号民事判决书。
[2] 参见北京市第一中级人民法院（2010）一中民初字第10831号民事判决书。
[3] 欧盟2005年6月12日实施的《不正当商业行为指令》对不存在竞争关系的经营者和消费者提供相应保护。2004年修订实施的德国《反不正当竞争法》明确提出该法旨在保护竞争者、消费者以及其他市场参与者的利益。这些都表明现代竞争法正逐渐摒弃只强调个人权利的判断而转向社会权利的判断，重在强调对消费者和公众利益的保护。

在许多司法判例中消费者的利益也同样被认定为了参考因素之一[1]。对比之下，我国在认定不正当竞争案件中"保护消费者利益"的思想显得相对单薄。随着时代的发展与进步，反不正当竞争法必将渐渐不再局限于对单一经营者利益的保护，在认定竞争关系时，应综合考量经营者利益、消费者利益及其他相关利益等多方面因素。

另一方面，从现代互联网市场发展趋势来看，如今的市场是相互交融的市场，只有消费者利益和经营者利益相互支撑相互依托时，互联网市场才得以繁荣发展，反过来，只有互联网市场繁荣发展，才能为经营者与消费者带来更大的利益。因此，我们所追求的应当是"经营者利益与消费者利益的双方平衡"，而不是单一的保护经营者利益的思想。网络市场经济的发展与进步与经营者群体和消费者群体均有着极大的关系，因此经营者利益与消费者利益之间应形成一个统一的平衡体，相互支撑相互依托。两方利益都应当在法律上与实践中受到保护。

（2）互联网不正当竞争认定的方法未定型

在我国现行《反不正当竞争法》中，对互联网竞争的规制并不具体。目前有关网络不正当竞争的法条有第 6 条第 3 项[2]、第 8 条第 1 款[3]、第 12 条[4]、以及第 2 条[5]的原则性条款。从本文收集到的案例看，其中有 171 份在判决结果中直接引用了第 2 条的"道德标准"。比如在"百度诉 360 案"中，判决书中提到"360 公司默许并赞同本案所涉及的软件在其 360 浏览器和

---

[1] 如美国联邦最高法院主审的"索尼案"等都将消费者的利益诉求作为行为认定重要考量因素。See Sony Corp. of America. v. Universal City Studios, Inc. , 464 U. S. 417（1984）.

[2]《反不正当竞争法》第 6 条："经营者不得实施下列混淆行为，引人误认为是他人商品或者与他人存在特定联系："……③擅自使用他人有一定影响的域名主体部分、网站名称、网页等；……"

[3]《反不正当竞争法》第 8 条第 1 款："经营者不得对其商品的性能、功能、质量、销售状况、用户评价、曾获荣誉等作虚假或者引人误解的商业宣传，欺骗、误导消费者。"

[4]《反不正当竞争法》第 12 条："经营者利用网络从事生产经营活动，应当遵守本法的各项规定。经营者不得利用技术手段，通过影响用户选择或者其他方式，实施下列妨碍、破坏其他经营者合法提供的网络产品或者服务正常运行的行为：①未经其他经营者同意，在其合法提供的网络产品或者服务中，插入链接、强制进行目标跳转；②误导、欺骗、强迫用户修改、关闭、卸载其他经营者合法提供的网络产品或者服务；③恶意对其他经营者合法提供的网络产品或者服务实施不兼容；④其他妨碍、破坏其他经营者合法提供的网络产品或者服务正常运行的行为。"

[5]《反不正当竞争法》第 2 条第 1 款："经营者在生产经营活动中，应当遵循自愿、平等、公平、诚信的原则，遵守法律和商业道德。"

浏览器的扩展中心平台上进行传播，这一行为违背了商业的道德准则，应当认定为不正当竞争行为成立"[1]。然而商业道德自身是一个界限并不清楚的概念，欠缺一个明确的定义与范围。因此仅通过第 2 条"商业道德"这一标准来认定一项竞争行为是否构成不正当竞争缺乏一个具体而成型的标准。此外，新修订的《反不正当竞争法》中虽然在第 6 条、第 8 条、第 12 条中分别加入了对互联网仿冒混淆行为、虚假宣传行为以及新型不正当竞争行为的规定，但条文本身较为不具体，同时实践中的各种新型网络不正当竞争类型层出不穷。因此目前该种简单的认定方法难以做到对各方利益保护的平衡与完善。

（四）互联网不正当竞争认定中主体利益保护的改进思路

1. 清晰行为认定思路

如上文所述，认定思路未清晰是网络不正当竞争的认定过程中产生经营者与消费者利益保护不平衡问题的原因之一。即在现行司法审判过程中仍然偏向以保护具体的经营者的利益为主的传统思想。然而"对不正当竞争的行为进行认定的过程自身其实就是一个对利益进行平衡的过程"[2]，这种单独保护某一方主体的利益的思路已不符合现代反不正当竞争法的理念与思想。因此在不正当竞争认定过程中，我们应抛弃传统的"保护经营者利益"思想，从欧盟、德国、美国等西方国家的做法中吸取有利经验[3]，坚持消费者利益与经营者利益平衡保护的行为认定思想。在具体实践过程中，同时考量多方利益而不是仅仅保护经营者利益，做到最大限度实现多方利益的平衡。

2. 优化行为认定方式

在实践中，我国在认定互联网不正当竞争行为时，通常援引《反不正当竞争法》第 2 条中的原则性标准对其性质进行认定。2018 年以来，其认定标准增加了第 6 条、第 8 条、第 12 条所规定的情形，但因法条较为笼统，且法

---

〔1〕 北京市高级人民法院（2013）高民终字第 2352 号民事判决书。

〔2〕 漆多俊主编：《经济法论丛》（第 1 卷），中国方正出版社 1998 年版，第 124 页。

〔3〕 欧盟 2005 年 6 月 12 日实施的《不正当商业行为指令》对不存在竞争关系的经营者和消费者提供相应保护。2004 年修订实施的德国《反不正当竞争法》明确提出该法旨在保护竞争者、消费者以及其他市场参与者的利益。这些都表明现代竞争法正逐渐摒弃只强调个人权利的判断而转向社会权利的判断，重在强调对消费者和公众利益的保护。

条中部分名词无较为明确的解释与界限，导致对网络不正当竞争行为的认定具有很大的局限性。同时，其认定结果容易受到不能确定或无法预见的因素干扰。此外，这种传统的认定方法欠缺一定的利益衡量环节，若在行为认定过程中无法解决利益冲突问题，就难以实现对双方主体利益的平衡保护。

对于这一问题，我们可以尝试利用比例原则加以解决。比例原则是指通过考察各种不同的方式解决某一问题时对产生碰撞利益的影响，从而选择能够最大程度上同时兼容两种利益的方式的一项原则。[1]其主要用于衡量同样的一种行为对两个产生碰撞与冲突的利益所产生的影响的大小，然后通过这种对比来判断这一行为是否正当。[2]因此在网络不正当竞争行为的认定中产生的经营者与消费者之间的利益冲突，恰可以以比例原则为工具进行合理解决。

将比例原则应用在网络不正当竞争领域，本书认为可以分为以下三步（见图2）。第一步，分析该行为目的是否适当：若某互联网企业出于符合维护自身合法利益而从事某行为，则其目的具有一定正当性，而若该互联网企业本着损害其他消费者或竞争者合法权益的目的从事该行为，则其行为目的不符合正当性标准。第二步，分析该行为方式是否适当，即在从事该行为过程中是否努力追求利益最大化，避免其他不必要损失。第三步，该行为结果是否合理，即经营者的某项行为是否造成了消费者或其他利益群体利益的不必要损失。从而对不正当竞争行为做出一个认定。

与传统的认定方式相比，以比例原则为工具的认定方式更具规范性与严格性，能够更好地促进利益保护平衡。

3. 细化相关法律制度

我国网络不正当竞争认定过程中出现经营者与消费者利益不平衡的另一原因在于有关互联网不正当行为认定的相关法律法规目前仍不完善。在现有的相关法条中，许多新型互联网不正当竞争形式（例如不合理设置 Robots 协议、流量劫持行为等）未能包含，这使得在实践中部分不正当竞争行为难以认定。同时在有关经营者与消费者利益平衡这一问题上也没有较为详细的规定。而要想使得利益平衡得以实现，制度保障是前提。所以在立法方面应继

---

〔1〕　参见兰磊："比例原则视角下的《反不正当竞争法》一般条款解释——以视频网站上广告拦截和快进是否构成不正当竞争为例"，载《东方法学》2015 年第 3 期。

〔2〕　参见王明扬、冯俊波："论比例原则"，载《时代法学》2005 年第 4 期。

续完善互联网不正当竞争有关的内容，并对现有相关法条中词义较为模糊的语句进行司法解释，细化相关规则制度。

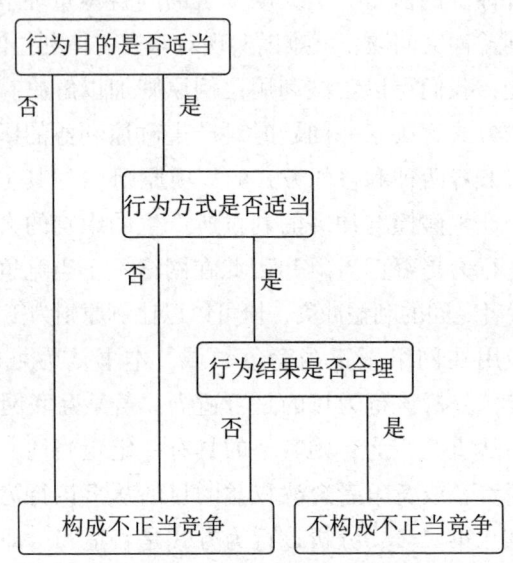

图2　互联网领域比例原则适用示意图

（五）小结

维护互联网不正当竞争认定中各方利益的平衡，有利于互联网市场的繁荣发展，也有利于推动我国经济的进一步提高。而在我国目前互联网市场竞争过程中，经营者利益与消费者利益保护失衡的案例常常出现。根据本书所述，究其原因，一方面在于经营者利益在市场竞争中处于较为显眼的位置，一项不正当竞争行为往往最先损害的便是经营者利益，因此在司法认定过程中对于其给予了更为重要的保护。另一方面则在于我国目前对于网络不正当竞争这一项新型不正当竞争行为的认定思路不够清晰，且未能形成固定的认定方法与途径。要想解决这一问题，需要在认定时完善认定理念，做到由"单一地保护经营者利益"向"权衡性地保护各方最大利益"转变，在认定过程中改进认定方法，由模糊性的主观判断向较为精确的比例原则判断转变。同时需要我们对相关法律制度作进一步完善，逐步应对新型互联网不正当竞争案件的出现。

三、竞争关系认定问题

竞争关系作为竞争法的调整对象，一直以来被认为是认定不正当竞争行为的逻辑起点，是不正当竞争行为的构成要件之一，甚至是《反不正当竞争法》的适用前提。可以说，对竞争关系界定的宽窄将直接影响《反不正当竞争法》的调整范围，直接决定着正当竞争与不正当竞争行为的边界。因此，对竞争关系的界定显得尤为重要。而传统意义上对竞争关系的狭义认定早已不适应社会经济发展的需要，尤其是在"互联网+"的时代背景下。

随着网络信息技术的不断发展与进一步普及，互联网商业运营模式逐渐兴起，市场竞争手段日益多样并且日趋复杂，导致近年来互联网不正当竞争行为日渐猖獗、屡禁不止，互联网不正当竞争纠纷案件整体上呈现上升趋势。传统上对竞争关系的狭义理解使法院在审理互联网不正当竞争纠纷案件过程中面临诸多法律适用与法律解释的难题。为应对现实困境，学术界和实务界开始逐渐突破传统狭义的同业竞争关系而对其进行各种扩张解释。竞争关系在互联网不正当竞争行为认定中的广义化界定需要已经基本在学界和实务界达成共识，但是问题与争议并没有因此而终结。竞争关系认定标准不一问题、竞争关系虚置问题以及由此衍生而出的反不正当竞争法与其他部门法的适用界限模糊化问题等纷纷浮出水面，并频频向学者、法官乃至立法者发难。那么，在"互联网+"的时代背景下，究竟应该如何认定互联网不正当竞争行为中的竞争关系才能在有效规制互联网不正当竞争行为的同时避免因竞争关系虚化导致的法律错位问题呢？有鉴于此，本章首先对竞争关系的基本含义作出界定并对互联网不正当竞争行为的构成要件作出分析，进而阐明竞争关系在互联网不正当竞争行为认定中所占据的不可或缺的地位及其理论依据。其次本章立足于当前司法实务中法院对互联网不正当竞争行为中的竞争关系进行种种扩张解释的现状，剖析这种现象背后的原因及其存在的问题。最后本章针对当前审判实践对竞争关系扩张解释所面临的问题提出若干改进思路。

（一）竞争关系的基本含义界定

概念是法学研究的一个基本工具和逻辑起点。竞争关系的基本含义界定不明，从而导致很多不必要的争议，甚至在同一篇文章中出现逻辑混乱、观点难以自洽等诸多问题。因此，对竞争关系的基本含义需要进行专门界定，从而统一争论的逻辑起点，减少甚至避免无谓的争论，并力求在一致的起点上推动互联网不正当竞争行为中竞争关系认定问题的解决。

1. 竞争

竞争是竞争关系的核心，目前学界对竞争关系基本含义的界定其实根本上都是源于对"竞争"一词的把握。因此，对竞争关系的解释首先需要对"竞争"进行界定。竞争一词的使用范围非常广泛，从自然界到人类社会，竞争现象无所不在，而本文所指的竞争则是指为竞争法所调整的商品经济条件下的市场竞争。有关市场竞争的概念，学术界硕果累累，但共识与争议并存。

（1）竞争的本质

有关竞争的本质，学界已经基本达成共识，只是存在具体表述上的差异而已。竞，为逐，比赛；争，为争夺，为夺取。竞争根本上是源于相关主体之间的利益冲突与对立。市场竞争的本质就是逐利性，对自身经济利益最大化的追求是竞争者实施竞争的起点和终点。[1]市场竞争主体参与市场行为的终极目的无疑是通过为自己或他人夺取相较于自己或他人的竞争对手更为有利的市场优势从而最终实现自身经济利益最大化的目标。具体而言，市场竞争的本质表现为对市场即对交易机会、对顾客的争夺。

①竞争的主体

经营者作为市场竞争的主体这一点毋庸置疑。存在争议的是消费者是否应被视为市场竞争的主体。曾有学者指出，市场竞争的主体有时也包括消费者。[2]消费者作为与经营者相对的一类群体，为生活而购买商品或服务，并不存在追求自身商业利益最大化的竞争目的。即使消费者与消费者之间、消费者与经营者之间存在一定的紧张与对立关系，但这种紧张与对立并非竞争法所调整的市场竞争语境下的利益冲突与对立。因此，不宜将消费者认定为市场竞争的主体。

②竞争的环境

竞争的环境是否应该仅仅限定在同一行业或同一相关市场之中是当前学

---

〔1〕 参见徐孟洲、孟雁北：《竞争法》，中国人民大学出版社2013年版，第7页。

〔2〕 参见倪振峰、丁茂中：《竞争法学》，复旦大学出版社2011年版，第1页。

界在有关市场竞争的概念方面争议最多且分歧最大的问题。有学者曾在对市场竞争的解释中明确指明了竞争的主体是行业相同或相似的两个以上经营者。[1] 也有学者在解释竞争时强调竞争主体在特定的市场上提供同类或类似商品。[2] 当然，也有为数不少的学者在给市场竞争下定义时对此并未作任何要求。例如，孔祥俊教授曾经直接将市场竞争界定为两个或者两个以上的经营者在市场上以比较有利的条件争取交易机会的行为。[3]

一般而言，同一行业的经营者目标市场相同，利益冲突最直接、最明显，为争夺同一市场的竞争自然是最典型、最直接的竞争，由此而引发的纠纷也最常见。但是竞争法所调整的市场竞争绝非仅限于同业竞争。

市场竞争本质上源于主体之间经济利益的冲突与对立，竞争的结果是主体之间经济利益的此消彼长或者存在此消彼长的可能性。而市场主体之间的利益关系千丝万缕，利益关联呈现的状态十分复杂，既可能相互对立，也可能相互统一，不论是同一经济环节同一行业部门之间，还是不同经济环节不同行业部门之间。如果说同一行业的经营者之间为争夺同一市场的竞争最直接、最典型，那么不同行业经营者之间也可能因为主体之间内外在的利益关联的复杂性而存在间接的利益竞争。

此外，需要突出强调的是，互联网商业环境中双边市场模式下的竞争状态会与传统单边市场模式下的竞争状态不尽相同。互联网双边市场模式下，行业交叉现象普遍，跨行业、跨地域、全网竞争特点突出，经营者主体身份具有多元性，主体之间的利益关系会更加复杂。因此，对竞争的理解更不能局限于同业竞争。

2. 竞争关系

竞争关系，即市场竞争的主体为了争夺市场交易机会实现自身利益最大化从而利用各种竞争手段实施各种竞争行为过程中所发生的相互关系。竞争关系以竞争为核心，前文对竞争相关要素的界定与说明为理解与界定竞争关系奠定了重要的基础。

目前学界对竞争关系基本含义的界定除了对竞争概念的把握之外主要集

---

[1]　参见杨紫烜主编：《经济法》，北京大学出版社 1999 年版，第 171 页。
[2]　参见戴奎生等：《竞争法研究》，中国大百科全书出版社 1993 年版，第 12 页。
[3]　参见孔祥俊：《反不正当竞争法的适用与完善》，法律出版社 2000 年版，第 49 页。

中在对以下几组概念的认识和理解上。

（1）直接竞争关系与间接竞争关系

关于直接竞争关系与间接竞争关系的界定，迄今为止，学说著述泼墨不多但依然莫衷一是。有学者认为直接竞争关系是提供相同商品服务的经营者之间争夺市场交易机会的竞争关系，而间接竞争关系则存在于提供类似商品服务的经营者之间。这种理解将直接竞争关系与间接竞争关系都限缩于同业竞争关系，大大缩小了反不正当竞争法上的竞争关系的外延，从而极大地束缚了反不正当竞争法的适用范围。有学者将直接竞争关系等同于同业竞争关系，笔者认为这一观点值得借鉴。因为同业竞争者同处同一相关市场，面向同一交易对象，争夺相同的交易机会，经济利益的冲突无疑更具直接性。

按照是否系同业竞争的标准，可以将竞争关系分为直接竞争关系与间接竞争关系。直接竞争关系即同业竞争关系，是指提供相同或者相似商品的经营者之间相互争夺交易机会的关系。间接竞争关系是与直接竞争关系相并列而言的，即非同业经营者之间的竞争关系。根据德国《反不正当竞争法》，间接竞争关系，处于不同经济阶段或不同部门的经营者之间，指向相同的顾客群，实质上构成竞争。[1]

与直接竞争关系和间接竞争关系这一组概念相近的另一组概念是狭义竞争关系和广义竞争关系。狭义竞争关系即同业竞争关系抑或直接竞争关系。一般而言，狭义竞争关系严格适用于反垄断法，而在反不正当竞争法语境下正在呈现广义化认定的趋势。广义竞争关系的提出便是传统的狭义竞争关系在不正当竞争纠纷案件审理过程中愈发显得捉襟见肘从而不断被突破、被扩张解释的结果。简言之，广义竞争关系包括狭义的同业竞争关系但又不局限于同业竞争。

（2）具体竞争关系与抽象竞争关系

具体竞争关系与抽象竞争关系这一组概念起源于德国反不正当竞争法。在德国反不正当竞争法上，按照市场主体之间是否具有能量转换式的损益关系，将竞争关系分为具体竞争关系和抽象竞争关系。

德国2004年《反不正当竞争法》首次对"竞争者"这一概念进行了立法

---

〔1〕 参见范长军：《德国反不正当竞争法研究》，法律出版社2010年版，第64页。

定义，将"竞争者"界定为处于具体竞争关系的经营者。具体竞争关系的一方是违法行为人（或受益的第三人），另一方是受损的经营者。如果一方受益就是另一方的受损，即受益与受损属于能量转换式的结果，则双方存在具体竞争关系。[1] 具体竞争关系既可能存在于处于同一行业或部门的经营者之间，也可能存在于处于不同行业或部门的经营者之间。不论所处的行业或部门是否相同，只要指向相同的顾客群，或者说，从顾客的角度，双方的产品具有可替代性即可。

（二）竞争关系在互联网不正当竞争行为认定中的定位

1. 竞争关系是互联网不正当竞争行为的构成要件

我国现行《反不正当竞争法》规定了六种不正当竞争行为，即市场混淆、商业贿赂、虚假宣传、侵犯商业秘密、不正当有奖销售和商业诋毁。这六种行为被称为传统不正当竞争行为，而不属于这六种行为的其他不正当竞争行为类型则被称为新型不正当竞争行为。互联网不正当竞争行为包括两种类型：一是传统不正当竞争行为在互联网领域中的延伸，二是互联网新型不正当竞争行为。

无论是传统不正当竞争行为在互联网领域中的延伸，还是互联网新型不正当竞争行为，互联网不正当竞争行为首先是不正当竞争行为，必须符合《反不正当竞争法》规定的不正当竞争行为的构成要件。

一般而言，不正当竞争行为的构成要件包括：第一，主体要件，即不正当竞争行为的主体必须是经营者。第二，主观要件，即要求不正当竞争行为主体主观上必须具有竞争目的以及实施不正当竞争行为的主观故意。第三，客观要件，即要求经营者客观上必须实施了违反法律规定、违背诚实信用原则和公认的商业道德的不正当竞争行为。第四，客体要件，即要求经营者的不正当竞争行为损害或可能损害三重法益——其他经营者的合法权益、消费者的合法权益、市场竞争秩序（社会公共利益）。关于不正当竞争行为的构成要件，现存最大的争议点在于竞争关系是否属于认定不正当竞争行为的构成要件之一。

---

〔1〕　参见范长军：《德国反不正当竞争法研究》，法律出版社 2010 年版，第 62~64 页。

主张竞争关系不是抑或已经不是不正当竞争行为的构成要件之一的学者，主要以以下论据为支撑：

一是国内外立法对不正当竞争行为所下的定义。首先，从国内立法来看，我国 1993 年和 2017 年《反不正当竞争法》对不正当竞争行为所下的定义均只要求行为主体是经营者而非竞争者，从而有学者得出我国反不正当竞争立法并不严格强调行为主体之间具有竞争关系，竞争关系并非不正当竞争行为的构成要件之一的结论。其次，从国际立法来看，1967 年修订的《保护工业产权巴黎公约》（以下简称《巴黎公约》）第 10 条之二规定："凡在工商业事务中违反诚实的习惯做法的竞争行为构成不正当竞争的行为。"[1] 这已成为公认的关于不正当竞争行为的经典性定义。世界知识产权组织（WIPO）1996 年《反不正当竞争示范条款》（以下简称《示范条款》）第 1 条（a）："在工业或商业活动中，任何违反诚实商业习惯的行为和做法，构成不正当竞争行为。"[2] 对比二者，唯一的区别在于"竞争行为"被"任何行为和做法"所替代。有学者通过分析这一变化得出不正当竞争的行为人与受害人之间竞争关系淡化的结论。

二是反不正当竞争法所保护的法益结构变化。反不正当竞争法最早脱胎于民事侵权法，保护受损害的竞争者个人合法权益。伴随着公法私法化与私法公法化的法律社会化浪潮以及消费者运动的发展，反不正当竞争法的竞争法功能日益强化，从纯粹的竞争者保护向旨在保护经营者、消费者和公共利益三重法益转变。在传统的竞争者保护之外引入对消费者合法权益的保护，这使反不正当竞争法的性质和保护范围均发生了重要变化，首先是不再要求竞争关系的存在。[3]

笔者认为，以上论据均不足以否定竞争关系是不正当竞争行为的构成要件。

首先，立法方面。对比 1967 年《巴黎公约》与 1996 年《示范条款》，形式上的变化不容置疑，但是实质内容究竟如何还有待于进一步考察《巴黎公

[1] ［奥地利］博登浩森著，汤宗舜、段瑞林译：《保护工业产权巴黎公约指南》，中国人民大学出版社 2003 年版，第 95 页。

[2] Model Provisions on Protection Against Unfair Competition，转引自黄勇、岑兆琦编著：《中外反不正当竞争法经典案例评析》，中信出版社 2007 年版，第 366 页。

[3] 参见孔祥俊："论反不正当竞争法的新定位"，载《中外法学》2017 年第 3 期。

约》与《示范条款》对不正当竞争行为所下的定义。《巴黎公约》中的"竞争"应作何理解，实际上由每个国家依其自己的观念作出决定：国家可以将不正当竞争概念扩及到狭义地讲（即在工业或商业的同一部门内）不是竞争的行为，但这些行为从工业或商业的另一部门确立的名誉中不适当地得到利益，从而削弱了这种名誉。[1] WIPO 在对《示范条款》的解释中强调："《巴黎公约》第十条之二中提及'竞争行为'，本《示范条款》中不正当竞争行为不以竞争行为作为条件。这就意味着《示范条款》也适用于没有直接竞争关系的行为人与受该行为影响的利害关系人之间的情形。"[2] 由此可见：《巴黎公约》中的"竞争行为"并不仅限于狭义的同业竞争抑或直接竞争。而《示范条款》中"任何行为和做法"只是将不正当竞争行为的认定扩展至没有直接竞争关系的行为人和受害人之间，而非彻底抛弃竞争关系。事实上，从《巴黎公约》到《示范条款》，对不正当竞争行为的理解实质上并未发生根本性变化，之所以由此得出竞争关系淡化的结论完全是因为对竞争关系的基本含义认识不清。更何况，退而言之，即使由此得出竞争关系在不正当竞争行为认定中确实呈现淡化趋势也并不意味着竞争关系可以彻底被抛弃。通过上文对《巴黎公约》与《示范条款》有关条文的深入考察，不难得出一个结论：对法律条文的理解往往不应该仅仅局限于字面。只有透过现象看本质，综合法律的性质、宗旨以及其在整个法律体系中的定位等诸多要素才可能对其得出更为准确的认识。因此仅从我国《反不正当竞争法》对不正当竞争行为的字面定义中得出竞争关系不是认定不正当竞争行为的构成要件之一的结论似乎也并不具有十足的说服力。

其次，法理方面。反不正当竞争法从纯粹的竞争者保护向经营者、消费者和社会公共利益三重法益转变，意味着反不正当竞争法的私法保护功能日益淡化而竞争法功能日益强化。竞争法属于经济法的下位法，追求实质正义，以社会为本位，旨在维护社会公共利益。对比我国新旧《反不正当竞争法》对不正当竞争行为的定义，"扰乱市场竞争秩序"被置于"损害其他经营者或者消费者的合法权益"之前。市场竞争秩序作为社会公共利益的具体表现形

---

〔1〕　参见［奥地利］博登浩森著，汤宗舜、段瑞林译：《保护工业产权巴黎公约指南》，第96~97页。

〔2〕　仲谋、王轩编著：《奢侈品法律环境》，对外经济贸易大学出版社2012年版，第86页。

式之一，其在《反不正当竞争法》中的地位由此可见一斑。现代反不正当竞争法通过规制商业环境中经营者的不正当竞争行为，维护自由公平的市场竞争秩序，进而维护其他经营者和消费者的合法权益。即使将消费者合法权益纳入反不正当竞争法，也不能改变现代反不正当竞争法作为市场竞争行为法旨在维护市场竞争秩序的本质，其无论如何也无法绕开"竞争"二字。因此，似乎并不能依据消费者合法权益被纳入反不正当竞争法而得出竞争关系的认定不再必要的结论。实际上，竞争法不同于《消费者权益保护法》，其对消费者合法权益的保护只是一种间接的保护、抽象的保护。即使将消费者合法权益纳入反不正当竞争法，受损害的消费者也并不能依据反不正当竞争法向法院提起不正当竞争之诉。消费者权益保护不是反不正当竞争法适用的起点，而是终点。

最后，司法方面。我国最高人民法院在其一项重要的司法文件中指出，"认定不正当竞争，除了要具备一般民事侵权行为的构成要件以外，还要注意审查是否存在竞争关系。存在竞争关系是认定构成不正当竞争的条件之一。"[1] 在互联网不正当竞争纠纷的审判实务中，有学者对中国法院网中公开的 2004 年至 2012 年间的全部 102 份发生在网络商业环境下的不正当竞争案件的判决书进行了仔细研读，发现在其中 72 起案件中法院对原告与被告之间的竞争关系进行了明确阐述，而在其他 30 起没有明确阐述的案件中，也有部分是因为原告与被告之间的竞争关系过于明显，法官认为无需进一步论述。[2] 可见司法实务中仍然将竞争关系作为审理不正当竞争案件的逻辑起点。

综上所述，竞争关系是不正当竞争行为的构成要件之一，自然也是认定互联网不正当竞争行为的要件之一。

2. 竞争关系在互联网不正当竞争行为中的认定必要性研究

竞争关系在司法实务中被作为审理不正当竞争案件的逻辑起点，根本上是因为竞争关系在不正当竞争行为中的认定必要性具有法理上的支撑，在互

---

〔1〕 最高人民法院副院长曹建明："加大知识产权司法保护力度，依法规制市场竞争秩序——在全国法院知识产权审判工作座谈会上的讲话"（2004 年 11 月 11 日），转引自孔祥俊：《反不正当竞争法原理》，法律出版社 2005 年版，第 63 页。

〔2〕 参见王永强："网络商业环境中竞争关系的司法界定——基于网络不正当竞争案件的考察"，载《法学》2013 年第 11 期。

联网不正当竞争行为的认定中同样如是。

（1）划分反不正当竞争法与民事侵权法的适用边界

反不正当竞争法脱胎于民事侵权法，与民事侵权法有着千丝万缕的联系。虽然现代反不正当竞争法已然逐渐褪去传统的外衣，向竞争法转身，但仍然留存着历史的痕迹。因此，如何划分反不正当竞争法与民事侵权法的适用边界不仅具有理论意义，而且极具实务价值。

调整对象是区分部门法的重要标志之一，竞争关系作为反不正当竞争法的调整对象是区分反不正当竞争法与其他部门法的重要标志，尤其是划分反不正当竞争法与民事侵权法的重要标志和基本方法。

（2）协调市场调节与政府干预的关系

市场与政府的关系问题是市场经济下的一项重要课题，也是贯穿经济法的重要线索之一。在市场经济条件下，市场与市场失灵相伴而生，为了弥补市场自发调节的缺陷与不足，要求政府这一把有形之手的干预，但不当的政府干预也会引发公共决策失误、权力寻租等政府失灵问题，经济法因此应运而生。竞争法作为经济法的下位法，市场调节与政府干预的关系问题自然也是其中的重要课题之一。

1993 年中共十四大正式确立了社会主义市场经济体制，提出"要使市场在资源配置中起基础性作用"。中共十八届三中全会审议通过的《中共中央关于全面深化改革若干重大问题的决定》指出，"经济体制改革是全面深化改革的重点，核心问题是处理好政府与市场的关系，使市场在资源配置中起决定性作用和更好发挥政府作用"。从"基础性作用"到"决定性作用"，可见党和国家已经愈发强调市场在社会主义市场经济体制中的重要地位，政府对市场的干预必须要合理合法，做到干预有度、干预有限、干预有效。

如果抛弃竞争关系这一构成要件，则无异于将反不正当竞争法作为民事侵权法在市场商业环境中的特别法加以适用，这将极大地扩大反不正当竞争法的适用范围。而反不正当竞争法分属于经济法，是政府干预市场的重要法律依据。如果反不正当竞争法的适用范围无限制扩张，极有可能打开政府任意干预市场的闸门，从而可能破坏自由竞争的市场机制，摧毁市场经济的基石，阻碍国家全面深化经济体制改革这一战略目标的实现。因此，认定竞争关系在一定程度上可以限制反不正当竞争法的随意扩张适用，从而约束政府这一把有形之手对市场的无度干预，平衡市场调节与政府干预的紧张关系，维护和健全社会主义市场经济体制。

（3）协调公平与效率的关系

公平与效率二者之间既相辅相成，又相互对立。一般而言，自由公平的市场竞争秩序将有利于提高社会经济运行的效率。但是如果一味追求公平，将难免牺牲效率、限制自由、阻碍创新。而创新已然成为时代的主旋律，尤其是在互联网商业环境中。信息技术日新月异、高速发展，互联网商业竞争不仅仅是商品或服务的价格竞争、质量竞争等传统竞争，更是技术竞争、标准竞争。因此，创新在互联网商业环境中占据支配地位。

反不正当竞争法不同于同为竞争法之下位法的反垄断法，垄断行为根本上源于市场竞争不足，因此反垄断法更加侧重对市场竞争自由的维护。而不正当竞争行为源于市场自由竞争过度，因此反不正当竞争法更加侧重于营造公平的市场竞争秩序。如果反不正当竞争法定位准确，调整范围适当，将可能兼顾公平与效率从而促进创新，推动社会进步。相反，如果抛弃竞争关系要件，不正当竞争行为尤其是互联网不正当竞争行为的认定将很有可能失去界限，反不正当竞争法的调整范围可能面临任意扩张的危险，从而阻碍创新特别是互联网领域的创新，破坏市场自由竞争机制，降低效率。

一言以蔽之，竞争关系的认定有利于划分反不正当竞争法与民事侵权法的适用界限，防止反不正当竞争法向民事侵权法之特别法演化；有利于合理划定反不正当竞争法的适用范围，避免政府因干预过度导致的政府失灵问题以及其对市场自我调节机制的破坏，协调市场自发调节与政府干预的关系；有利于协调公平与效率的关系，做到公平与效率二者兼顾，不断促进社会创新。

（三）互联网不正当竞争行为中竞争关系的扩张解释及其存在的问题

本书在该部分专章介绍竞争关系在互联网不正当竞争行为认定中的扩张解释，并非要否定传统的狭义竞争关系在互联网不正当竞争行为认定中的意义。事实上，大部分互联网不正当竞争行为仍然是发生在同业竞争者之间，狭义竞争关系在互联网不正当竞争行为认定中仍然具有非常重要的意义。只是由于互联网商业模式的特殊性，学界和实务界对互联网不正当行为中的竞争关系的理解已经不再局限于同业竞争关系，而是出现了扩张解释的趋势。

1. 互联网不正当竞争行为中竞争关系扩张解释的具体表现

虽然学界已经对互联网不正当竞争行为中竞争关系的广义化认定趋势基本达成共识，但具体如何进行扩张解释至今依然众说纷纭、莫衷一是。

（1）以违背竞争原则认定竞争关系

最高人民法院副院长曹建明曾在一次讲话中指明，竞争关系"一般是指经营者经营同类商品或服务，经营业务虽不相同，但其行为违背了《反不正当竞争法》第2条规定的竞争原则，也可以认定具有竞争关系。"[1]《反不正当竞争法》第2条规定的竞争原则即自愿、平等、公平、诚信的原则。有学者将诚实信用原则奉为《反不正当竞争法》的"帝王条款"，认为只要是违背诚实信用原则的商业行为即构成不正当竞争行为，具有竞争关系。

（2）以不正当损害他人合法权益认定竞争关系

北京珠峰万维科技发展有限公司、珠穆朗玛网络有限公司与北京中搜在线软件有限公司等不正当竞争和侵犯著作权纠纷案，北京市高级人民法院判决认为，虽然珠峰万维与中搜在线的经营范围不同，经营业务亦不重合，但是前两者的行为破坏了后者的竞争力，造成了经济损失，从而认定具有竞争关系。[2]

百度公司诉青岛奥商网络公司等不正当竞争纠纷案，最高人民法院在此案裁判摘要中以竞争主体在市场竞争中存在一定的联系或者一方的行为不正当地妨碍了另一方的正当经营活动且损害了其合法权益为标准来认定竞争关系。[3]

（3）以"商业利益此消彼长"认定竞争关系

"猎豹浏览器屏蔽优酷网视屏广告案"二审法院认为，竞争关系的构成不取决于经营者之间是否属于同业竞争，亦不取决于是否属于现实存在的竞争，而应取决于经营者的经营行为是否具有"损人利己的可能性"，即不仅具有损害其他经营者经营利益的可能性，而且具有使自身获益的可能性，二者缺一

---

〔1〕　最高人民法院副院长曹建明："加大知识产权司法保护力度，依法规范市场竞争秩序——在全国法院知识产权审判工作座谈会上的讲话"（2004年11月11日），转引自孔祥俊："论反不正当竞争法的新定位"，载《中外法学》2017年第3期。

〔2〕　参见北京市高级人民法院（2006）高民终字第265号民事判决书。

〔3〕　参见周樨平："反不正当竞争法中竞争关系的认定及其意义——基于司法实践的考察"，载《经济法论丛》2011年第2期。

不可。[1]

"'极路由'屏蔽视频广告不正当竞争纠纷案"一审法院认为,在互联网时代,判断经营者之间有无竞争关系,应着眼于经营者的具体行为,分析其行为是否损害其他经营者的竞争利益。最后,一审法院以被告行为导致原被告在商业利益上此消彼长,认定原被告之间形成竞争关系。[2]

"北京爱奇艺科技有限公司诉深圳聚网视科技有限公司其他不正当竞争纠纷案"一审法院认为:虽然原被告的经营范围不同,但是被告行为在影响原告经济利益的同时,给自身带来用户,因此,原被告在商业利益上存在此消彼长的关系,双方为竞争关系。[3]

这里需要补充说明的是,"商业利益此消彼长"包括"此消彼长的可能性",其实可以与"损人利己的可能性"作同义理解。因为现代反不正当竞争法区别于民事侵权法具有经济法的社会法属性,更加注重对社会公共利益的维护,并不强调实际损害。

(4) 以争夺网络用户认定竞争关系

互联网经济也被称为"注意力经济""眼球经济",吸引并维持用户是互联网企业开展经营业务的基础。互联网企业的商业利益或者说竞争利益主要体现为对网络用户这一市场资源的争夺中所存在的利益。因此,在司法裁判中,法官常常将主体之间"商业利益此消彼长"具体化为对网络用户的争夺,从而以争夺网络用户来认定具有竞争关系。

"'极路由'屏蔽视频广告不正当竞争纠纷案"二审法院认为,在新的经济模式下,只要双方在最终利益方面存在竞争关系,亦应认定两者存在竞争关系。而互联网企业最终的核心利益即表现为对网络用户的争夺。因此,原被告虽非同业经营者,但双方仍构成竞争关系。[4]

"北京奇虎科技有限公司等诉腾讯科技(深圳)有限公司等不正当竞争纠纷案"一审法院以主体经营业务存在交叉重合、涉案产品的用户群同一为由

[1] 参见北京市第一中级人民法院(2014)一中民终字第3283号民事判决书。
[2] 参见北京知识产权法院(2014)京知民终字第79号民事判决书。
[3] 参见最高人民法院:"北京爱奇艺科技有限公司诉深圳聚网视科技有限公司其他不正当竞争纠纷案",载《最高人民法院公报》2016年第12期。
[4] 参见北京知识产权法院(2014)京知民终字第79号民事判决书。

认定双方之间存在竞争关系。二审法院认为，虽然双方免费网络服务的主营市场具有一定的区别，但各自的竞争优势主要取决于免费网络服务市场中对用户的锁定程度和广度，以及对现有用户的数据挖掘和合理分类，因此双方在网络服务范围、用户市场、广告市场等网络整体服务市场中具有竞争利益，二者具有竞争关系。[1]

2. 互联网不正当竞争行为中竞争关系扩张解释的原因

（1）同业竞争关系难以完全契合互联网商业模式的特点

同业竞争关系是学界对竞争关系的一种典型理解，这种理解其实更多是历史形成的产物。随着市场经济的发展，顾客需求日益多元，行业界限渐趋模糊，行业与行业之间的关联日益紧密并且日渐复杂，同业竞争关系愈来愈难以适应社会经济的发展和变化，尤其是在互联网经济的时代背景下。全网络竞争、跨行业竞争成为网络环境中市场竞争的常态，同业竞争关系更是难以契合互联网双边市场商业模式的特点，进而导致竞争关系在互联网不正当竞争行为认定中存在诸多解释难题。

互联网商业模式不同于传统商业环境中的单边市场模式，具有双边市场属性。何谓双边市场？"一般认为，两组参与者需要通过平台企业进行交易，而且一组参与者加入平台的收益取决于加入同一平台另一组参与者的数量，这样的市场称作双边市场。"[2]

现代互联网服务企业的典型经营模式，即"基础网络服务免费+增值服务收费+广告服务收费"的运营模式。第一，网络运营商通过免费的基础网络服务锁定用户，基础网络服务用户的数量越多，企业资产价值也就越大。第二，网络运营商通过向部分用户提供增值服务的方式在用户市场获取利润。第三，网络运营商通过将基础网络服务锁定的用户作为信息推介的对象，吸引广告主在该网络平台投放广告，从而赚取广告市场的利润。[3]由此可见，互联网运营商只是充当一个网络平台的角色，平台两边活跃着两类群体——网络用户（包括部分增值服务用户）＋广告投放商。互联网企业同时向这两类群体提供服务，分别构成相互关联的两个不同的相关市场。第一，互联网运营商作为基础

---

〔1〕　参见北京市第二中级人民法院（2011）二中民终字第 12237 号民事判决书。
〔2〕　参见刘继峰：《竞争法学》，北京大学出版社 2016 年版，第 374 页。
〔3〕　参见刘继峰：《竞争法学》，北京大学出版社 2016 年版，第 374 页。

网络服务和增值服务提供商，面向用户构成一个产品或服务市场。第二，互联网运营商作为广告发布者，面向广告主构成一个广告市场。并且，产品或服务市场中网络用户的数量和粘度会直接影响互联网企业在另一市场即广告市场的交易。这种市场即被称为双边市场，也是网络外部性特征的显著体现。

实际上，"双边市场"只是学术上的一种习惯称谓，互联网企业作为一个网络平台，完全可能面向不止以上两类的群体，从而构成两个以上相互关联的市场。在这多个相互关联的市场中，基础网络服务和增值服务市场中用户的粘度和广度无疑都是起着至关重要的衔接作用，会对互联网企业在其他相关市场中的交易产生影响。

互联网商业环境下，网络运营商作为一个独立的市场主体集双重或多重市场经营者身份于一体。即使 A、B 两个网络运营商在面向网络用户这一边市场中是提供既不相同也不相似的产品或服务的经营者，二者在这一市场中并非同业竞争者，但是完全可能在另一边市场中存在同业竞争关系。而且一个互联网企业同时参与的两个以上市场之间相互关联，市场利益的交织相较于传统商业模式更加复杂，这就决定了确定是否具有损害并不限于同业竞争。虽非同业竞争，但涉及关联的市场，能够形成竞争上的损害关系，同样有滥用竞争自由和损害竞争秩序的问题，反不正当竞争法应当将其纳入视野。这是同业竞争关系难以适应现实需要，学界和实务界想方设法对同业竞争关系进行扩张解释的根本原因。

（2）反不正当竞争法的现代化转型

传统反不正当竞争法以保护诚实经营者、救济受损害的竞争者为唯一目的。现代反不正当竞争法保护的并非竞争者而是竞争，以维护自由公平的竞争秩序为旨归。反不正当竞争法所保护的法益由纯粹的竞争者到经营者、消费者和社会公共利益三重法益叠加，这一变化正是反不正当竞争法现代化转型的重要标志。

这一变化意味着反不正当竞争法的适用不再严格限定主体之间具有同业竞争关系。即使虽非同业竞争，但只要涉及关联市场，损害或者可能损害市场竞争秩序，不正当地夺取市场竞争优势，削弱其他经营者的竞争能力，进而损害或者可能损害消费者的合法权益，就应当适用反不正当竞争法，认定为不正当竞争行为。因此，反不正当竞争法的现代化转型导致反不正当竞争法的调整范围有所拓展，是狭义竞争关系不断被突破从而走向广义化认定的另一重要原因。

3. 互联网不正当竞争行为中竞争关系扩张解释存在的问题

对竞争关系进行扩张解释是符合互联网商业模式自身的特点和顺应时代与法律发展要求的必然选择。对竞争关系的广义认定有利于打破传统的狭义竞争关系的枷锁，适当扩张反不正当竞争法的调整范围，从而更加有效地规制互联网不正当竞争行为，遏制互联网领域的竞争乱象，维护网络商业环境中的竞争秩序。然而，对竞争关系的不合理扩张解释却是引发许多新的问题与争议的根源。

（1）认定标准不一

通过前文对互联网不正当竞争行为中竞争关系的司法界定的梳理，不难得出当前司法实务中对互联网不正当竞争行为中的竞争关系的认定标准五花八门的结论。甚至在同一案件的不同审理阶段，一审和二审法院对同一案件中涉案主体之间的竞争关系的认定标准都不统一。例如，在"'极路由'屏蔽视频广告不正当竞争纠纷案"中，一审法院以"商业利益此消彼长"认定原被告之间具有竞争关系，而二审法院以"对网络用户的争夺"认定原被告之间具有竞争关系。

竞争关系的认定标准不一，给实务中法官随意解释法律甚至是随意"造法"打开了闸门，增加了法院裁判的随意性，甚至给权力寻租创造了法外空间。这不仅降低了司法的确定性和可预见性，而且违背了公平公正的司法精神，有损司法的权威性，弱化了司法的公信力，最终将不利于社会主义法治国家的建设。

（2）竞争关系虚置

对竞争关系的不合理扩张使得竞争关系的认定显得不再那么必要。有学者指出，司法实践中的广义理解虽然并未抛弃竞争关系的外衣，但实质上已达到了不再要求竞争关系的效果。[1] 因而引发学界对竞争关系认定必要性的思考与争议。有学者纷纷表示应该放弃竞争关系的要件地位，回归竞争行为的属性本身即行为是否违背诚实信用原则或者公认的商业道德。对于竞争关

---

〔1〕 参见孔祥俊："论反不正当竞争法的新定位"，载《中外法学》2017年第3期。

系认定的必要性，前文已作分析和说明。竞争关系是认定不正当竞争行为的构成要件之一，是竞争法的调整对象。对反不正当竞争法在整个法律体系中的定位、对协调市场与政府的关系以及对协调公平与效率的价值冲突无疑都具有非常重要的意义。然而学界和实务界对竞争关系的不合理扩张解释导致竞争关系名存实亡以及由此可能引发的问题却令人细思极恐。

第一，以违背竞争原则认定竞争关系。自愿、平等、公平、诚信原则不仅是反不正当竞争法的基本原则，甚至可以说是法的基本精神。诚实信用原则不仅被视为反不正当竞争法的"帝王条款"，在其他部门法例如民法、民事诉讼法等中亦被置于至高无上的地位。因此，仅仅以违背竞争原则认定竞争关系尚不足以识别法律的性质，导致对竞争关系的界定过于泛化，实质上形同虚设。竞争关系形同虚设，将会导致反不正当竞争法的调整范围被无限扩张，从而不断侵入其他部门法例如民事侵权法、合同法、知识产权法等的调整范围，最终将难以实现整个法律体系内部的衔接与自洽。

第二，以不正当损害他人合法权益认定竞争关系。不正当损害他人合法权益的表现形式之一就是不正当破坏他人竞争优势，因此学界也有主张以不正当破坏他人竞争优势来认定竞争关系的。然而，不论是不正当损害他人合法权益，还是不正当破坏他人竞争优势，实际上二者都是构成不正当竞争行为的客体要件。以此为标准认定竞争关系，将会使竞争关系要件与损害结果的客体要件发生混同，从而使得对竞争关系要件的认定变得多此一举，竞争关系实质上被虚置。此外，损害结果要件也是民事侵权行为的构成要件之一，以损害结果认定竞争关系，将难以厘清反不正当竞争法与民事侵权法的适用边界。

第三，以争夺网络用户认定竞争关系。在互联网不正当竞争纠纷案件的审理过程中，法官常常将"商业利益"具体化为网络用户，将"商业利益此消彼长"解释为一方的行为不正当地导致另一方网络用户减少，而一方网络用户却因该行为而增加。诚然，在互联网商业环境中，网络用户是经营者相互争夺的商业利益的重要表现形式，但这种唯一指向的具体化解释难免有将复杂的商业利益形态过于简单化以回避问题的嫌疑。并且在素有"眼球经济""注意力经济"的互联网经济模式下，这种解释无疑会带来"全网竞争"，即网络领域中任何两个经营主体之间均可能产生某种竞争关系，竞争关系因此可能会面临被虚置的危险。

第四，以"商业利益此消彼长"认定竞争关系。抛开将复杂的商业利益形态仅仅具体化为网络用户并以此来认定竞争关系可能会面临的上述质疑不谈，回归"商业利益此消彼长"这一标准本身，其实利弊并存。这一认定标准的可圈可点之处主要在于，其将竞争的本质揭示得淋漓尽致。然而，该认定标准却存在两个非常致命的问题。其一，"商业利益此消彼长"是一个非常抽象的标准，以抽象的标准来认定竞争关系，将会导致对竞争关系进行泛泛认定的结果，仍然可能会给法官不合理地解释竞争关系甚至是规避竞争关系的认定难题留有余地，带来竞争关系名实不符的虚化风险。其二，"商业利益的此消彼长"似乎仅仅将视野停留在私主体之间的获益受损关系这一层面上，尚未揭示反不正当竞争法区别于私法的经济法属性，不足以体现现代反不正当竞争法保护竞争、维护自由公平的市场竞争秩序的最高立法宗旨。

（3）反不正当竞争法与其他部门法的适用界限模糊化

竞争关系作为竞争法的调整对象，是区别竞争法与民法等其他部门法的重要标志。如果对竞争关系的内涵与外延界定过宽，导致竞争关系实质上被架空和虚置，将难以发挥竞争关系这一调整对象在划分竞争法与其他部门法适用范围方面所本应起到的作用。事实上，在对互联网不正当竞争行为中的竞争关系作广义认定的趋势下，反不正当竞争法的调整范围频频扩张，甚至有屡屡侵入侵权行为法、合同法、知识产权法等其他部门法领地的倾向。有学者指出，"中国互联网企业之间以不正当竞争为由起诉的情况之所以如此频发，反映了在司法救济途径上存在某种向反不正当竞争法逃逸的现象。"[1]不仅很多互联网企业之间的侵权争端被作为不正当竞争行为处理，而且有的违约纠纷最后也适用《反不正当竞争法》被认定为不正当竞争行为。由此可见，随着竞争关系的扩张与虚化，反不正当竞争法与其他部门法的调整界限不断被模糊，进而导致整个法律体系难以完美的融合和衔接，甚至可能会出现自相矛盾、法律错位的情况。

（四）互联网不正当竞争行为中竞争关系认定的改进思路

1. 统一竞争关系的认定标准

如前所述，当前法院对互联网不正当竞争行为中竞争关系的认定标准五

---

[1] 薛军："互联网不正当竞争的民法视角"，载《人民司法（应用）》2016年第4期。

花八门，甚至出现相同类型的案件或者同一案件不同审理阶段中法院对竞争关系的认定标准都不一致，由此带来诸多消极影响。因此，互联网不正当竞争行为中竞争关系的认定标准亟待统一。

通过前文对互联网不正当竞争行为中竞争关系的司法认定标准的考察，"商业利益此消彼长"相对来说更具合理性，因此在司法裁判中这种认定竞争关系的标准也更为多见。这一认定标准的合理性具体表现如下：首先，"商业利益此消彼长"相较于"违背竞争原则"更加具体，相较于"不正当损害他人合法权益"或者"争夺网络用户"更加全面。其次，"商业利益此消彼长"将市场竞争的本质体现得淋漓尽致，非常精准地揭示了市场竞争本质上源于商业利益的冲突与对立，表现为对商业利益的角逐和较量。最后，"商业利益此消彼长"这一认定标准不仅频频闪现于国内司法判决之中，而且具有域外立法经验的支撑。德国现行《反不正当竞争法》要求竞争者之间必须存在具体竞争关系，而具体竞争关系的界定标准即是经营者之间具有能量转换式的损益关系，即一方所失与另一方所得具有因果关系。这与"商业利益此消彼长"恰有异曲同工之处。

然而，这一认定标准并非十全十美。"商业利益此消彼长"似乎仅仅将视野停留在私主体之间的损益关系上，无法体现反不正当竞争法区别于私法的经济法属性。事实上，竞争关系在不同语境下的含义会有所差别。互联网不正当竞争行为中的竞争关系认定问题不仅需要考虑竞争关系本身，还需要结合其所处的反不正当竞争法这一语境背景。这就涉及对反不正当竞争法在整个法律体系中的精准定位以及反不正当竞争法与民事侵权法的本质区别。

民事侵权法属于私法范畴，关注的是两个或两个以上私主体之间的损害与被损害关系。而反不正当竞争法作为竞争法的两大分支之一，无疑属于经济法范畴，关注的是对社会公共利益的维护。现代反不正当竞争法保护的不是竞争者而是竞争，是公平自由的市场竞争秩序。《反不正当竞争法》的最高立法宗旨正是维护市场竞争秩序，进而才能保护经营者和消费者的合法权益。市场竞争秩序作为社会公共利益的表现形式之一，强调对市场竞争秩序的维护正是反不正当竞争法与民事侵权法的本质区别。为了体现反不正当竞争法自身的经济法属性，在"商业利益此消彼长"之外宜纳入"竞争秩序"标准，形成"商业利益此消彼长+竞争秩序"二合一模式共同认定竞争关系。

对此，有学者可能会质疑：不正当竞争行为构成要件之四即客体要件已经包含了竞争秩序，这里再次纳入竞争秩序恐有多此一举、画蛇添足之嫌。这里，值得注意的是，市场竞争秩序在我国不正当竞争纠纷的审理过程中一直以来并没有受到应有的重视。我国1993年《反不正当竞争法》同时将经营者合法权益与社会经济秩序纳入保护范围，不仅没有直接点明经营者合法权益与社会经济秩序二者的法律地位孰轻孰重，而且将社会经济秩序后置于经营者合法权益。2017年《反不正当竞争法》虽然将市场竞争秩序前置于经营者合法权益、消费者合法权益，但司法裁判似乎并没有为市场竞争秩序正名。长久以来，法院习惯将市场竞争秩序与经营者合法权益、消费者合法权益置于并列地位同等视之，从而将损害经营者合法权益或者消费者合法权益的行为直接认定为不正当竞争行为。这实则混淆了反不正当竞争法与侵权行为法、合同法、知识产权法的调整范围，出现法律适用上的错位问题。在认定互联网不正当竞争行为中的竞争关系时纳入"竞争秩序"标准，不仅能部分解决立法与实务中对反不正当竞争法所保护的诸法益之间的主次关系界定不明的问题，而且能强调竞争秩序在反不正当竞争法中的至高无上的地位，突出反不正当竞争法区别于其他部门法的经济法属性。

2. 避免竞争关系的虚置风险

竞争关系的虚置自然衍生而出的最大问题就是反不正当竞争法与其他部门法的适用界限被模糊化。因此，解决所有问题的根本还是在于避免竞争关系的虚置风险。而导致竞争关系虚化的重要原因正是认定竞争关系的标准过于原则笼统，从而使得对竞争关系的认定过于泛化抽象。因此，需要在标准的指引下界定互联网领域相关市场并结合互联网商业模式自身的特点分析不同相关市场之间的具体关联进而具体精准地把握市场主体之间的竞争关系避免竞争关系的虚置风险。

(1) 界定互联网领域相关市场

虽然竞争关系不仅存在于同业经营者之间，非同业经营者之间也可能具有竞争关系，但这并不意味着行业划分或者说相关（产品）市场界定在竞争关系认定中意义全无。

相关市场界定，在整个竞争法中一直占据着基础性地位，是认定垄断行为和不正当竞争行为的或显性或隐性的前提条件。一般而言，同一行业（同一产品相关市场）的经营者面向相同的顾客群，利益冲突无疑更加明显，对市场交易机会的争夺自然更加激烈。而非同业经营者分别在两个或者两个以上不同的市场之中，本应面向不同的顾客群，不存在商业利益的直接冲突和正面交锋。之所以会在非同业经营者之间产生竞争关系，必然是因为这两个以上的相关市场之间具有某种内在或外在的联系从而使得不同市场的经营主体之间产生利益的交织重叠进而导致对某一商业利益的争夺，产生竞争。要厘清不同市场之间的具体利益关联则首先需要界定相关市场。

例如，在武汉爱医美网络技术有限公司与北京田永成经典美容科技有限公司等不正当竞争纠纷一案中，法院认为，被告的注册经营范围虽然不包括医疗美容服务，但是其通过所经营的"医美网"向公众免费提供整形美容咨询，并向与其建立合作关系的医疗机构主动推荐美容消费者以获取相应的合作费用，该行为实际属于广义的医疗美容服务，与原告形成反不正当竞争法上的竞争关系。[1] 在该案中，原被告经营范围不一致，原本分属于不同的相关市场，但因被告提供医疗美容咨询服务的行为导致被告介入原告所处的医疗美容市场，与原告共同面向同一顾客群体——医疗美容消费者，被告和与其建立合作关系的医疗美容机构利益共赢，而和尚未与其建立合作关系的医疗美容机构则存在间接竞争。可见，不论是同业竞争还是非同业竞争，界定相关市场都是判断是否存在竞争利益、认定竞争关系的前提。

（2）立足于互联网商业新模式——双边市场模式

互联网商业模式与传统单边市场模式不同，是一个双边市场。这是互联网商业模式的典型特征，并且常常体现在互联网不正当竞争行为之中。在前文介绍的屏蔽视频广告案、奇虎诉腾讯案、武汉爱医美公司与北京田永成公司案等诸多互联网不正当竞争纠纷案中，对不正当竞争行为的认定其实都涉及互联网双边市场这一新型商业模式。然而，根据上文对诸多司法裁判的考察，发现实务中法官往往容易忽略互联网商业这一新模式，没有精准地把握到双边市场在互联网不正当竞争行为中竞争关系的认定问题上所具有的重要地位。深刻理解并立足于互联网双边市场模式将有助于解决互联网不正当竞争行为中竞争关系的认定问题。

---

[1] 参见北京市第二中级人民法院（2010）二中民终字第 07939 号民事判决书。

以猎豹浏览器屏蔽优酷网视频广告案为例，原告合一公司从事视频网站的经营行为，被告金山公司从事浏览器开发和提供等经营行为，二者的经营范围貌似不同，因而实务中一致认为二者之间并非同业竞争者，即使存在竞争关系，也是间接竞争关系。事实上，这是在忽略双边市场模式的情况下对互联网不正当竞争行为中的竞争关系的典型误读。原告合一公司与被告金山公司作为两个独立的网络平台企业，二者的运营模式趋同，即"免费基础网络服务+广告收费服务"。这是一个典型的双边市场模式，即基础网络服务市场+广告服务市场，两个市场相互关联，基础网络服务市场中用户的粘度和广度直接影响网络平台企业在广告服务市场中的收益。在基础网络服务市场中，原告是视频网站经营者，被告是浏览器开发与提供者，二者经营范围不同，并非同业竞争者。在广告服务市场中，原被告同为广告发布者，经营业务相同，具有同业竞争关系。被告行为实则在不正当地利用原告基础网络服务市场中的用户粘度和广度增强自身在广告服务市场的竞争优势，原告在基础网络服务市场中的用户不会因为被告该行为而必然减少，但其在广告服务市场中的竞争利益明显受到损害。因此，原被告在基础网络市场中并不当然存在商业利益此消彼长的竞争关系，这种商业利益的此消彼长恰恰发生在广告服务市场中。简而言之，双方之间的利益角逐根本不在基础网络服务用户，而是在广告市场中的交易机会，而在这一市场中，二者显然是同业竞争关系即直接竞争关系而非间接竞争关系。

综上所述，界定互联网领域相关市场，并立足于互联网商业新模式即双边市场模式，为分析互联网领域不同相关市场之间的关联和厘清同时经营多种业务、面向多个相关市场的互联网企业之间的具体利益关系，进而避免因对竞争关系泛泛认定导致的竞争关系虚化问题提供了一种比较行之有效的技术方案。

（五）小结

竞争关系是不正当竞争行为的构成要件之一，是认定不正当竞争行为的逻辑起点，是反不正当竞争法的适用前提。因此，界定竞争关系对于互联网不正当竞争行为的认定具有非常重要的意义。不仅有利于划分反不正当竞争法与民事侵权法的适用边界，而且有利于协调市场调节与政府干预的紧张关系，同时有利于平衡公平与效率的价值冲突，最终有利于建立自由公平的市场竞争秩序，从而促进社会主义市场经济的健康发展。

然而，传统的同业竞争关系无法完全契合互联网商业环境下全网络竞争、跨行业竞争的双边市场新模式，亦难以适应反不正当竞争法现代化转型的需要，极大地限制了反不正当竞争法的调整范围，导致实务中认定互联网不正当竞争行为的解释难题。因此，司法裁判中，法官对互联网不正当竞争行为中的竞争关系进行了种种扩张解释。但这种解释本身却也存在着诸多的法律问题：竞争关系认定标准不一问题、竞争关系虚置问题以及由此衍生而出的反不正当竞争法与其他部门法的适用界限模糊化问题。那么，互联网不正当竞争行为中的竞争关系究竟应该如何认定才能在有效规制互联网不正当竞争行为的同时避免因竞争关系虚化导致的法律错位问题呢？

本书对此提出了两条改进思路：一是统一竞争关系认定标准，以"商业利益此消彼长+竞争秩序"标准认定互联网不正当竞争行为中的竞争关系。二是避免竞争关系虚置风险，通过界定互联网领域相关市场并立足于互联网双边市场新模式来厘清互联网企业之间具体的利益关系进而较为精准地对互联网不正当竞争行为中的竞争关系进行界定。

四、一般条款适用问题

互联网络领域不正当竞争案件层出不穷，近几年以来，许多新型的不正当竞争形式相继出现，而竞争类型的多样性与创新性也是互联网络区别于传统市场不正当竞争行为的一大特点。我国新修订的《反不正当竞争法》对于互联网不正当竞争行为作出了相关规定，但由于其无法完全覆盖所有互联网竞争形式，且部分条款的设计缺乏一定的弹性，导致难以进行解释性适用。因此，在法院对此类案件进行审理时，许多情况下还是要依据《反不正当竞争法》第2条[1]这一一般条款进行判断。然而如何合理恰当适用一般条款解决互联网领域中出现的新型个案，既做到捍卫公平正义又不过分干涉市场竞争的自由，是互联网不正当竞争行为给法律带来的又一挑战。

---

〔1〕《反不正当竞争法》第2条："经营者在生产经营活动中，应当遵循自愿、平等、公平、诚信的原则，遵守法律和商业道德。本法所称的不正当竞争行为，是指经营者在生产经营活动中，违反本法规定，扰乱市场竞争秩序，损害其他经营者或者消费者的合法权益的行为。本法所称的经营者，是指从事商品生产、经营或者提供服务（以下所称商品包括服务）的自然人、法人和非法人组织。"

(一) 一般条款概述

1. 一般条款的概念

对于一般条款的概念，尚没有较为统一的定义。根据梁慧星教授的观点，一般条款是指法律中的某些不具有确定内涵外延，但又具有开放性的指导性规定，其文义是空泛的、抽象的，表达立法者的价值倾向，其具体内涵需要法官于具体个案中依据价值判断予以具体化。[1]

具体到竞争法领域，我国《反不正当竞争法》第 2 条通常被认作具有一般条款的含义。然而，对于具体该条中的哪一款是一般条款，不同学者观点之间存在一定的争议。有学者认为第 2 条的第 1 款是一般条款，[2]有学者认为第 2 条的第 2 款是一般条款，[3]还有学者认为第 2 条第 1 款第 2 款合并才是一般条款。[4]对于这一问题，本文所持观点为第三种观点，即第 1 条与第 2 条合并为一般条款。

2. 一般条款的价值

一般条款主要具有指引修正相关法律法规、维护公平正义等价值。一方面，一般条款可以修正相关法律法规。互联网领域的飞速发展导致必然出现部分法律法规无法跟上其发展速度的情况。互联网竞争种类与类型更加多种多样，同时不正当竞争的原因也多种多样。其中必然会出现具体法条没有规定的竞争类型，或迫不得已进行不正当竞争的情况，在这些情况下，我们无法继续运用具体条款进行判断，则可以根据一般条款中的道德规则与诚实信用原则作出相应判断。

另一方面，一般条款可以维护公平正义。正义是法律永恒的追求，也是法律的最终使命。法律对正义的追求体现在对具体每件案件的判决中。互联网领域与传统市场中必然有许多案件无法找到准确恰当的与之相对应的条文，当出现这一情况时，运用一般条款进行裁判与衡量，将有助于做出最恰当的判断，维护公平正义。

---

〔1〕　参见梁慧星：《民法解释学》，中国政法大学出版社 1995 年版。
〔2〕　参见谢晓尧：《竞争秩序的道德解读：反不正当竞争法研究》，法律出版社 2005 年版。
〔3〕　参见徐孟洲、孟雁北：《竞争法》，中国人民大学出版社 2008 年版。
〔4〕　参见周樨平："反不正当竞争法一般条款具体化研究"，南京大学 2013 年博士学位论文。

（二）一般条款在法律适用中的情况

笔者根据裁判文书网和北大法宝对 2000 年至 2017 年间共 375 例互联网不正当竞争案件进行了梳理与统计（见表 2），在这些案件中，有 36% 左右的案件在进行认定的过程中援引了《反不正当竞争法》第 2 条，由此可见，这一条款在目前我国司法实践中是被较为普遍承认和适用的。

表 2　2000-2017 年互联网不正当竞争案件数量统计[1]

年份/年	2000	2001	2002	2003	2004	2005	2006	2007	2008
案件数量/件	4	6	4	16	23	21	21	29	20
年份/年	2009	2010	2011	2012	2013	2014	2015	2016	2017
案件数量/件	15	25	19	16	21	41	33	30	31

（三）一般条款适用中的问题

1. 一般条款的局限性与不确定性问题

《反不正当竞争法》第 2 条第 1 款中规定了"经营者在生产经营活动中，应当遵循自愿、平等、公平、诚信的原则，遵守法律和商业道德。"根据这一规定，要想判定互联网领域一项行为是否构成不正当竞争行为，首先要判断其是否违反了"诚信原则"或"商业道德"。然而，诚信原则与商业道德这两项概念本身并没有一个较为明确的界定，互联网行业有着其自身的创新性特点与商业准则，同时也有着其领域内特有的原则与规范。因此，一般条款在处理互联网领域案件时有着一定的局限性与不确定性。

（1）诚实信用原则标准难以统一

诚实信用原则，可以具体理解为自愿、平等、公平、诚信等方面。然而司法解释中并没有对诚实信用原则做出更加具体的解释，因此在判定一项互联网竞争行为是否违反诚实信用原则时，赋予了法官一定的自由裁量权。同时，由于互联网领域发展快，淘汰率高，产品更新换代速度快等特点，难以

---

〔1〕　此处统计的案例来源于中国裁判文书网（http://wenshu. court. gov. cn/）、北大法宝网（http://www. pkulaw. cn/）以及中国司法案例网（https：//anli. court. gov. cn/）。

避免许多中小企业为了生存而做出新型的更加隐蔽的违反诚实信用原则的行为，这也给法官在判决时的判断带了了一定的干扰。

（2）商业道德标准难以统一

通常情况下，当某一行业中已有较为固定的行业规则或行业准则时，法官会参考该准则来认定某一行为是否违反了商业道德。[1]但实践中对于互联网领域道德标准的认定，也可能会存在种种问题。

一方面，道德标准具有一定的局限性，其主要体现为滞后性。一项道德标准的确立，往往以反复的实践为前提，最终表达的是长期互动形成的均衡。[2]即往往是经过长久的一段时间社会已经认可了某种行为之后，人们才对其背后的道德规则予以追认。而在更新换代速度极快的互联网领域，新型竞争模式层出不穷，其本身就难以形成稳定的行为规则与道德准则。同时还要对新出现的个案进行逐一归纳与分析，而所运用到的道德标准难以保证是顺应潮流与市场发展规律的，滞后性难以避免。

另一方面，道德标准具有一定的不确定性，具体体现为多元性。道德标准并不是一成不变的，而往往呈现地方性与时代性的特点。例如某一行为在某一地区广泛流行并被认可，在另一地区却不被接受并认为是不道德的行为（例如个人持枪是否被允许）。再如某些行为在古代被普遍接受却被当今道德所摒弃（如一夫一妻多妾制）。在互联网领域同样有着这样的问题，一项新型的竞争行为需要我们多元分析才能判断出其是否构成不正当竞争行为。

2. 其他经营者的利益和社会公共利益问题

第2条第2款中规定，"本法所称的不正当竞争行为，是指经营者在生产经营活动中，违反本法规定，扰乱市场竞争秩序，损害其他经营者或者消费者的合法权益的行为。"由此可以分析得出，在运用一般条款解决互联网不正当竞争问题时，不仅仅要考虑该行为本身是否符合诚信原则和商业道德，同时这一行为对其他经营者和社会公共利益的影响也应考虑在内。

具体到互联网领域，竞争秩序是反不正当竞争法所追求与保护的社会利

---

[1] 这一认定规则在北京市高院发布的《关于涉及网络知识产权案件的审理指南》第34条中也有所体现。

[2] 参见蒋舸："《反不正当竞争法》一般条款在互联网领域的适用"，载《电子知识产权》2014年第10期。

益，而互联网市场中的竞争秩序要比传统市场竞争复杂得多。何谓互联网领域竞争秩序？如何判断一项行为是否损害了竞争秩序，是否损害了社会公共利益和他人合法权益？在互联网领域难以形成一个统一的标准。例如在"合一诉金山案"[1]中，金山旗下的猎豹浏览器通过技术手段对合一优酷视频插播的广告进行拦截，这一举动吸引了大量用户群体。从一方面看，金山猎豹浏览器的这一行为使得广大用户群体不必被强制观看广告，并受到普遍的欢迎与认可，从某些角度来看有利于社会公共利益。而从另一方面来看，这一行为对优酷视频网站及其会员客户造成了直接或间接的损失，损害了其他竞争者的利益。对于这类情况，当某一互联网竞争行为损害了经营者利益却有利于社会公共利益，即一项行为对经营者利益与社会公共利益的影响处于两个方向时，我们应做出怎样的抉择。

3. 维护公平与促进创新的平衡问题

一般条款的作用之一即解决其他法条难以涵盖的个案问题，捍卫竞争的道德底线与公平正义。而互联网领域竞争的一大特点即创新性竞争，谁能抢占市场的先机与发展动向谁便会有更大的优势。同时也会出现许多为了创新而不得已或无意识进行了不正当竞争的情况。因此，当运用一般条款解决某项新型的竞争行为时，如何既能坚持诚实信用原则与行业道德准则，又能鼓励互联网行业的创新，对创新行为加以一定的保护与鼓励，也是我们需要面临的一项挑战。

五、互联网数据运用问题

随着互联网经济的迅猛发展，数据对互联网企业的发展具有举足轻重的作用。在互联网企业发展初期，互联网数据甚至被当成商业秘密对待。随着互联网企业业务的不断发展，各业务部门之间或者各互联网企业之间出现了需要融合相关数据的需求，通过交换数据、分析数据等步骤后实施精准的营销策略，从而高效地提高经济收益。在互联网企业利用数据的过程中，由于立法缺失、互联网行业特点等原因，出现了许多扰乱互联网经济健康、有序、高效发展的状况，急需通过法律规制等手段，规范互联网企业运用数据的行

---

[1] 参见北京市海淀区人民法院（2013）海民初字第 13155 号民事裁定书。

为，以保障互联网行业市场竞争秩序。

（一）互联网数据运用对法律的挑战

大数据蕴含着巨大的政治、经济、社会、科研价值和无限的开发潜能，与互联网一样是把双刃剑。在数据运用过程中，如何利用法律手段发挥大数据的良效，保障各方权益，显得尤为重要。然而在目前的数据运用实践中，作为新生事物，由于立法的滞后性，没有形成和出台统一的法律规范，导致了互联网企业在运用数据过程中产生了许多问题。本文所探讨的数据主要是指通过网络收集、存储、传输、处理和产生的各种电子数据。[1]

1. 数据法律性质和数据产权的挑战

（1）数据法律性质不明对法律的挑战

关于数据的法律性质，学界还没有统一的界定，大致有以下几种学说，邻接权客体说、财产权客体说和数据资产说。

邻接权客体说认为大数据是邻接权保护的客体。基于以下理由：①大数据是不具有独创性的数据汇编，用邻接权来保护大数据的模式更具可行性。②借鉴国际立法的法理基础。国外保护不具有独创性数据库的法律或公约的规定，如欧盟的《关于数据库的法律保护的指令》、德国的《版权和邻接权法》等。但反对者认为这些法律或公约颁布的时间早于大数据的提出和应用之前，不符合现有大数据的特点，所以不适合用邻接权模式保护大数据。[2]

财产权客体说认为数据属于财产权的客体。具体又可以分为传统财产权客体说和新型财产权客体说。前者主要是基于个人信息的法律属性提出来的所有权客体说[3]、人格权兼财产权客体说[4]等。后者主要基于对大数据特点与财产特点、大数据应用中的商品属性等原因提出数据财产权说。高完成认为大数据具有财产的价值性、独立性、稀缺性和可支配性的核心构成要素，认为数据财产是指将数据符号固定于介质之上，具有一定的价值性，能够为

---

[1] 《中华人民共和国网络安全法》第76条第（四）项："网络数据，是指通过网络收集、存储、传输、处理和产生的各种电子数据。"

[2] 参见王玉林、高富平："大数据的财产属性研究"，载《图书与情报》2016年第1期。

[3] 参见苏长江："个人信息的法律属性探究"，载《经济论坛》2013年第6期。

[4] 参见刘德良："个人信息的财产权保护"，载《法学研究》2007第3期。

人们所感知和利用一种新型财产。[1]齐爱民、盘佳认为数据有价，其作为一项重要财产，逐步发展成为主要的社会基础资源，有必要构建数据财产制度，赋予数据财产权，保护数据财产。[2]

而梅夏英则认为数据具有工具中立性的特征，数据本身是非客体性和非财产性的，数据缺乏民事客体须具有的确定性、独立性，也不构成民法中作为客体的"无形物"。数据依赖于操作主体的控制而实现自身价值。[3]

数据资产说认为数据资产是数据控制人资产的组成部分，是数据控制人享有的与数据有关的一切权益的总和。[4]理由：①数据对于互联网公司而言越来越重要，其价值可以得到二次或多次挖掘，逐渐成为一种宝贵的资产。[5]②从国内外的相关政策中诠释出大数据是数据资源、资产的法律性质倾向。在我国关于大数据、"互联网+"的许多政策文件中都使用了数据资源一词，例如《关于积极推进"互联网+"行动的指导意见》[6]、《中华人民共和国国民经济和社会发展第十三个五年规划纲要》[7]等文件中都明确使用了数据资源这一概念。2013年英国颁布的《英国数据能力发展战略规划》中认为数据能力主要包含三方面，人力资本、基础设施和数据资产。[8]

正是由于数据法律性质的不明确，给关于数据的纠纷解决带来了难题。到底应当如何定性？属于哪种法律关系？适用哪部法律？

（2）数据产权不明对法律的挑战

数据产权不明，加剧了各企业对数据的争夺。例如，菜鸟网络与丰巢科技之间的物流数据之争，就涉及数据共享问题。华为和腾讯之间的数据纠纷，

---

〔1〕 参见高完成："大数据交易背景下的数据产权问题研究"，载《重庆邮电大学学报（社会科学版）》2018年第1期。

〔2〕 参见齐爱民、盘佳："数据权、数据主权的确立与大数据保护的基本原则"，载《苏州大学学报（哲学社会科学版）》2015年第1期。

〔3〕 参见梅夏英："数据的法律属性及其民法定位"，载《中国社会科学》2016年第9期。

〔4〕 参见王玉林、高富平："大数据的财产属性研究"，载《图书与情报》2016年第1期。

〔5〕 参见胡凌："大数据革命的商业与法律起源"，载《文化纵横》2013年第3期。

〔6〕《关于积极推进"互联网+"行动的指导意见》中，鼓励企业利用电子商务平台的大数据资源，提升企业精准营销能力，激发市场消费需求。

〔7〕《中华人民共和国国民经济和社会发展第十三个五年规划纲要》指出"把大数据作为基础性战略资源，全面实施促进大数据发展行动，加快推动数据资源共享开放和开发应用，助力产业转型升级和社会治理创新。"

〔8〕 参见王玉林、高富平："大数据的财产属性研究"，载《图书与情报》2016年第1期。

腾讯公司认为华为公司通过其荣耀 Magic 智能手机用户活动信息（包括热门社交应用微信的聊天信息）的行为夺取了腾讯的数据，并侵犯了微信用户的隐私。华为公司认为所有用户数据都属于用户，而且其在荣耀 Magic 界限的设备上处理用户数据之前经过了用户的授权，所以否认侵犯用户隐私。这些数据纠纷多是由于对数据的控制权和开放权归属不明引起的，归根结底就是数据的产权问题。

李海英认为法律应对不同情况下产生的数据归属问题有所指引，明确数据主体、数据使用者、数据交易平台等不同主体的权利义务。[1]齐爱民、盘佳认为要构建数据主权制度和数据权法律制度，加强对数据的管理、控制，创设个人数据权和数据财产权。[2]

而梅夏英则认为法律对数据世界调整的局限性在于，数据天然受代码的控制，不服从任何脱离代码的人为干预，即使法律宣布数据的归属权，权利人也无法脱离代码将之置于可能的控制之下。所以，法律对于网络世界的调整应当着眼于可控的人类行为，达到建立良性数据秩序的目的。[3]

数据之争引发新的法律关切，其核心在于数据共享与专享之间、数据控制与使用之间的数据资源配置方式。[4]大数据是不是私产？是否应当考虑第三人的利益？用户使用互联网服务产生的相关数据属于用户还是互联网企业？互联网企业是否可以通过技术手段任意抓取其他互联网企业的相关数据？这些都是由于数据产权不明引发的新问题。数据产权未厘清，就会导致大数据交易过程中各方权利义务关系界定不清，从而造成大数据交易实践隐藏着不确定的法律风险，例如授权合法性的风险。

2. 互联网企业数据运用对用户隐私权保护的挑战

（1）互联网企业强制用户授权的行为

从广义上来说，与个人有关的，或者与个人无关的各种自然现象，收集起来后进行计算机处理，存储在计算机的编码记载中，都算数据，而且个人

---

〔1〕　参见李海英："大数据发展及其立法挑战"，载《信息安全与通信保密》2015 年第 6 期。

〔2〕　参见齐爱民、盘佳："数据权、数据主权的确立与大数据保护的基本原则"，载《苏州大学学报（哲学社会科学版）》2015 年第 1 期。

〔3〕　参见梅夏英："数据的法律属性及其民法定位"，载《中国社会科学》2016 年第 9 期。

〔4〕　参见丁文联："数据竞争的法律制度基础"，载《财经问题研究》2018 年第 2 期。

数据在数据中占有很大的分量。我国对于个人信息保护立法比较晚，在《中华人民共和国网络安全法》（以下简称《网络安全法》）第四章和《中华人民共和国民法总则》（以下简称《民法总则》）第 111 条中都有专门的规定，说明我国对个人信息的保护在不断前进。把个人信息进行个人化处理后，就成为数据。但法律要求网络运营者在收集这些个人数据之前，应当获得个人用户的授权。为此，个人用户在网络中注册或者安装 APP，经常需要同意多项无关的授权，在这个过程中往往会涉及一些隐私条款，需要同意后才能进行下一步，否则无法使用。这种让渡隐私权以求使用权的行为，个人用户虽知风险，却是无奈的选择，所以只能"无条件信任"。大数据时代，用户会变得越来越透明，我们的隐私如何得到保护？在大数据时代，很多数据在收集时并无意用作其他用途，而最终却产生了很多创新性用途，可能连收集者自己都无法预知，更无法告知用户。所以，告知同意的原则很难实现。而且在现实中，互联网企业在网站上或者 APP 上发布的隐私政策或者声明，到底是为了保护用户个人信息，还是企业用来对自己的数据行使进行免责？即把所谓的告知同意当成是免责的借口。

（2）互联网企业在运用数据过程中未尽保护用户隐私的义务

互联网企业在收集、使用、交易和共享数据时，应当履行保护用户信息的义务。如果不履行该义务，导致用户信息泄露，互联网企业是否需要承担相应的法律责任？承担何种法律责任？如何承担？多数情况下，用户很难发现自己的信息被泄露，或者说即使知道，也不知道是在哪个环节哪个网站上被泄露的，一般都是相关竞争对手或者技术机构披露出来。还有对互联网企业或第三方使用用户个人信息的监督问题？由谁来监督？在 Facebook 数据泄露事件中，Facebook 作为一个开放平台，开放其 API 给第三方应用软件使用，使第三方通过 API 获得用户在 Facebook 平台上的数据。在此情景下，Facebook 作为基础平台和数据的第一控制者将用户数据共享给第三方应用程序，应当就该共享行为尽到充分告知并需求用户知情同意的义务，还要尽到足够的安全管理责任。然而，Facebook 并没有尽到后两个义务，也没有采取有效的补救措施，导致事件的发生。

（3）互联网企业实施侵害用户个人信息的行为

互联网企业在收集个人用户的个人信息时，应当进行去个人化处理，收集非敏感信息。然而，一些企业仍实施非法收集个人信息，或者泄露、倒卖个人信息的行为。例如，由于一些企业泄露、倒卖我们的个人信息，所以我们经常会收到垃圾短信和电话。这不仅是民法上的侵权行为，也构成刑法上的犯罪行为。然而，在这方面，对于个人的处罚较多，几乎没有对企业、公司进行处罚的案例。虽然《网络安全法》对此规定了较为严格的法律责任，但这都是事后的惩罚，损失已经发生了，难以挽救不利后果。那么如何建立事前的保护机制才更为重要。

3. 互联网企业运用数据对市场竞争秩序的挑战

（1）互联网企业利用数据实施垄断行为

随着大数据的发展，数据向汇聚用户的平台聚集，再加上价格评估不完善，会产生新型的数据垄断问题。垄断了数据的互联网企业获得了竞争优势，依据自己收集、抓取的相关数据实施垄断行为，通过数据挖掘实施价格歧视，利用这些优势来更多地获取消费者剩余。例如，电商平台利用数据对消费者进行价格歧视，对不同的消费者收取不同的价格。

（2）互联网企业利用数据实施不正当竞争行为

互联网企业在运用数据过程中实施扰乱市场竞争秩序的行为。由于缺少关于互联网数据运用的规则，出现了互联网企业通过技术手段任意抓取或者违约抓取相关数据的行为，扰乱了市场竞争秩序，忽略了用户的利益。例如，新浪诉脉脉案，脉脉抓取新浪微博用户相关信息，以及获取、使用脉脉用户手机通讯录联系人与新浪微博用户对应关系的行为，违反了开发合作协议，损害了新浪微博的竞争优势及商业资源，破坏了互联网行业合理有序公平的市场竞争秩序。在百度诉奇虎案中，法院认为"Robots 协议"属于搜索引擎业内公认的商业道德，奇虎公司违反"Robots 协议"抓取百度网站的内容明显不当，构成不正当竞争行为。

现有竞争法规则本身在市场的不确定性面前就常常力不从心，而数据信息比任何以往实物资源具有更强的不确定性，使得现有制度规则在解决数据竞争纠纷上更加乏力。数据竞争需要根据实际竞争状况对现有的分析框架进行调整，突破现有制度规则的局限。[1]

---

[1]　参见丁文联："数据竞争的法律制度基础"，载《财经问题研究》2018 年第 2 期。

(3) 互联网企业进行数据交易缺乏统一的交易规则

目前，在大数据的交易过程中，还处在探索阶段，并没有形成统一的交易规则。实践中时刻进行着数据交易，对于交易双方的利益存在交易风险。关于互联网企业进行数据交易，大概有以下几种类型：一是互联网企业通过协议同意第三方企业在自己的网站抓取某些数据；二是通过交易平台有价的交易，获得需要的数据；三是通过"Robots 协议"抓取其他网站的数据。无论哪种类型的交易，都没有形成统一的交易规则，很容易引发交易双方的纠纷，甚至会危及用户的利益。

(二) 互联网数据运用法律规制困境的原因分析

1. 大数据的特点决定数据的运用处于探索阶段

作为一种新生和重要事物，对数据的各个方面都还在探索过程中，尤其是数据运用。业界对于大数据的概念并没有一个明确的定义，但明确认为大数据具有海量、多样、快速和共享四个特点。大数据的海量性表现在数据数量方面，例如，作为世界上最大的零销售沃尔玛，其每小时能够从消费者那里收集到高达 2.5PB 的数据，其存储的数据量甚至达到了美国国会图书馆的167 倍。[1] 据统计，Facebook 上每分钟有 68 万帖子被分享。多样性表明数据来源的广泛，数据可以来源于企业的商业数据、互联网数据和传感器数据，其中互联网是最重要的数据来源。快速性是指数据的流转、传播速度快，数据具有生命周期，不仅产生的速度快，传播的速度更快，所以数据实行的是实时交易，这样收集到的数据才更具价值。共享性说明数据要发挥更大的价值，需要进行交换、共享，而不是一味的敝帚自珍。大数据的共享性不是绝对的排他，既可以共享给一人，也可以共享给多人，但前提是保护消费者的信息安全，按照约定履行。大数据时代需要企业在保护消费者信息安全的前提下，保持开放、合作、共赢的心态。因为单个企业不可能收集到海量的数据，而拥有海量的数据是企业挖掘消费者需求和商业价值的基础。

这些大数据的特点都反应出大数据与传统的权利客体不一样，是一种新生事物，大数据时代的发展不过十多年的时间，因此，很难在现有法律框架

[1] 参见陈建英、黄演红：《互联网+大数据 精准营销的利器》，人民邮电出版社 2015 年版，第29 页。

内寻找到规制它的规定，需要另行制法。而法律也不是万能的，对于一个新生事物，需要有一个认识、探索的过程，因此没有形成统一的交易规则，在其没有造成社会危害的时候，不应用严苛的法律对待，而应当正确认识和结合其特点，制定适宜的法律规范。

2. 互联网行业发展特点导致激烈的数据竞争

从 IT 时代到 DT 时代，互联网之所以颠覆了传统的各行各业，是源于互联网以数据为驱动的新经济模式，要求互联网企业必须从思想观念上改变，重视消费者体验，引进数据技术，重塑商业价值，才能在大数据时代取胜。

第一，互联网企业的同业经营界限模糊。每个互联网企业都有其主要的竞争优势业务，但是其业务并不局限于此，他们有很多交叉的业务，彼此之间既有竞争关系也有合作关系。甚至不是同一行业的企业之间也会产生数据竞争，如前所述华为与腾讯之间的数据纠纷等。第二，互联网企业之间的竞争其实就是对于互联网用户的争夺。吸引网络用户是互联网企业获利的基础。所以，各家互联网企业会根据 Robots 协议相互的抓取相关数据，甚至不惜违反 Robots 协议的约定非法抓取数据。第三，互联网企业通过收集、交易到的用户数据，进行用户画像，实施精准营销，获取更高的经济收益。所以，互联网企业希望能够获得更多的相关数据，竞相争夺各类数据。

3. 相关立法的滞后性

现行法律对于互联网企业数据运用的规定付之阙如。《民法总则》第 127条对数据保护进行了原则性规定，表达了民法典应对大数据时代的立法呼声，但是其缺乏可操作性，并未对数据的法律性质和产权给予明确的回答，还需进一步造法来细化。2017 年 6 月 1 日开始实施的《中华人民共和国网络安全法》主要对网络信息安全方面做出规定，要求相关主体采取技术措施和其他必要措施，维护和保障网络数据的完整性、保密性、可用性，防止网络数据泄露或被窃取、篡改。2018 年 1 月 1 日起实施的《反不正当竞争法》增加了第 12 条关于利用互联网进行不正当竞争的行为，该条采用了列举加兜底的形式，但是仍然不能周延所有的互联网不正当竞争行为，尤其是关于互联网数据运用的不正当竞争行为，在实践中，更多的仍然是引用《反不正当竞争法》第 2 条的一般条款来解决互联网的不正当竞争行为。

出现这样的情况是由于立法的滞后性决定的。如前所述，大数据的产生、开发、利用等过程，业界、学界都还处于探索阶段，之前的法律没有也不可能预见到大数据的产生、发展和运用，之后的立法也需要一个过程。在此情况下，由大数据市场按照发展规律自行发展，难免会出现上述问题。

（三）互联网数据运用的法律规制思路

正是立足于数字化技术的特殊性，网络信息的规制依赖于数字化技术平台中数据基础秩序的建立和数据操作行为的规范。[1]法律是一门平衡利益的艺术。通过法律的规制，达到各方利益主体的利益平衡。在互联网企业利用数据的过程中，法律主要从以下几个方面进行规制。

1. 规制原则

（1）数据保护原则

第一，要明确数据应当受法律保护，在大数据时代，数据已经成为基础性资源，涉及社会的各个领域，深刻地改变着人们的生活，它是一种新型财产，必须给予法律的保护。第二，要强化对个人信息的保护。个人信息又是大数据的基础，只要我们使用互联网，就会产生数据，才使大数据得以持续产生，所以应当强化对个人信息的保护。

（2）数据主体利益平衡原则

在互联网企业运用数据的过程中，要平衡用户与企业之间的利益、企业和企业之间的利益以及企业与国家之间的利益。在保护用户个人信息的前提下，也要强化数据收集企业对个人信息的合理利用，数据才能产生更多的经济价值。虽然数据对于各个企业来说是一种资产，但在运用数据的过程中，在达成协议或者遵守行业守则的情况下，应当平衡不同企业与企业之间对数据的需求，保持一种开放、合作、共赢的态度，保证数据的流通，才能激发数据创新。此外，还应当平衡企业与国家之间的利益。国家利益大于一切，企业在进行数据运用过程中，要保证国家信息安全，不做有损国家利益的行为。

（3）数据安全原则

互联网企业在存储、传递、交互和分享等运用数据的过程中要采取必要

---

[1] 参见梅夏英："数据的法律属性及民法定位"，载《中国社会科学》2016年第9期。

技术和措施保证数据的安全性。妥善保存数据，防止数据泄露、被窃取、篡改，防止数据出现严重缺失，保证数据的完整性和保密性。

2. 规制内容

(1) 民法规制

民法应当明确数据的法律性质和权属，使数据成为一种独立利益而受到法律的确认和保护。我国《民法总则》第 127 条规定了数据受法律保护，对数据保护做出了原则性规定，缺乏可操作性，还需要制定专门的法律规范。在未来的法律的构架上，一方面要保护个人用户的人格尊严和信息控制权，另一方面，在划定个人信息保护边缘之后，要划定企业收集数据、存储、加工、利用数据的自由经营空间，达到各方主体的合理诉求之间的平衡。张新宝在"从隐私到个人信息：利益再衡量的理论与制度安排"中提出了"两头强化，三方平衡"的观点，既强化对个人信息的保护，也强化个人数据的收集者对个人信息的合理利用，平衡个人、企业和国家之间的利益关系。[1]立法者要考虑到网络发展规律、网络技术和商业的进步、网络安全及公民的自由和发展等诸多要素来合理安排。将重新整理现有网络服务提供商单方制定的关于数据使用、流通和继承的网络服务协议内容，以获得一个通行的数据流通和分享规则。[2]

在数据成为现代社会重要的商业资源，通过互联网商业模式的创新即能产生很大经济利益的情形下，将数据作为一种重要财产或资源看待有一定的合理性。[3]笔者认为数据是一种财产，其就像工厂的生产原料一样，是一种新型财产权的客体。

笔者认为按照产生的主体来源可以将数据分为个人基础数据和衍生数据。对于个人用户因使用互联网服务行为而产生的各类数据属于个人基础数据，包括用户名、性别、身份证号码、密码、住址、联系电话、访问的次数和实践、浏览页面的记录等等。用户个人作为个人基础数据的提供者，拥有个人基础数据的所有权，包括对于个人数据的占有、使用、处分和收益的权益。

---

〔1〕　参见张新宝："从隐私到个人信息：利益再衡量的理论与制度安排"，载《中国法学》2015年第 3 期。

〔2〕　参见梅夏英："数据的法律属性及民法定位"，载《中国社会科学》2016 年第 9 期。

〔3〕　参见梅夏英："数据的法律属性及民法定位"，载《中国社会科学》2016 年第 9 期。

互联网企业要收集用户的相关数据，必须经过用户授权同意，否则属于非法收集。衍生数据是指数据处理者享有的经个人数据主体同意基于基础数据进行加工、编辑、分析而产生的增值数据。[1]数据处理者（即数据控制者，最初收集数据并经用户同意授权、取得用户数据的主体）对这类增值数据享有有限的所有权。因为企业已经获得收集授权，是一种合法的收集，并且将用户个人数据进行了去个人化，切断了该数据与用户之间的联系。正如贵州数据交易所强调：交易所交易的不是底层数据，而是清洗、分析、建模之后的数据结果。[2]

强化互联网企业保护用户个人隐私权的义务。对数据行为的规制重点由前端的收集行为转向后端的使用行为。[3]从长远来看，信息隐私保护不在于数据采集与监控，而在于数据的用途。因为大数据的价值在于有益于个人和社会而无损于当事人的正当权益。[4]这是在日后的立法中应当予以明确的价值，不能仅靠目前的行业自律来实现，将对用户个人数据的隐私权保护重心后移至互联网企业对用户数据的用途上。第一，在收集相关数据前获得用户的授权，同意其收集相关数据，但必须保证隐私安全。隐私不该成为商业利益的牺牲品，别再把用户的信任，变成互联网企业的任性！第二，在利用数据、共享数据之前，也应征得用户授权，让用户知晓其数据的具体用途，互联网企业应当履行监管义务。

数据服务附加时限性，分批次定期销毁数据的载体。在数据流量管控方面，当数据流向其他档位之后应当保证合作伙伴不滥用数据资源，对数据的流向进行管控，对合作伙伴进行监管，对整个数据的生命周期有限制，不能无期限的使用数据。[5]

制定互联网企业运用数据的统一规则。弄清楚数据交易的本质的是什么？根据业界的实践，提出了数据权益交易的理论（DaTa Equity Exchange, DaTa EEX）。数据交易的过程就是：甲企业有一批数据，经过脱敏化、标签化处理

---

〔1〕 参见丁道勤："基础数据与增值数据的二元划分"，载《财经法学》2017 年 2 月。

〔2〕 参见王融："关于大数据交易核心法律问题——数据所有权的探讨"，载《大数据》2015 年第 18 期。

〔3〕 参见丁文联："数据竞争的法律制度基础"，载《财经问题研究》2018 年第 2 期。

〔4〕 参见陈新河："赢在大数据——中国大数据发展蓝皮书"，电子工业出版社 2017 版，第 97 页。

〔5〕 参见陈新河："赢在大数据——中国大数据发展蓝皮书"，电子工业出版社 2017 版，第 97 页。

以后，其他企业可以根据自己的商业场景，用不同的算法模型，将这些数据用于各个行业，而甲企业与各方可以通过评估数据在应用中的商业价值和各自在其中的贡献，来进行利益分成。[1]

明确数据主体、数据使用者、数据交易平台等不同主体的权利义务。按照数据运用过程中涉及的主体来制定交易规则，明确各方主体的权利和义务。可以借鉴我国首个大数据交易市场行业规范《中关村数海大数据交易规则》，从保护交易当事人的合法权益和公众利益出发，从交易平台、交易主体、交易对象三个方面规范交易市场行为，对在线数据交易、离线数据交易、托管数据交易等三种数据交易模式进行规范。

数据的价格评估。数据交易与一般的商品交易不同，第一，数据没有公允的价格，不同时间、不同买家因算法的改进对同一数据的报价都会有所不同。第二，数据交易是异质的、零成本复制的比特。[2]所以关于数据交易价格的问题，已经不能适用传统从业成本的定价方法了。那么，我们如何给数据定价？数据是新物种，它的标准化程度低，商品化的程度还在探索中，所以它的定价方式我们可以采取成本定价、议价（原始阶段，类似握手定价）、竞价（程序化广告）、权益定价等方式。[3]

数据收抓取、使用的基本秩序。将抓取和使用规则与数据产权安排相对应，公开的数据应当允许被自由抓取、使用，非公开的数据原则上需要数据控制者许可才可以抓取和使用。

（2）竞争法的规制

竞争法对数据的规制主要体现从反垄断和反不正当竞争两个方面对数据运用进行规制，以保障大数据市场的竞争秩序。在反不正当竞争领域，针对数据竞争的特点，应当建立新的分析架构，"违背商业道德—损害竞争秩序"的分析框架由"扭曲市场信号传递机制—损害市场效率与竞争秩序"的分析框架代替。在数据反垄断领域，"结构—行为—绩效"框架也许可以由"数据竞争力—数据行为—市场效果"代替。[4]

---

〔1〕　参见陈新河：《赢在大数据——中国大数据发展蓝皮书》，电子工业出版社2017年版，第30页。

〔2〕　参见陈新河：《赢在大数据——中国大数据发展蓝皮书》，电子工业出版社2017年版，第30页。

〔3〕　参见陈新河：《赢在大数据——中国大数据发展蓝皮书》，电子工业出版社2017年版，第29页。

〔4〕　参见丁文联："数据竞争的法律制度基础"，《财经问题研究》2018年第2期。

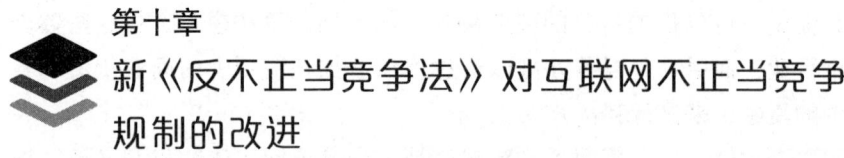

第十章
新《反不正当竞争法》对互联网不正当竞争
规制的改进

一、新法对互联网不正当竞争行为的规制

随着互联网产业的快速发展，互联网新型不正当竞争案件越来越成为人们关注的焦点。我国 1993 年颁布的《反不正当竞争法》距今已有 24 年，鉴于当时互联网行业尚未兴起，立法并没有关于互联网领域不正当竞争行为的针对性条款，随着技术的革新和发展，不正当竞争行为由传统领域逐渐蔓延至互联网领域，给司法和执法造成了诸多困难。法官对其规制多依赖《反不正当竞争法》第 2 条"原则条款"，并在司法实践中确立其"一般条款"地位。但由于一般条款规定较为宽泛、模糊，具有高度抽象性，故难以有效界定一般条款的适用范围。由此，司法实践中不断出现"法官造法"现象，"非公益必要干扰原则""最小特权原则"等皆是司法实践的产物。释法及适法问题争议不断，加之互联网领域新型不正当竞争案件数量逐年呈递增态势，单纯依靠第 2 条"一般条款"进行裁判不具有说服力，质疑声音不绝于耳，各界对该法的修订要求越来越迫切。2017 年 11 月 4 日，我国《反不正当竞争法》于 24 年后迎来首次修订，其新增的第 12 条"互联网条款"可谓是本次修法的最大亮点，鲜明地体现了《反不正当竞争法》对互联网时代竞争特性的回应，适应了网络治理的时代要求，引起了全社会的广泛关注。本文重点通过对"互联网条款"进行分析解读，探求新《反不正当竞争法》的规制进路。

（一）互联网新型不正当竞争行为的认定原则

传统《反不正当竞争法》具体条款仅规制发生在传统领域的 11 种不正当竞争行为。随着技术、商业模式的更新换代，各类互联网新型不正当竞争行为层出不穷，旧《反不正当竞争法》显示出其滞后性。因此，援引《反不正当竞争法》第 2 条作为一般条款进行裁判成为司法实践的必然选择。但囿于一般条款所规定的"诚实原则与公认的商业道德"区别于普通道德标准，存在多元性和多层次性，因而，在法官释法过程中多通过"个案"创设互联网领域竞争规则，来实现一般条款的具体化，在法官充分说理的基础上形成"个案规范"。相关部门规章及行业自律规范的不断出台，也使该行为持续处于公众的关注之中，引发理论界和实务界的热烈讨论。

1. 由"一般条款"[1]引申的原则和规则

《反不正当竞争法》第 2 条作为"一般条款"地位的确立起源于"海带配额案"[2]，山东省青岛市中级人民法院在一审审理中认为对于未在《反不正当竞争法》第 2 章所列举的行为，在符合以下条件情况下可以依据《反不正当竞争法》第 2 条予以规范，即"首先，正当经营者通过自身的努力获得了某种竞争优势；其次，其他经营者通过不正当手段获取了该竞争优势并给正当经营者造成了损失。"[3]在二审裁判中山东高院认为马达庆被控行为没有违反诚实信用原则，也没有违反公认的商业道德，其行为不具有不正当性，即山东高院依据《反不正当竞争法》第 2 条所规定的"诚实信用原则及商业道德"作为认定其行为是否构成不正当竞争行为的判断标准。这是在司法实践中，法院首次援引除具体条款之外的原则性条款，并且在该案再审中，最高法院首次明确了第 2 条具有一般条款的地位并给出了具体严格的适用标准，即"适用反不正当竞争法第二条第一款和第二款认定构成不正当竞争应当同时具备以下条件：一是法律对该种竞争行为未作出特别规定；二是其他经营者的合法权益确因该竞争行为而受到了实际损害；三是该种竞争行为因确属违反诚实信用原则和公认的商业道德而具有不正当性或者说可责性。"基于此案，《反不正当竞争法》第 2 条作为一般条款可直接且独立适用的地位就此确立。

此后，对于无法用《反不正当竞争法》具体条款认定的不正当竞争行为，尤其是互联网领域的不正当竞争行为多依赖《反不正当竞争法》第 2 条一般

---

〔1〕　学界对于我国《反不正当竞争法》是否存在一般条款以及哪一法条属于一般条款存在争议。此处默认"一般条款"指代旧《反不正当竞争法》第 2 条。

〔2〕　参见最高人民法院（2009）民申字第 1065 号民事裁定书。

〔3〕　山东省青岛市中级人民法院（2007）青民三初字第 136 号民事判决书。

条款进行裁判。如北京百度网讯科技有限公司诉青岛奥商网络技术有限公司等不正当竞争纠纷案〔1〕，北京奇虎科技有限公司、奇智软件（北京）有限公司与腾讯科技（深圳）有限公司、深圳市腾讯计算机系统有限公司不正当竞争纠纷案〔2〕，北京爱奇艺科技有限公司诉深圳聚网视科技有限公司其他不正当竞争纠纷案〔3〕等具有极大影响力的案件皆单独使用《反不正当竞争法》第 2 条作为一般条款进行认定。

由于互联网领域不正当竞争行为强隐蔽性、技术性，法官在适用《反不正当竞争法》第 2 条时，时常会倾向于探求互联网行业诚实信用原则及公认的商业道德的具体内涵，创设具有一定普适性的一般条款司法裁判规则，〔4〕基于充分的说理论证，形成"个案规范"，辅助司法裁判的进行。当然，在对此类纠纷进行个案裁判的同时，如何通过裁判规则为互联网领域的竞争确立基本竞争规则，维护良好的竞争秩序，是法官裁判面临的重大挑战。好的竞争规则的创设有利于弥补现有法律的不足，使裁判更加有说服力。

（1）有关"非公益必要不干扰原则"。

"非公益必要不干扰原则"〔5〕。北京市高级人民法院在北京百度网讯科技有限公司、百度在线网络技术（北京）有限公司诉北京奇虎科技有限公司、奇智软件（北京）有限公司不正当竞争纠纷案〔6〕二审判决书中提炼出"非公益必要不干扰原则"。在本案中，法院强调公益优先，即使是为了保护公共利益而采取干扰手段，也要确保干扰手段的必要性和合理性。而且为了保护公共利益而采取干扰他人互联网产品正常运行的手段，也应当以保护他人互联网产品正常运行的手段，不可随意滥用和扩大。对于这一原则的创设，学

---

〔1〕 参见山东省高级人民法院（2010）鲁民三终字第 5-2 号民事判决书。

〔2〕 参见最高人民法院（2013）民三终字第 5 号民事判决书。

〔3〕 参见上海知识产权法院（2015）沪知民终字第 728 号民事判决书。

〔4〕 参见宁度："互联网领域反不正当竞争法一般条款的具体化进路——兼评不正当竞争纠纷司法裁判规则"，载《电子知识产权》2017 年第 4 期。

〔5〕 非公益必要不干扰原则是指互联网产品或服务应当和平共处，自由竞争，是否使用某种互联网产品或者服务，应当取决于网络用户的自愿选择。互联网产品或服务之间原则上不得相互干扰。确实出于保护网络用户等社会公众的利益的需要，网络服务经营者在特定情况下不经网络用户知情并主动选择，以及其他互联网产品或服务提供者同意，也可干扰他人互联网产品或服务的运行，但是，应当确保并证明干扰手段的必要性和合理性。

〔6〕 参见北京市高级人民法院（2013）高民终字第 2352 号民事判决书。

界不乏批评反对的声音。反对者认为以"干扰"这一贬义词来描述新型网络现象本身就属于"有罪推定","非公益必要不干扰原则"中的"公益"标准，会导致不正当竞争案件司法裁判过程中价值判断和利益衡量方向的明显偏误〔1〕；"非公益必要不干扰原则"基于网络产品不受干扰的绝对权思路缺乏依据，误读了《反不正当竞争法》的一般条款〔2〕等。

我们认为，规则的创设可以辅助法院有效化解"无法可依"或者"有法难依"的困境，使一般条款从抽象走向具体，有其必要性和现实意义；法官发挥个人智慧和主观能动性迎难而上也一定程度上应予以支持。但对于"公益"这一标准的引入，无疑是增加了认定的难度，尽管维护社会公共利益是《反不正当竞争法》应有之义，但这一规则的创设无疑使认定重点从第 2 条的"诚实信用原则及公认的商业道德"转移到了"公共利益"的界定上，而对于公共利益本身而言，原本就是一个边界模糊的概念。而且法院主张的"和平共处"或许本身就与"竞争"二字的要求有所偏离，故其愿景是美好的，但在奉行"丛林法则"的互联网行业恐怕难以长久维系。因此，笔者主张在法院在适用一般条款进行案件裁判的时候，应紧密围绕在一般条款所形成的学理和实践经验之中，寻求更为合理和妥善的处理方法。

（2）有关"最小特权原则"。

"最小特权原则"原本是计算机信息安全领域一项技术型原则〔3〕，在上述案件的再审过程中被法官首次引用，为安全软件设立了其应当遵守的行为规则，具有里程碑式的意义。该原则认为"安全软件在计算机系统中拥有优先权限，其应当审慎运用这种'特权'，对用户以及其他服务者的干预行为应以'实现其功能所必需'为前提"。〔4〕此后，在北京奇虎科技有限公司等与北京搜狗信息服务有限公司等不正当竞争纠纷案〔5〕中，"最小特权原则"得到了更为完整的阐释。北京市高级人民法院针对奇虎科技公司提出的"五分

---

〔1〕　参见薛军："质疑'非公益必要不干扰原则'"，载《电子知识产权》2015 年第 Z1 期。

〔2〕　参见宋亚辉："网络干扰行为的竞争法规制——'非公益必要不干扰原则'的检讨与修正"，载《法商研究》2017 年第 4 期。

〔3〕　参见张亚洲："浅议计算机互联网不正当竞争案件中最小特权原则的追用"，载《中国发明与专利》2015 年第 11 期。

〔4〕　最高人民法院（2014）民申字第 873 号民事裁定书。

〔5〕　参见北京市高级人民法院（2015）高民（知）终字第 1071 号民事判决书。

钟优化体验逻辑"抗辩进行了以下回应："安全软件根据用户需要，针对木马、病毒而专门设计防打扰、免重复提醒的功能，有助于提升用户体验，屏蔽木马干扰。但任何技术与服务的创新均应真正立足于增进用户福祉，而非以此为由干扰他人正常经营，从而抢占市场，且实施者应当对其提出的'5分钟优化体验逻辑'合法性、合理性和科学性进行充分论证，并向受到影响的相关公众和其他经营者做出充分的说明和合理解释。"

在北京搜狗信息服务有限公司等上诉北京奇虎科技有限公司不正当竞争纠纷案[1]中，对于搜狗信息公司、搜狗科技公司的绿色提示框是否构成不正当竞争行为，北京市知识产权法院认为"随着网络技术和计算机技术的不断发展，安全软件功能已由传统的单纯对病毒、木马等对计算机有危害的程序代码进行监控、查找、防御、清除等基本的网络安全防护功能，发展到同时具备辅助用户对计算机软件进行管理、提升用户体验的软件辅助管理功能。因此，对于关涉计算机浏览器软件的静默安装设置，从保护用户知情权和选择权的角度出发，安全软件进行合理的提示和必要的干预也是符合安全软件自身性质的正当行为，应当将此种行为认定为安全软件正常功能的发挥。"所以既不剥夺用户自由选择权利，且不会破坏浏览器正常安装的未明显超出客观中立范围的弹窗行为具有正当性。

（3）"协商—通知"程序处理规则。

在百度诉奇虎360不正当竞争案[2]中，北京市第一中级人民法院在裁判中首次提出规范Robots协议纠纷的处理程序，即应当遵循"协商—通知"程序处理规则[3]，就此"构建了Robots协议纠纷双方应然的行为模式和法院的裁判规则"。[4]在此次庭审中，百度公司辩称奇虎360公然违反国际通行的

---

〔1〕 参见北京市知识产权法院（2016）京73民终50号民事判决书。

〔2〕 参见北京市第一中级人民法院（2013）一中民初字第2668号民事判决书。

〔3〕 "协商—通知"程序处理规则的具体内容分为四个步骤，即：一是搜索引擎服务商在认为网站Robots协议设置不合理时，应当提出修改Robots协议的书面请求；二是如网站服务商不同意修改，应当在合理的期限内，书面、明确地回复其拒绝修改的理由；三是搜索引擎服务商认为理由不成立，双方可在行业协会等机构调解和裁决；四是如果网站服务商未书面给出拒绝理由，或者搜索引擎服务商认为理由不成立且不立即修改会严重影响其经营的，可以采取提起诉讼、申请行为保全等法律措施予以解决。"

〔4〕 参见宁度："互联网领域反不正当竞争法一般条款的具体化进路——兼评不正当竞争纠纷司法裁判规则"，载《电子知识产权》2017年第4期。

Robots 协议，强制对其网站内容抓取，违反商业道德，构成不正当竞争行为。而 360 公司辩称，百度公司利用 Robots 协议自设白名单，只禁止奇虎 360 公司的搜索引擎对内容的抓取。在奇虎 360 公司看来，这是对 Robots 协议的滥用，以设置歧视性条款限制竞争，不利于国内搜索引擎市场的发展。法院经审理认为，Robots 协议被认定为搜索引擎行业内公认的、应当被遵守的商业道德，被告奇虎公司未遵守该协议，行为明显不当，应承担不利后果，但未支持百度公司要求奇虎 360 公司停止抓取的诉求。北京市西城区人民法院法官舒锐指出："在本案中，百度公司获得了程序上的部分胜利，奇虎 360 公司和整个搜索行业赢取了实体上的未来前景，整个判决既维护了互联网精神，也强调了依法维权程序理念，是一份多赢的判决"。[1]

　　尽管"协商—通知"程序处理规则的创设为今后将面对的 Robots 协议纠纷提供了明确的、可遵循的裁判规则，但笔者认为设置该规则的正当性基础有待进一步思考。首先，本案法官实际上是在没有做出充分论证的情况下就将 Robots 协议这一行业惯例等同于《反不正当竞争法》上的"公认的商业道德"从而认定行为的违法性，未能结合 Robots 协议本身的性质和特点以及搜索引擎行业发展的现状进行综合考量，论证环节欠缺，不能充分支持其判决的合理性。其次，即便承认 Robots 协议具有实际意义上的法律效力，但也应针对具体适用情形，辨别善恶面，不能使其成为搜索引擎服务商用以排挤竞争对手和破坏自由、开放市场原则的"正当武器"，对 Robots 协议的滥用将必然会对竞争对手和竞争秩序造成重大危害。笔者认为，尽管任何时候我们都不应当主张"以暴制暴"，但在互联网领域，在不侵害用户权益和社会公共利益的情况下，如果能一定程度上交给技术解决的就交由技术比拼一决高下，这对于互联网技术本身的发展而言也是有益的。

　　（4）关于"损害中性"原则。

　　在"腾讯诉世界星辉案"[2]中确立了互联网市场的"损害中性"原则。市场竞争是不同经营者之间对市场机会或市场利益得失展开的争夺，最终都是为了获得更多的商业机会。因而，市场竞争具有天然的"损人利己"特性，

---

　　〔1〕　"百度诉奇虎 360 不正当竞争手案一审判决——首次规范：Robots 协议纠纷处理程序"，载 http://media. stu. edu. cn/medialaw/？p＝1162#respond，最后访问时间 2018 年 2 月 1 日。
　　〔2〕　参见北京朝阳区人民法院（2017）京 0105 民初 70786 号民事判决书。

反映出市场竞争具有强烈的对抗性。就本案而言，视频内容的播放，要通过对浏览器的使用。由此，致使原、被告双方具有利益冲突、形成竞争对抗。

市场竞争的一般逻辑是优胜劣汰，因此有竞争就必然有损害，绝对不能因为有损害结果就简单推导竞争行为具有非正当性。换言之，一般而言，市场竞争产生的损害也即竞争性损害是中性的，不具有是与非的色彩。这就是损害中性，即竞争行为的损害或者说由竞争行为给其他竞争者造成损害是常态，损害本身通常不单独构成评价竞争行为正当性的倾向性要件，只有特定的损害才成为不正当竞争的考量因素。

互联网运营商运用技术手段研发新产品、提供新服务参与市场的竞争行为，就要查明这种技术手段研发的产品、提供的服务是否正当。首先，在世界星辉公司运营的浏览器页面上没有任何的过滤广告的显示、提示，在点击页面右上角下拉菜单才能看到"广告过滤"的选项。这个过程说明，不能直接、简单获取，这个过程需要一定的操作，非直接获取。这里需要强调的是，这个过程是必须有意寻找、获取的。其次，从广告过滤的选项看，不是仅有过滤广告的选项，而是有四个选项，其中有"不过滤任何广告"的选项，而且该选项为排列在第一选择上。故从选项上看，选项的内容全面、非单一针对性，故而不具有任何的针对性；从选项的排列顺序上以不过滤任何广告作为首选，说明最大限度地考虑在其浏览器上播放的内容的利益；从涉案浏览器默认的选项看仅是"仅拦截弹出窗口"，而对此双方均已认可、没有异议。这种态度，也反映了双方对弹窗广告中以色情、赌博等不良广告为主的行为予以制止。由此，由广告过滤的选项看，反映出浏览器运营方对在该浏览器上播放的内容，不存在任何的主观故意的行为。主观上不存在故意损坏他人的利益，因此不应具有不正当性。再次，从涉案过滤视频广告的使用状态看。在上述"广告过滤"选项中，用户需要勾选"强力拦截页面广告"选项才能实现广告过滤功能，并非直接、无选择地屏蔽视频广告。从涉案过滤广告的使用状况看，进一步反映出浏览器运营商就广告过滤的设置上不具有主观故意性，以及其所实施行为不具有不当性。最后，该浏览器软件广告过滤功能的使用，没有破坏视频作品的内容，不构成对视频作品权利人根本利益的损害。综上，涉案具有过滤、屏蔽广告功能的浏览器，不具有对原告公司经营造成直接针对性的、无任何可躲避条件或选择方式的特定性损害。

　　（5）有关"正当商业模式"的权益。

　　商业模式的理论解释最早来源于奥地利裔美国经济学家约瑟夫·熊皮特。[1]但在互联网不正当竞争中，该词最早出现在北京奇虎科技有限公司、奇智软件（北京）有限公司与腾讯科技（深圳）有限公司、深圳市腾讯计算机系统有限公司不正当竞争纠纷案[2]中（以下简称"扣扣保镖案"）。在本案中，腾讯公司主张 360 扣扣保镖打着保护用户利益的旗号，污蔑、破坏和篡改腾讯 QQ 软件的功能，破坏了合法的经营模式，违反了公认的商业道德。奇虎 360 公司辩称商业模式并不构成法律保护的客体，扣扣保镖采用符合公认商业道德的方式，促使腾讯对其掠夺性商业模式做出改变，有利于消费者和市场竞争，符合《反不正当竞争法》规定。一审法院认为扣扣保镖破坏了腾讯公司合法运行的 QQ 软件及其服务的安全性、完整性，使腾讯公司丧失合法增值业务的交易机会及广告、游戏等收入，偏离了安全软件的技术目的和经营目的，主观上具有恶意，构成不正当竞争。最高人民法院认为："腾讯公司为谋取市场利益，通过开发 QQ 软件，以该软件为核心搭建一个综合性互联网业务平台，并提供免费的即时通讯服务，吸引相关消费者体验、使用其增值业务，同时亦以该平台为媒介吸引相关广告商投放广告，以此创造商业机会并取得相关广告收入。这种免费平台与广告或增值服务相结合的商业模式是本案争议发生时，互联网行业惯常的经营方式，也符合我国互联网市场发展的阶段性特征。事实上，奇虎 360 公司也采用这种商业模式。这种商业模式并不违反《反不正当竞争法》的原则精神和禁止性规定，被上诉人以此谋求商业利益的行为应受保护，他人不得以不正当干扰方式损害其正当权益。""正当商业模式"这一概念由此提出。值得思考的是最高人民法院突破了其通过"海带配额案"所确立的《反不正当竞争法》第 2 条独立适用的条件，在该案中并没有认定是否存在现有权益的损害，而是通过该法第 2 条创设了"正当商业模式"这一权益，然后基于该权益被侵害而认定行为之不当。"最高人民法院将第 2 条予以自足性适用，对所谓'有序竞争'予以具体化，仅依其对'有序'竞争的理解判定行为是否正当，并未考察是否存在基于其他法律所保护

_____

〔1〕　参见吴莉娟："互联网不正当竞争案件中商业模式的保护"，载《竞争政策研究》2015 年第 2 期。

〔2〕　参见最高人民法院（2013）民三终字第 5 号民事判决书。

的现有权益，意在实现一般条款的具体化。"〔1〕在之后的北京极科极客科技有限公司与北京爱奇艺科技有限公司不正当竞争纠纷案〔2〕、优酷与猎豹浏览器不正当竞争纠纷案〔3〕，"正当商业模式"受《反不正当竞争法》保护的这一司法裁判一直得到沿续。

这一评价模式在"腾讯诉世界星辉案"〔4〕中发生了根本性改变。其基本理由如下：

第一，《反不正当竞争法》具有行为法属性，即重在根据行为特征认定竞争行为的正当性。而对行为本身的关注应放眼于是否扰乱"市场竞争秩序"。在认定竞争行为正当与否时，不能仅考虑竞争者的利益，还要考虑整个社会公众的利益。促进商业模式的改变和技术创新，实现网络用户福利最大化，以此实现公众利益，这恰恰是市场机制的正常运行原理和趋势。从上述查证的事实，我们还可以看到，竞争的属性决定了竞争者之间的损害，这种损害必然导致"干扰"，但"干扰"通常并非不正当，是通过网络用户的选择、使用达到过滤广告的结果。是否使用特定互联网产品或者服务，取决于网络用户的自愿选择。在观看视频过程中，网络用户利益的知情权、选择权，是体现保护社会公众利益行为的重要因素。第二，市场竞争具有天然的对抗性，也必然导致损害，但损害本身不具有是与非的色彩，只要该损害并非是直接针对性的、无任何可躲避条件或选择方式的特定性损害，就不单独构成评价竞争行为正当性的倾向性要件。第三，《反不正当竞争法》具有社会法属性，必须考虑社会公众的利益，科技进步所带来的商业模式的改变和技术创新，公众有权利享受。就具有选择性屏蔽广告功能的浏览器而言，其不针对特定视频经营者，亦未造成竞争对手的根本损害，故开发、经营涉案浏览器不足以认定为不正当竞争行为。第四，受损的非根本性。涉及本案，过滤广告会影响视频网站的收益，但对视频网站的收益，需做全面、发展性的考量。视频网站采取的是"免费+广告"的经营模式，即在实行会员制的基础上，会员可以选择不看广告，非会员需要观看广告。这种经营模式反映出广告收入，

---

〔1〕 吴峻："反不正当竞争法一般条款的司法适用模式"，载《法学研究》2016 年第 2 期。
〔2〕 参见北京知识产权法院（2014）京知民终字第 79 号民事判决书。
〔3〕 参见北京市第一中级人民法院（2014）一中民终字第 3283 号民事判决书。
〔4〕 参见北京朝阳区人民法院（2017）京 0105 民初 70786 号民事判决书。

并非视频网站的唯一收入、全部收入。用过滤功能、屏蔽广告只是影响网络视频服务经营者部分利益，并不能对其产生根本性影响。第五，技术发展的必然趋势。视频网站的发展在于通过自身的经营、服务，吸引、开拓更广泛的会员，以此提高收益、冲销购买版权成本；减少广告，给网络用户提供最低的观看成本、最高的服务质量应是视频网站发展的趋势。这种调整应当在市场的竞争环境下进行，而不是通过法律的规制来调整。"商业模式"本身作为市场经济条件下自由竞争的产物，就是要将其留在自由竞争的领域，让优胜劣汰的市场机制决定其命运。本案中，"免费+广告"并非互联网视频网站唯一或主要的生存模式；含有屏蔽软件的制作、使用是经营者出于市场利益最大化而进行的经营行为，同时也是为网络用户自愿选择提供的合理机会。

以上是法院针对应对互联网新型不正当竞争行为而将《反不正当竞争法》第2条作为一般条款并通过创设竞争规则对其加以具体化的司法实践经验，体现了法官自由裁量的司法智慧，值得肯定。在具体案件中解释性的适用法律是司法审判的应有之义，但在互联网新型不正当竞争案件中，对于一般条款的解读需要结合互联网商业竞争的特点进行分析，准确理解"公认的商业道德""诚实信用原则"，而且对于其解释必须谦抑和慎重，否则容易造成一般条款适用的随意性，[1]加重"泛道德化"这一现象，扼杀互联网企业的创新模式和竞争。

2. 行政管理及行业自律方面的积极应对

除了司法审判外，对于互联网不正当竞争的规制在行政管理和行业自律方面也取得了一定的成果。

（1）相关部门规章的出台

2000年9月20日，国务院公布《互联网信息服务管理办法》（以下简称《办法》）并于2011年1月8日对其进行修订。该《办法》规定互联网信息服务的提供者应当向上网用户提供良好的服务，并保证所提供的信息内容合法，目的在于规范规范互联网信息服务活动，促进互联网信息服务健康有序发展。接着，为了规范互联网信息服务市场秩序，保护互联网信息服务提供

---

〔1〕 参见张钦坤："中国互联网不正当竞争案件发展实证分析"，载《电子知识产权》2014年第10期。

者和用户的合法权益，促进互联网行业的健康发展，根据《中华人民共和国电信条例》《办法》等法律、行政法规的规定，制定了《规范互联网信息服务市场秩序若干规定》（以下简称《规定》），该规定于 2011 年 12 月 7 日公布，自 2012 年 3 月 15 日起实施。《规定》第 5 条、第 7 条和第 8 条较为详尽地列举了互联网信息服务提供者侵犯其他互联网信息服务提供者及用户权益的行为。包括恶意干扰用户终端上其他互联网信息服务提供者的服务；恶意对其他互联网信息服务提供者的服务和产品实施不兼容；欺骗、误导或者强迫用户下载、安装、运行、升级、卸载软件等。此外，《规定》第 6 条〔1〕重点规范了互联网测评活动，强调对互联网信息服务提供者的服务或者产品进行测评应当客观公正，测评结果中不得含有测评方的主观评价。评测方不得利用评测结果，欺骗、误导、强迫用户对被评测方的服务或者产品作出处置。总而言之，《规定》是在互联网信息服务竞争日益激烈，违法事件逐渐增多的大背景下制定的有利于明确互联网信息服务提供者的服务规则和行为边界，形成良好的信息服务环境，保护其他互联网信息服务提供者以及用户的合法权益。

尽管我国针对互联网领域不断涌现的问题制定一系列行政法规和部门规章，一定程度上实现了有法可依，但仍存在一些不足。首先，相关行政法规立法技术较低、存在规制对象不明确、条款重复等情况，从而造成法律条款适用混乱；其次，法规效力不高，使得行政机关在实际执法种存在障碍；最后，行政法规规制范围及主体不够明确，容易造成部门之间权力的冲突，降低执法效率。

---

〔1〕《规范互联网信息服务市场秩序若干规定》第 6 条：对互联网信息服务提供者的服务或者产品进行评测，应当客观公正。

评测方公开或者向用户提供评测结果的，应当同时提供评测实施者、评测方法、数据来源、用户原始评价、评测手段和评测环境等与评测活动相关的信息。评测结果应当真实准确，与评测活动相关的信息应当完整全面。被评测的服务或者产品与评测方的服务或者产品相同或者功能类似的，评测结果中不得含有评测方的主观评价。

被评测方对评测结果有异议的，可以自行或者委托第三方就评测结果进行再评测，评测方应当予以配合。

评测方不得利用评测结果，欺骗、误导、强迫用户对被评测方的服务或者产品作出处置。

本规定所称评测，是指提供平台供用户评价，或者以其他方式对互联网信息服务或者产品的性能等进行评价和测试。

（2）行业协会规范

中国互联网协会成立于 2001 年 5 月 25 日，由国内从事互联网行业的网络运营商、服务提供商、设备制造商、系统集成商以及科研、教育机构等 70 多家互联网从业者共同发起成立，是由中国互联网行业及与互联网相关的企事业单位自愿结成的行业性的全国性的非营利性的社会组织。[1]中国互联网协会于 2002 年发布《中国互联网行业自律公约》，并陆续发布《互联网终端软件服务行业自律公约》《互联网终端软件服务行业自律公约》《互联网搜索引擎服务自律公约》等公约。2017 年 1 月，vivo 因拦截腾讯旗下的第三方应用平台"应用宝"并引流至 vivo 应用商店，涉嫌不正当竞争，被江苏省南京市中级人民法院裁定诉前禁令。[2]近年来，移动终端应用市场领域不正当竞争诉讼时有发生，企业竞争激烈、争议不断。因此，2017 年 11 月 7 日，中国互联网协会正式对外发布了《移动智能终端应用软件分发服务自律公约》（以下简称《公约》）。《公约》基本内容包括总则、用户权益保障、公平竞争、公约的执行、附则，共 5 章 35 条，坚持用户权益至上的原则，切实保护用户的权益和安全，规范移动智能终端应用分发服务的界限和竞争机制，营造良好市场竞争环境。[3]

这些行业规范在维护互联网公平竞争和互联网市场秩序中发挥了积极作用，同时，在一定程度上弥补了法律法规的漏洞，为法官判案提供一定的支撑。虽然互联网行业自律公约、行业规范在互联网行业内具有契约效力，但其实际的法律效力并不被认可，其法律效力的缺失导致在司法实践中无法提供有力的法律依据和支撑。如在上述在救济方面，也存在救济机制不健全，保护力不足等问题。

（二）"互联网条款"存在的问题

1. 互联网条款设立的目的

尽管《反不正当竞争法》的历次修订稿均保留了互联网专条，但无论在

---

〔1〕　参见"协会简介"，载 https://www.isc.org.cn/xhgk/xhjj/，最后访问日期：2018 年 2 月 12 日。

〔2〕　参见南京市中级人民法院（2017）苏 01 行保 1 号民事诉讼保全裁定书。

〔3〕　参见"《移动智能终端应用软件分发服务自律公约》在京签署"，载 http://www.miit.gov.cn/n1146290/n1146402/n1146455/c5899472/content.html，最后访问时间：2018 年 2 月 10 日。

理论界还是在实务界，对互联网专条存废之争的讨论从未停止。从互联网专条设立的必要性角度而言，其有如下的正当性和合理性。

（1）符合立法调整规范社会行为之目的

随着经济的转型，竞争的领域由实体层面扩展到虚拟空间。[1]互联网的发展使一些传统的不正当竞争手段更加隐蔽，另一方面也产生了一些法律难以规制的新型不正当竞争行为。最高人民法院曾在"3Q大战"时明确："互联网的发展有赖于自由竞争和科技创新，互联网行业鼓励自由竞争和创新，但这并不等于互联网领域是一个可以为所欲为的法外空间。"[2]而设置互联网专条，对互联网领域不正当竞争行为的类型和边界进行清晰地界定，既对当前正在发生及可预见的未来相当长一段时间内可能发生的违法行为以引导和威慑，也有利于相关行业的经营者准确把握决策方向或在出现纠纷后作出理性、合理的预期。[3]

（2）突破原则性法律规范的局限及法律适用的困境

近年来随着互联网的飞速发展，互联网领域的不正当竞争纠纷也层出不穷。复杂多样的案情导致类型化条款适用不能，行政执法机关和司法机关往往处于无法可依的尴尬境地，只能笼统地适用原则条款进行调整，无法发挥《反不正当竞争法》应有的价值和作用。而互联网专条的设立，可以很好地缓解一般性条款解决新型互联网不正当竞争行为的压力，有效弥补这一局限，也能在规范层面上避免法律适用"向原则条款逃逸"的现象。

（3）限制司法者在法律适用困境下的任意裁量

面对互联网领域不正当竞争行为的法律适用困境，实践中出现了个别法官在处理纠纷时草率、过度适用原则条款的现象。另一方面某些典型判决书中所确定的审判原则如"非公益不干扰原则""最小特权原则"等在某种程度上体现了判例法的倾向。而互联网专条的设立，在为司法裁判者提供判断标准的同时，也可以起到制约法官随意适用法律的作用，纠正案件裁判标准的偏差。

---

〔1〕 参见刘继峰："法治观念转变中的政府和企业"，载《中国工商报》2017年11月23日，第3版。

〔2〕 最高人民法院（2013）民三终字第5号民事判决书。

〔3〕 参见张璐、曹丽萍：" '互联网专条'存废之争与规范模式的思考"，载《法学杂志》2017年第12期。

2. 认识不统一——"互联网条款"内容的变化

2016 年 2 月 25 日公布的《反不正当竞争法（修订草案送审稿）》（以下简称《送审稿》）首次增加了规制互联网领域不正当竞争行为的专门条款——第 13 条〔1〕，该条是对长期以来实践中大量案例所涉行为的抽象归纳与回应。其后，该条经过了 3 次审议修改并最终成型。其实对于互联网新型不正当竞争行为是否应写入具体条款，学界存在一定争议。支持者认为"《反不正当竞争法》作为规范市场秩序的基本法，对其所具有的指引、评价、预测、教育和强制作用，更多地应该体现在类型化条款中，而非原则性的一般条款。业内对互联网典型不正当竞争行为的认识日益清晰，相关条款应当吸收进《反不正当竞争法》中。"反对者认为，"修改《反不正当竞争法》的路径选择，不应在增加新型竞争行为的规定上做努力，首先应该明确不正当竞争行为的本质，确立《反不正当竞争法》维护市场公共秩序和公共利益的性质与立法目的，将互联网行业的竞争行为纳入现有的类型化行为之中；其次，应当完善《反不正当竞争法》关于一般条款的规定，使之更好地适用互联网行业出现的新型竞争行为。"〔2〕还有学者认为"该条款的设立，是对竞争法领域法典化的破坏。对于某些具体领域的无序竞争问题，没有写入《反不正当竞争法》的必要。"〔3〕

"互联网条款"自《送审稿》第 13 条首次提出，经历《反不正当竞争法（修订草案）》（以下简称《修订草案》）《反不正当竞争法（修订草案第二次审议稿）》（以下简称《修订草案二审稿》）的"修修补补"，最终成型。尽管与社会各界的期待存在一定的差距，但也是多年来各方面共同努力的成果。该条款从结构到列举条款的细化，经历一个演变过程，在此做详细说明。

---

〔1〕《送审稿》第 13 条：经营者不得利用网络技术或者应用服务实施下列影响用户选择、干扰其他经营者正常经营的行为：①未经用户同意，通过技术手段阻止用户正常使用其他经营者的网络应用服务；②未经许可或者授权，在其他经营者提供的网络应用服务中插入链接，强制进行目标跳转；③误导、欺骗、强迫用户修改、关闭、卸载或者不能正常使用他人合法提供的网络应用服务；④未经许可或者授权，干扰或者破坏他人合法提供的网络应用服务的正常运行。

〔2〕 徐士英："互联网行业竞争行为的法律规制"，载《上海法治报》2015 年 6 月 10 日第 B06 版。

〔3〕 宁立志："互联网不正当竞争条款浅议"，载《竞争法律与政策评论》2017 年第 00 期。

《修订草案》第 14 条[1]相比《送审稿》在结构上无实质变动，都仅仅是对互联网新型不正当竞争行为的提炼列举，在《送审稿》的基础上，细化增加了"恶意不兼容"这一行为，使受规制的行为相对更加全面。与《送审稿》相同，对于专门对互联网不正当竞争行为单独详细列举，有学者认为需要进一步斟酌。因为互联网行为随着技术的进步会层出不穷，条款的静态描述本身对之后将会出现的更新的不正当竞争行为的规制作用有限，仍需借助基本原则条款和其他不正当竞争条款来禁止。

《修订草案二审稿》在互联网条款上做出了结构上的实质变动，《修订草案二审稿》第 12 条[2]第 1 款增加了互联网企业遵守该法规定的宣示性条款，并在第 3 款第四项增设了与该条第 2 款一般规定相呼应的兜底条款。与此同时，《修订草案二审稿》删除了《送审稿》中授权国务院工商行政管理部门对本法未明确列举的不正当竞争行为进行认定的条款。这看似是对互联网业不正当竞争行为规制的重视，实则是以进为退地限缩了国家工商行政管理总局依据《反不正当竞争法》对新型不正当竞争行为的规制能力与威慑效果。[3]基于新反法第 12 条与该条基本一致。

新反法已尘埃落定，"互联网条款"也"千呼万唤始出来"，我们更多地应从"互联网条款"的立法演变入手，把握该条款具体规定变化博弈之间存在的问题以及有待进一步挖掘的研究"死角"，试图为今后的解释和适用提出一些思路，使法律与实践形成良好的互动。

经过近 10 年的酝酿，《反不正当竞争法》修改中对互联网不正当竞争行

---

[1] 《修订草案》第 14 条：经营者不得利用技术手段在互联网领域从事下列影响用户选择、干扰其他经营者正常经营的行为：①未经同意，在其他经营者合法提供的网络产品或者服务中插入链接，强制进行目标跳转；②误导、欺骗、强迫用户修改、关闭、卸载他人合法提供的网络产品或者服务；③干扰或者破坏他人合法提供的网络产品或者服务的正常运行；④恶意对其他经营者合法提供的网络产品或者服务实施不兼容。

[2] 《修订草案二审稿》第 12 条：经营者利用网络从事生产经营活动，应当遵守本法的各项规定。经营者不得利用技术手段，通过影响用户选择或者其他方式，从事下列妨碍、破坏其他经营者合法提供的网络产品或者服务正常运行的行为：①未经其他经营者同意，在其合法提供的网络产品或者服务中，插入链接、强制进行目标跳转；②误导、欺骗、强迫用户修改、关闭、卸载他人合法提供的网络产品或者服务；③恶意对其他经营者合法提供的网络产品或者服务实施不兼容；④其他妨碍、破坏其他经营者合法提供的网络产品或者服务正常运行的行为。

[3] 参见刘旭："《反不正当竞争法》修订草案二审稿之得失"，载 http://opinion.caixin.com/2017-09-19/101147141.html，最后访问日期：2018 年 2 月 1 日。

为的规制已形成共识。从国务院《送审稿》到全国人民代表大会一审稿、全国人民代表大会二审稿，再到 17 年的最终版本，互联网专条的内容也在不断地修改变化。

表 1　互联网专条版本对比

16 年送审稿	修订草案	二次审议稿	17 年版
第 13 条　经营者不得利用网络技术或者应用服务实施下列影响用户选择、干扰其他经营者正常经营的行为： （一）未经用户同意，通过技术手段阻止用户正常使用其他经营者的网络应用服务； （二）未经许可或者授权，在其他经营者提供的网络应用服务中插入链接，强制进行目标跳转； （三）误导、欺骗、强迫用户修改、关闭、卸载或者不能正常使用他人合法提供的网络应用服务； （四）未经许可或者授权，干扰或者破坏他人合法提供的网络应用服务的正常运行。	第 14 条　经营者不得利用技术手段在互联网领域从事下列影响用户选择、干扰其他经营者正常经营的行为： （一）未经同意，在其他经营者合法提供的网络产品或者服务中插入链接，强制进行目标跳转； （二）误导、欺骗、强迫用户修改、关闭、卸载他人合法提供的网络产品或者服务； （三）干扰或者破坏他人合法提供的网络产品或者服务的正常运行； （四）恶意对其他经营者合法提供的网络产品或者服务实施不兼容。	第 12 条　经营者利用网络从事生产经营活动，应当遵守本法的各项规定。 经营者不得利用技术手段，通过影响用户选择或者其他方式，从事下列妨碍、破坏其他经营者合法提供的网络产品或者服务正常运行的行为： （一）未经其他经营者同意，在其合法提供的网络产品或者服务中，插入链接、强制进行目标跳转； （二）误导、欺骗、强迫用户修改、关闭、卸载他人合法提供的网络产品或者服务； （三）恶意对其他经营者合法提供的网络产品或者服务实施不兼容； （四）其他妨碍、破坏其他经营者合法提供的网络产品或者服务正常运行的行为。	第 12 条　经营者利用网络从事生产经营活动，应当遵守本法的各项规定。 经营者不得利用技术手段，通过影响用户选择或者其他方式，实施下列妨碍、破坏其他经营者合法提供的网络产品或者服务正常运行的行为： （一）未经其他经营者同意，在其合法提供的网络产品或者服务中，插入链接、强制进行目标跳跃； （二）误导、欺骗、强迫用户修改、关闭、卸载其他经营者合法提供的网络产品或者服务； （三）恶意对其他经营者合法提供的网络产品或者服务实施不兼容； （四）其他妨碍、破坏其他经营者合法提供的网络产品或者服务正常运行的行为。

　　通过对上述互联网专条版本的对比分析，立法机关的态度倾向于保留互联网专条；而对条文内容如何设置，采取何种立法模式等仍然存在诸多争议。新修订《反不正当竞争法》中最终采用了"概括+列举+兜底"的立法模式[1]

---

〔1〕　参见田小军、朱英："新修订《反不正当竞争法》'互联网专条'评述"，载《电子知识产权》2018 年第 1 期。

制定"互联网专条"，就专条的具体内容而言，主要包括三层含义：

其一，"概括性条款"即条文第1款，"应当遵守本法的各项规定"，明确规定了网络经营者在互联网领域实施的传统不正当竞争行为同样可以由反不正当竞争法中的传统不正当竞争行为规范来规制，并非只受互联网专条的约束。这一方面反应出立法者对互联网中传统不正当竞争行为和新型不正当竞争行为的界定与厘清；另一方面也反应出互联网专条规制的不正当竞争行为并不限于通过"技术手段"。在此基础上，对互联网领域不正当竞争行为作一般性概括，即不得利用网络技术或者应用服务实施影响用户选择、干扰其他经营者正常经营的行为。

其二，"列举式条款"即条文第2款前三项，对以往互联网领域特有的新型不正当竞争行为类型进行了归纳总结，从立法上对于现有类型予以确认。删除了"干扰"这一备受争议的用语及相关款项，契合了反不正当竞争法维护竞争自由[1]以及互联网领域竞争的态势。将第一项中的"未经用户同意"改为"未经其他经营者同意"，将用户（消费者）利益剥离出去，消费者合法权益并未得到应有的重视。具体列举了近年来备受关注的"插入链接、强制目标跳转""误导、欺骗、强迫用户修改、关闭、卸载""干扰或者破坏"等新型互联网不正当竞争行为。

其三，"兜底性条款"即条文第2款第四项，由原来的列举条款变为现在的兜底条款，条文性质发生了根本性的改变。这种改变将进一步扩大互联网不正等竞争行为法律调整的范围，使得条文本身更加周延，同时也赋予了司法机关一定的自由裁量权，以更好地适应实践发展的需要。但也存在一些尚需厘清的空间，可能出现与传统的原则条款兜底适用间的冲突等。

与此相关的法条还有配套的法律责任条款，即第24条："经营者违反本法第十二条规定妨碍、破坏其他经营者合法提供的网络产品或者服务正常运行的，由监督检查部门责令停止违法行为，处十万元以上五十万元以下的罚款；情节严重的，处五十万元以上三百万元以下的罚款。"对反不正当竞争法法定赔偿额上限的增加和下限的设置，能够对一些违法获利丰厚的不正当竞

---

[1] 孔祥俊教授认为，从更宽的视野和更深层意义上看，反不正当竞争法仍在于维护竞争自由。反不正当竞争法通过遏制不正当竞争行为，而维护健康的竞争自由。参见孔祥俊："继承基础上的创新——新修订反不正当竞争法解读"，载《中国市场监管研究》2017年第12期。

争行为产生威慑，此外还可以在保证司法机关充分行使自由裁量权时有更加明确的标准及预期。

3. "互联网条款"立法模式及存在的问题分析

从结构上看，第 12 条[1]第 1 款"应当遵守本法的各项规定"的表述明确了互联网领域不正当竞争行为与传统不正当竞争行为的关系，即将互联网领域出现的不正当竞争行为分为两部分，一部分为传统不正当竞争行为在互联网领域的延伸，对其规制可以适用本法第 6 条~第 11 条；另一部分指经营者利用技术手段妨碍、破坏互联网竞争秩序的新型的不正当竞争行为，对其规制则适用本法第 12 条第 2 款的具体规定。该条第 2 款具体列举了三项具体条款，最后第四项为本款之下的兜底条款，即兜底其他未规定的互联网新型不正当竞争行为。从立法技术上看，新《反不正当竞争法》第 12 条采取"一般条款+列举条款+兜底条款"的立法模式，加之与其相关的法律责任条款第 24 条，有学者认为这种结构基本满足了制定一项部门法所需的形式要件，故称其为"小网络反不正当竞争法"[2]。从新反法全文看来，对于互联网不正当竞争行为便形成了一般条款+概括条款+列举条款+兜底条款的规制结构。作为一种全新的制度结构，在西方国家和我国以往的法律制度中都少有。该规定将改变以往依赖旧《反不正当竞争法》第 2 条原则性条款的自由裁量认定模式，从原则性条款转换到本条的兜底条款上来。更重要的改变在于，变相赋予行政机关依法介入的权力，监督检查机关的权限由原来的不能管辖变为可以认定，规制路径将由原来的单一途径变成行政、司法双重轨道。

从内容上看，该条第 2 款所列举的 3 项行为都是基于以往实务中的典型案例进行的抽象提炼。如第一项所规制的"插入链接、强制进行目标跳转"行为，对应北京百度网讯科技有限公司诉青岛奥商网络技术有限公司等不正

---

〔1〕　新《反不正当竞争法》第 12 条：经营者利用网络从事生产经营活动，应当遵守本法的各项规定。经营者不得利用技术手段，通过影响用户选择或者其他方式，实施下列妨碍、破坏其他经营者合法提供的网络产品或者服务正常运行的行为：①未经其他经营者同意，在其合法提供的网络产品或者服务中，插入链接、强制进行目标跳转；②误导、欺骗、强迫用户修改、关闭、卸载其他经营者合法提供的网络产品或者服务；③恶意对其他经营者合法提供的网络产品或者服务实施不兼容；④其他妨碍、破坏其他经营者合法提供的网络产品或者服务正常运行的行为。

〔2〕　郑友德、王活涛："新修订反不正当竞争法的顶层设计与实施中的疑难问题探讨"，载《知识产权》2018 年第 1 期。

当竞争纠纷案〔1〕；第二项"误导、欺骗、强迫用户修改、关闭、卸载"以及第三项规定的"不兼容"等行为是对"3Q 大战""扣扣保镖案"等案件的回应。第一项、第二项作为一开始就在修订稿中规定的行为，目前学界尚无异议，但对于后来新增的第三项"恶意实施不兼容"以及第四项兜底条款，学界争议较大。郑友德教授认为："与他人网络产品或者服务兼容与否一是涉及技术标准问题，二非关乎强制性规定，此乃各个行业的基本技术法则，亦是竞争市场选择自由的体现。在自由竞争的市场经济中，企业应享有自主经营权，在未扰乱市场竞争秩序及损害社会公共利益时，并无'兼容'其他竞争者产品或者服务的义务"〔2〕；孔祥俊教授认为第三、四项过于抽象，是一种高度裁量性的规范，不能很好地发挥规则作用，在适用时有必要进行更多的目的性限缩解释。〔3〕具析之，"恶意实施不兼容"中"恶意"二字应如何认定？经营者在市场竞争中必然包含提升自己竞争优势以及降低竞争者竞争优势的目的，这种盈利的主观目的性在何种程度上会转化为恶意，有待法官在个案中作进一步解释。此外，有观点认为该项规定与《反垄断法》第 17 条的"拒绝交易"存在交叉冲突，未来的司法执法实践中可能会出现过度干预市场主体经营自主权的情况。〔4〕第四项兜底条款将以上行为统一概括为"妨碍、破坏"的行为；此处"妨碍"的不正当竞争行为与正当的竞争行为应如何界定？在互联网领域，争夺用户及流量资源是生存之本。面对相同的客户群，经营者为提高自己的"出现率"必然会使竞争者在争夺用户的过程中受到一定影响，妨碍其正常运行。同时，商业模式也会随着互联网技术的创新更新换代。若在司法实践对"妨碍、破坏"不能作一定范围内的限缩，过度保护现有商业运营模式，反而会导致受益经营者安于现状，不利于互联网产业的发展。除此之外，某些平台通过服务协议的办法附加不合理的交易信息并未"利用技术手段"，此种情况是否可以纳入互联网条款的规制范围？

---

〔1〕 参见山东省高级人民法院（2010）鲁民三终字第 5-2 号民事判决书。

〔2〕 郑友德、王活涛："新修订反不正当竞争法的顶层设计与实施中的疑难问题探讨"，载《知识产权》2018 年第 1 期。

〔3〕 参见孔祥俊："论新修订《反不正当竞争法》的时代精神"，载《东方法学》2018 年第 1 期。

〔4〕 参见田小军、朱萸："新修订《反不正当竞争法》'互联网专条'评述"，载《电子知识产权》2018 年第 1 期。

二、存在的问题及改进思路

(一) 旧法背景下互联网不正当竞争司法规制存在的问题

在《反不正当竞争法》修订前，我国互联网不正当竞争司法实践事实上已经开始凸显出一些共性的问题。

1. 司法实践中缺少相应的互联网不正当竞争类型化条款

法律规定往往具有滞后性。究其根源，法律的制定不可能脱离的特定时空背景。基于我国当时的社会经济状况所限，立法者在 1993 年制定《反不正当竞争法》之初显然无法预见到今后互联网行业会取得如此巨大的发展成就，更加无法预料到互联网领域可能出现的各式各样的不正当竞争行为。从这个意义上而言，该法第二章所列举的具体条款极大地滞后于社会经济发展现实需要亦就在所难免。具体结合我国修订前的《反不正当竞争法》来看，该法第二章通过第 5 条至第 15 条一共列举了 11 种具体的不正当竞争行为类型，例如"市场混淆行为规制条款""侵犯商业秘密规制条款""商业贿赂规制条款"以及"商业诋毁规制条款"，等等。但这些具体规定主要针对的是发生在传统领域不正当竞争行为而设置的规制条款。当然补充需要说明的是，作为传统不正当竞争行为在互联网领域的延伸，例如互联网中的虚假宣传行为以及商业诋毁行为，此类行为实际上仍然可以有效地纳入具体条款的规制范域之内。但根本的问题在于，当面对互联网领域的新型不正当竞争行为时，例如前述"流量劫持"与"域名抢注行为"等，尤其是考虑到这些互联网新型不正当竞争行为所具有的技术性、隐蔽性以及复杂性等相关特性，旧法中所列举的不正当竞争行为类型化条款往往显得捉襟见肘，难以实现有效规制此类违法行为的目的。就此而言，修订前《反不正当竞争法》中的不正当竞争行为类型化条款的局限性不言自明。

2. 出现"向一般条款逃逸"现象

诚如前述，由于依据 1993 年《反不正当竞争法》的具体类型化条款难以有效规制互联网领域出现的新型不正当竞争行为，为了应对这一问题，法院大都会另辟蹊径，即纷纷转向适用《反不正当竞争法》第 2 条即一般条款来规制此类不正当竞争行为。然而值得注意的是，采用前述方式固然可以解决法律适用依据欠缺之困境，但是如果不加以限制的话，不可避免就会出现对《反不正当竞争法》一般条款的过度依赖与滥用，亦即学界所称的"向一般条款逃逸"。而这样一种一般条款的滥用引发的不利后果实则不容小觑。

就部门法之间的适用范围而言，毫无疑问，反不正当竞争法所调整的对象必然是相对确定且有限的；但是，如果在司法实践中法院不能有效明晰与区分部门法之间的本质差异与适用界限，尤其是不对"向一般条款逃逸"现象加以约束与克制的话，反不正当竞争法就可能成为逾越自身界限而侵占本应由其他部门法调整的行为。正如有学者所指出的，基于相关法律体系的本意，当事人双方之间发生相关权益纠纷，原本应当由当事人选择通过侵权损害赔偿的途径来解决，但因为其他方面的因素制约与考量，最终却选择通过不正当竞争诉讼之路径，从而在某种程度上架空甚至虚化了侵权法层面上的救济渠道。[1]就《反不正当竞争法》的内部规则适用层面而言，基于逻辑关系考量，凡是不正当竞争类型化条款即具体条款能够有效调整的，一般条款便没有适用的余地。换言之，一般条款仅仅是在具体条款无法发挥作用时才有调整空间。但现实情况却是，一些发生在互联网领域的传统竞争行为本应由具体条款所调整，但是有法院却错误地适用一般条款。例如在"同方环境股份有限公司与清华同方（鞍山）环保设备股份有限公司不正当竞争纠纷案中，"被告在其网站上声称"其由原告控股"构成虚假宣传，显然可以由《反不正当竞争法》第9条规制，但一审法院仍然适用了一般条款进行判决。[2]综上所述，在互联网不正当竞争领域，由于《反不正当竞争法》第2条本身具有高度的抽象性与不确定性，因而据此判定涉案竞争行为是否违反了诚实信用原则以及公认的商业道德具有较强的主观性，由此引发的不利后果实则不容小觑。

3. 竞争关系认定标准不一

结合互联网不正当竞争案件来看，法院在认定竞争行为正当性之前，一般均需对经营者之间是否存在竞争关系加以考察与分析。换言之，竞争关系的存在与否是进一步判定不正当竞争行为是否存在的逻辑前提。而按照传统观点，反不正当竞争法意义上的"竞争关系"通常是指经营者之间经营相同

---

[1] 参见薛军："互联网不正当竞争的民法视角"，载《人民司法（应用）》2016年第4期。

[2] 参见曹丽萍、张璇："网络不正当竞争纠纷相关问题研究——《反不正当竞争法》类型化条款与一般条款适用难点探析"，载《法律适用》2017年第1期。

或者类似商品的关系,[1]亦即狭义竞争关系（即直接竞争关系）。而在互联网环境下,随着狭义竞争关系界定的局限性日趋显现,因而法院在越来越多的互联网不正当竞争案件中实际很大程度上已经突破了这一限定进而纷纷转向广义竞争关系（间接竞争关系）。但是值得注意的是,在此类案件中,有部分法院选择采用狭义竞争关系,也有少数法院回避对竞争关系加以界定。[2]但是就整体层面而言,在涉及互联网不正当竞争案件中,法院对于原被告双方是否存在竞争关系往往采纳的是前述"广义竞争关系"观点。进一步而言,法院在具体案件中对于"广义竞争关系"的阐释与解读却是人言言殊。概括来说,大致有如下几种观点:

第一种观点可称之为"经营利益竞争说"。这种观点强调从原被告双方之间的经营利益冲突维度来界定竞争关系。例如在"猎豹浏览器不正当竞争案"中,一审法院便指出,对于竞争关系的理解应着重从是否存在经营利益角度出发进行考察。其中经营利益主要体现为对客户群体、交易机会等市场资源的争夺中所存在的利益。而在"爱奇艺公司诉极科极客公司不正当竞争纠纷案"[3]中,二审法院则将前述"经营利益"进一步限定为"最终利益"之上。第二种观点可称之为"经营行为可责难说"。此种观点侧重于从经营行为本身的可非难性出发来对竞争关系予以解释。[4]在"猎豹浏览器不正当竞争案"中,二审法院认为,竞争关系的构成既不取决于经营者之间是否属于同业竞争关系,也不取决于是否属于现实存在的竞争,而应取决于经营者的经营行为是否具有"损人利己的可能性"。在"爱奇艺公司与上海千杉公司、悦观公司不正当竞争纠纷案"中,法院也表达了类似的观点,即"凡是以不正当手段谋

---

〔1〕　参见郑友德、杨国云:"现代反不正当竞争法中'竞争关系'之界定",载《法商研究》2002 年第 6 期。

〔2〕　有学者通过对 102 件互联网不正当竞争案件加以梳理后发现,其中有关竞争关系的界定模式大致涵括三类:界定为直接竞争关系（即狭义竞争关系）；界定为间接竞争关系（即广义竞争关系）；回避竞争关系的界定。参见王永强:"网络商业环境中竞争关系的司法界定——基于网络不正当竞争案件的考察",载《法学》2013 年第 11 期。

〔3〕　参见北京知识产权法院（2014）京知民终字第 79 号民事判决书。

〔4〕　事实上,2004 年时任最高人民法院副院长曹建明在"全国法院知识产权审判工作座谈会上的讲话——加大知识产权司法保护力度依法规范市场竞争秩序"中表达了类似观点,即"所谓竞争关系一般是指经营者经营同类商品或服务,经营业务虽不相同,但其行为违背了《反不正当竞争法》第 2 条规定的竞争原则,也可以认定具有竞争关系"。

取竞争优势或者损害他人正常经营活动的行为人与被侵害人间均构成反不正当竞争法上的竞争关系"。第三种观点可称之为"经营行为影响说"。顾名思义，这种观点主要是从经营行为产生的外在影响方面对竞争关系加以界定。在"爱奇艺公司诉大摩公司其他不正当竞争纠纷案"〔1〕中，法院认为，被告运营的涉诉软件势必影响原告网站的经营，因而本院认定原被告之间存在竞争关系。

4. 利益分析存在失衡

一方面，过于注重经营者利益保护。在诸多互联网不正当竞争纠纷中，法院一般需要从经济维度分析涉案竞争行为造成或者可能造成的损害结果——"竞争行为是否损害其他经营者的竞争利益"。结合具体案件来看，在唯经营者利益至上理念的支配下，保护经营者利益会成为许多的法院的优先或者主要考量，因而法院的利益保护天平往往会明显偏向于经营者一方。这方面较具代表性的互联网不正当竞争案例并不少见。在"爱奇艺公司诉极科极客公司不正当竞争纠纷案"中，法院指出，被告利用"屏蔽视频广告"插件直接干预爱奇艺公司的经营行为损害了爱奇艺公司的合法利益；〔2〕又如在"搜狐公司等诉华录天维公司等不正当竞争纠纷案"中，法院提到，被告通过软件拦截和屏蔽搜狐视频网站播放页面中出现的片头广告及暂停广告的行为，在构成破坏原告正常经营活动的同时，也属于不当利用原告合法利益，因而构成不正当竞争。〔3〕不难看出，在这些案件中，法院已经形成思维定势——广告屏蔽行为损害视频网站经营者的合法利益是毋容置疑的。问题在于，鲜有法院会就广告屏蔽行为对视频网站经营者所造成的具体利益损害进行深入考察与精细论证，损害分析大有陷于形式上的文本推理之虞。究其根源，很大程度上便在于法院对视频网站经营者利益保护持有的某种偏爱与关怀。〔4〕由此不难理解为何大多数法院会经验性地选择认可视频网站"免费+广告"这一商业模式的受保护性。

另一方面，消费者利益与公共利益未得到应有的重视。结合相关互联网

---

〔1〕 参见上海市闵行区人民法院（2015）闵民三（知）初字第 271 号民事判决书。

〔2〕 参见北京市海淀区人民法院（2014）海民（知）初字第 21694 号民事判决书。

〔3〕 参见北京市石景山区人民法院（2014）石民（知）初字第 9291 号民事判决书。

〔4〕 参见史欣媛："利益衡量方法在屏蔽视频广告行为正当性判定中的适用"，载《中南大学学报（社会科学版）》2017 年第 1 期。

不正当竞争司法实践来看，法院在认定竞争行为正当性时往往侧重于分析与考察不正当竞争行为给竞争对手（即经营者）造成的影响，而忽略消费者利益，[1]更遑论进一步结合公共利益加以综合考虑。进一步以涉及屏蔽视频广告行为的不正当竞争纠纷为例，法院忽视消费者利益与公共利益的典型表现有：坚持"对价关系说"。在"大摩公司与乐视公司不正当竞争纠纷案"中，法院指出，乐视公司向用户提供"免费+广告"点播视频节目的选择，用户实际上是需要付出对价的。[2]基于"对价关系"，那么消费者使用视频网站观看相关视频内容时便负担有一项附随性义务——接受经营者推送的广告。这样一种观点是值得进一步商榷的。事实上，在此之前最高人民法院已在"扣扣保镖案"中明确否定了这一观点，指出"消费者享受特定免费服务与付出多余的时间成本或者容忍其他服务方式并无当然的'对价'关系"。[3]主张"无权干涉说"。有法院认为，无论视频广告时间长或广告质量不高，他人均无权干涉其正当的经营行为。[4]言下之意，消费者要么等待视频网站主动作出广告服务改进，否则只有被动地接受视频网站提供的相关广告，而广告屏蔽行为并无任何合法性空间可言。毫无疑问，"无权干涉说"与注重消费者利益以及公共利益保护两者之间相去甚远，其强调维护视频网站经营者利益的意味十分明显。就此而言，法院的上述做法并未体现出对消费者利益与公共利益的应有重视。

5. 竞争行为正当性认定存在道德分析泛化

法院根据一般条款对互联网领域的竞争行为正当性加以判定时，通常会对商业道德或者诚实信用原则作出超出法律文本与立法意旨应有之义的扩张性解读与适用。尽管道德标准具有多元性、不可预见性和滞后性等特征[5]，但这并不意味着法院在审理案件过程中可任意地对道德标准加以泛化诠释。在涉及互联网不正当竞争纠纷之中，法院依据道德标准认定广告屏蔽行为正当性时主要有如下泛化现象：

第一，援引"非公益必要不干扰原则"。在互联网不正当竞争案件中，法

---

〔1〕 参见黄勇："论互联网不正当竞争的'新边界'"，载《电子知识产权》2015 年第 Z1 期。

〔2〕 参见上海市闵行区人民法院（2015）闵民三（知）初字第 1770 号民事判决。

〔3〕 最高人民法院（2013）民三终字第 5 号民事判决书。

〔4〕 参见上海市闵行区人民法院（2015）闵民三（知）初字第 271 号民事判决书。

〔5〕 参见蒋舸："《反不正当竞争法》一般条款在互联网领域的适用"，载《电子知识产权》2014 年第 10 期。

院创造性地提出了"非公益必要不干扰原则",其涵义是指,互联网产品或服务之间原则上不得相互干扰。确实出于保护网络用户等社会公众的利益的需要,网络服务经营者在特定情况下不经网络用户知情并主动选择以及其他互联网产品或服务提供者同意,也可干扰他人互联网产品或服务的运行,但是,应当确保并证明干扰手段的必要性和合理性。[1]有学者进一步将"非公益必要不干扰原则"具化为四项原则,即"公平竞争原则""和平共处原则""自愿选择原则"以及"诚实信用原则"。[2]随着非公益必要不干扰原则的确立,许多法院在认定竞争行为正当性时有时会直接或者间接援引前述原则作为评判依据。例如,在"爱奇艺公司诉极科极客公司不正当竞争纠纷案"中,法院在分析涉案竞争行为正当性时指出,"经营者可以通过技术革新和商业创新获取正当竞争优势,但非因公益必要,不得直接干预竞争对手的经营行为"。[3]然而近些年学界针对该原则所提出的批判与诟病可谓不绝于耳。概括而言,学者们的质疑主要集中于以下几点:首先,把竞争行为预设为一种"干扰"行为[4]以及对"干扰行为"采取"不正当性推定"预定立场的做法本身是有待推敲的。原因在于,就现实的市场竞争情况来说,干扰往往是常态,而不干扰反而是例外情形。其次,"干扰"以及"公益"概念本身具较强的抽象性、模糊性与繁复性。[5]什么是"干扰行为",以及哪些干扰行为符合"公益必要",这些问题均无法在严格意义上得到统一、清晰且确切的规定与解释。由此极易引致司法自由裁量权的滥用,而"不受抑制的自由裁量权与法律调整格格不入"。[6]最后,将"公益必要"作为正当性事由在逻辑

---

〔1〕 参见北京市高级人民法院(2013)高民终字第 2352 号民事判决书。

〔2〕 参见石必胜:"互联网竞争的非公益必要不干扰原则——兼评百度诉 360 插标和修改搜索提示词不正当竞争纠纷案",载《电子知识产权》2014 年第 4 期。

〔3〕 北京市海淀区人民法院(2014)海民(知)初字第 21694 号民事判决书。

〔4〕 参见薛军:"质疑'非公益必要不干扰原则'",载《电子知识产权》2015 年第 Z1 期。

〔5〕 公益即公共利益,事实上学者们对于这一概念的争论颇多,但迄今仍然没有一个相对统一、确定且权威的界定。目前学界对于公共利益概念的研究已经取得了较为丰硕的成果,代表性的文献主要有:胡建淼、邢益精:"公共利益概念透析",载《法学》2004 年第 10 期;王景斌:"论公共利益之界定——一个公法学基石性范畴的法理学分析",载《法制与社会发展》2005 年第 1 期;张千帆:"'公共利益'的困境与出路——美国公用征收条款的宪法解释及其对中国的启示",载《中国法学》2005 年第 5 期;胡鸿高:"论公共利益的法律界定——从要素解释的路径",载《中国法学》2008 年第 4 期。

〔6〕 [美]诺内特、塞尔兹尼克著,张志铭译:《转变中的法律与社会:迈向回应型法》,中国政法大学出版社 1994 年版,第 84 页。

上并不具有周延性与完备性。即便竞争行为不符合公益必要，但这并不意味着广告屏蔽行为就必然具有不正当性。[1]综上可见，法院采用非公益必要不干扰原则以具化道德分析的做法显然有失偏颇。

第二，直接套用"搭便车"或者"不劳而获"理论。在审理此类涉及互联网不正当竞争纠纷时，尤其是在辨析相关竞争行为正当性时，法院经常会结合禁止"搭便车"或者"不劳而获"等日常社会道德观进而会对涉案竞争行为作出否定性评价。在"快乐阳光公司与暴风公司不正当竞争纠纷案"中，法院指出，互联网经营者之间争夺网络用户注意力应当通过必要付出获得，而非恶意利用他人的诚实付出。不仅如此，法院进一步提到，暴风公司在本身并未承担涉案视频经营成本的前提下，采用"极轻模式"播放涉案影片，使本应在芒果网观看涉案视频的用户成为自己的用户，其行为属于不劳而获。在此基础上，法院最终认定涉案广告屏蔽行为构成不正当竞争。[2]稍加审视不难发现，法院上述论断与推理存在着以下缺陷：首先，由于搭便车或者不劳而获理论具有较强的不确定性，理论界与实务界对其认识与理解并不统一。[3]例如在日常社会生活中，搭便车或者不劳而获行为通常被认为具有可责难性；但在经济学领域，一般认为搭便车行为并非属于贬义性行为，而是一种中性行为。其次，由于搭便车或者不劳而获理论本身具有的高度不确定性与主观性，依此来认定竞争行为正当性不仅可能会不适当地扩张专有权范围，而且还会为公权力偏好干预和管制市场价值的"家长式"情怀提供法律的和道义的支持。[4]最后，违反禁止搭便车或者不劳而获理论等朴素道德观并不等同于不符合公认的商业道德或者诚实信用原则，二者不可混为一谈。结合司法实践来看，最高人民法院也曾在"山东省食品公司与马达庆不正当竞争纠纷案"中明确指出，"商业道德要按照特定商业领域中市场交易参与者即经济人的伦理标准来加以评判，它既不同于个人品德，也不能等同于一般

---

〔1〕　参见宋亚辉："网络干扰行为的竞争法规制——'非公益必要不干扰原则'的检讨与修正"，载《法商研究》2017年第4期。

〔2〕　参见北京知识产权法院（2015）京知民终字第02210号民事判决书。

〔3〕　参见周樨平："商业标识保护中'搭便车'理论的运用——从关键词不正当竞争案件切入"，载《法学》2017年第5期。

〔4〕　参见孔祥俊："论反不正当竞争法的竞争法取向"，载《法学评论》2017年第5期。

的社会公德"。[1]就此而言，法院借助搭便车或者不劳而获理论来分析互联网不正当竞争行为的做法实不足取。

第三，错误采用损害倒推规则。具体而言，是指法院适用一般条款审理互联网不正当竞争案件时，基于保护特定一方的先定立场，有时会从涉案竞争行为造成的损害结果出发反向推出竞争行为具有不正当性。例如，在"猎豹浏览器不正当竞争案"中，二审法院在认定竞争行为正当性时提出，《反不正当竞争法》中违反诚实信用原则的行为包括两类：破坏其他经营者正当经营活动的行为；不正当利用其他经营者经营利益的行为。在此基础上，法院认为，金山公司开发并向用户提供具有视频广告过滤功能的猎豹浏览器的行为符合前述两类行为的要求，因而违反了诚实信用原则。显然，法院经由"破坏其他经营者正当经营活动的行为"推导出"违反诚实信用原则"本质上便是前述损害倒推规则的具体反映，而前述做法的局限性不言自明。

(二) 新《反不正当竞争法》适用中需要面对的问题

这里涉及两个层面的问题，基础性问题和具体问题。

1. 基础性问题

(1) 竞争关系广义化的边界

存在竞争关系是适用反不正当竞争法的逻辑前提[2]，对于其认定存在一个明显的从狭义向广义的变化过程。学界和实务界已就竞争关系广义化趋势达成共识。[3]在互联网领域的司法实践中，对于竞争关系的认定已不局限在某一特定的领域和行业，更多的是以是否存在竞争利益作为认定标准。[4]众所周知，互联网经济是"注意力经济"、"眼球经济"，吸引并维持用户是互联

---

[1] 最高人民法院（2009）民申字第 1065 号民事裁定书。

[2] 对于该观点学界存在争议，但主流观点还是主张应当将存在竞争关系作为适用反不正当竞争法的前提。

[3] 参见周樨评："反不正当竞争法中竞争关系的认定及意义——基于司法实践的考察"，载《经济法论丛》2011 年第 2 期。

[4] 如北京珠峰万维科技发展有限公司、珠穆朗玛网络有限公司与北京中搜在线软件有限公司等不正当竞争和侵犯著作权纠纷案；北京百度网讯科技有限公司诉青岛奥康网络技术有限公司等不正当竞争纠纷案；北京合一信息技术有限公司诉北京金山软件有限公司、贝壳网际安全有限公司、北京金山网络技术有限公司不正当竞争纠纷案；优酷与猎豹浏览器不正当竞争纠纷案等皆是以存在竞争利益或者竞争利益受损而认定存在竞争关系。

网企业开展业务的基础。[1]互联网竞争的跨行业特性使得行业界限淡化，导致竞争关系的认定从严格到宽松，甚至在相当一部分案件中对竞争关系的认定进行回避。[2]在互联网竞争关系的认定上，以下问题需要我们重点思考：基于互联网领域竞争者业务交叉性，竞争关系的广泛存在性，以存在竞争关系作为适用《反不正当竞争法》前提是否还有其必要性？竞争关系广义化中的"广义"一词是否应作限定、以及应在何种范围、何种程度上进行限定？笔者认为，竞争关系认定的广义化，不等于放弃以其为适用前提，更不意味着认定无边界。法官在裁判中应依据个案情况，审慎把握认定边界，避免宽泛适用。

（2）互联网条款与一般条款的衔接适用

在互联网条款未颁布之前，司法实践中的主流做法是"向一般条款逃逸"，过度依赖与滥用《反不正当竞争法》第2条对互联网新型不正当竞争行为进行规制。互联网条款的设立可以一定程度上缓解援引一般条款对新型互联网不争竞争行为的裁判压力，使得数量大、类型多样的新型不正当行为可以找到对口适用的条款。但互联网竞争变化莫测，由于立法技术的局限性，对于新的竞争行为如何面对互联网条款无法解决的情况，是依托互联网条款进行细化阐释还是沿用以往裁判思路，在一般条款的基础上实现"个案规范"。在互联网新型不正当竞争行为"有法可依"的情况下，"一般条款"的地位何以稳固？如何实现由一般条款向互联网条款的平稳过渡，协调好适用关系，需要法官的智慧。

（3）技术进步与不正当竞争行为的界限判断问题

竞争行为会随着技术发展的变化而自行消亡或者被新形式的竞争行为所替代而不具有稳定性、长期性、普适性。[3]基于互联网领域竞争行为的多变性，阶段性，法官在裁判中应把握好技术进步与不正当竞争行为的界限问题。互联网条款通过概括条款+列举条款+兜底条款的模式较为全面的将互联网领

---

[1]　参见北京市海淀区人民法院（2013）海民初字第17359号民事判决书。

[2]　参见王永强："网络商业环境中竞争关系的司法界定——基于网络不正当竞争案件的考察"，载《法学》2013年第11期。

[3]　参见李扬："互联网领域新型不正当竞争行为类型化之困境及其法律适用"，载《知识产权》2017年第9期。

域可能出现的新型不正当竞争行囊括在内，但这并不意味着在遇到新的竞争行为时就操之过急的将其纳入法的规制范围内，法官在裁判过程中应避免纯字面化的理解与宽泛适用，过分干扰市场自由竞争。技术的进步需要空间，需要良好自由的竞争环境，"无论理论多么完美，无论立法的原初意图是什么，一旦其脱离实践和有悖实践需求，就会被实践突破或者抛弃。客观性解释和与时俱进地适用法律，乃是司法裁判的宿命。"[1]

2. 具体问题

（1）互联网专条中"恶意不兼容"条款[2]之规定存在诸多不恰之处

首先，以条款中"其他经营者"为主体，即需要以竞争关系的认定为不正当竞争行为构成的前提。而实践中网络产品不兼容的不正当竞争纠纷在各个领域都可能发生，大量案件当事人之间并不存在直接竞争关系，如提供浏览器服务的猎豹公司与提供视频服务的优酷公司。其次，经营者对他人产品实施兼容并不是一项法定义务，不兼容这一行为本身并不违法，除非该经营者具有市场支配地位。但具有市场支配地位的经营者不兼容行为符合垄断违法行为中的"滥用市场支配地位"行为，适用《反垄断法》第 17 条[3]进行规制更为妥当。"不兼容条款"条款可能会导致公权力过度干预市场主体经营自主权的情况，另一方面会带来反不正当竞争法和反垄断法的适用冲突。

（2）互联网专条并未对数据竞争不正当竞争行为进行列举

但实践中有关数据竞争的不正当竞争纠纷日趋增多，未经许可从他人数据库中抓取数据的行为也应当构成不正当竞争，例如新浪微博诉脉脉案、腾讯和华为的数据获取之争等。我国并未赋予无独创性数据库以著作权保护，数据库中含有用户已公开的信息也难以主张商业秘密的保护，而该类不正当竞争行为毫无疑问应当受到规制，放在互联网专条中进行规制具有一定的可行性。

---

〔1〕 孔祥俊："论新修订《反不正当竞争法》的时代精神"，载《东方法学》2018 年第 1 期。

〔2〕 即新《反不正当竞争法》第 12 条第 2 款：③恶意对其他经营者合法提供的网络产品或者服务实施不兼容。

〔3〕《中华人民共和国反垄断法》第 17 条第 1 款：③没有正当理由，拒绝与交易相对人进行交易；④没有正当理由，限定交易相对人只能与其进行交易或者只能与其指定的经营者进行交易；

（3）互联网专条引起的法律适用协调问题

首先，互联网专条在《反不正当竞争法》内部的协调问题主要体现在兜底条款与原则条款的适用冲突。"《反不正当竞争法》的原则条款并不是一个'束之高阁'的宣誓性条款，而是能够体现经济发展活跃程度的、'有生命力'的条款。"[1]且历次修法始终保留也说明其仍然具有适用的价值和空间，而对于不在互联网专条列举范围内的不正当竞争行为该如何适用可能会产生冲突。此外《反不正当竞争法》第二章中其他类型化的条款均采用列举式的立法模式，并无兜底性条款，互联网专条与《反不正当竞争法》条文体系也不相协调。其次，《反不正当竞争法》与同位阶法律制度的协调问题主要体现在上述《反垄断法》以及知识产权相关法律的适用冲突。《反不正当竞争法》对知识产权进行兜底保护[2]，在司法实践中诸多涉及体育赛事直播、游戏直播画面案件中出现了反不正当竞争判决，弱化了知识产权法的赋权属性与功能。导致《反不正当竞争法》与"网络版权法"的个案适用边界愈加模糊与混乱。

以上是笔者对新型不正当竞争行为规制的法律应对的梳理总结，重点对竞争规则的创设及互联网条款的演变及立法模式进行分析，尝试提出一些现有法律存在的不足以及在今后司法实践中可能面临的难题，以供探讨。

三、执法层面

（一）存在的问题

1. 监管主体管辖权存在冲突

新修订《反不正当竞争法》第4条规定，"县级以上人民政府履行工商行政管理职责的部门对不正当竞争行为进行查处"，由此将《反不正当竞争法》的执法权从整体上授予了市场监督管理部门[3]。但是该条又明确规定"法

---

〔1〕 张璇、曹丽萍："'互联网专条'存废之争与规范模式的思考"，载《法学杂志》2017年第12期。

〔2〕 对于二者关系，吴汉东教授有一个形象的比喻"如果说传统知识产权法三大主要领域——著作权法、专利法、商标法好比是海面上的三座冰山，那么，反不正当竞争法就是托着这些冰山的海水。"参见吴汉东等：《知识产权基本问题研究（分论）》，中国人民大学出版社2009年版，第700页。

〔3〕 即原工商行政管理部门。参见"国务院机构改革方案"，载http://www.gov.cn/xinwen/2018-03/17/content_5275116.htm，最后访问日期：2018年3月20日。

律、行政法规规定由其他部门查处的，依照其规定"，这等于将执法权进行了肢解和分割。依据《互联网信息服务管理办法》和《中华人民共和国电信条例》的规定[1]，工业和信息化部依法可以对互联网服务市场进行监督和管理，同时实践中我国对互联网服务市场实行的也是"分工负责，齐抓共管"的管理政策。

要加强部门协调配合，切实提升反不正当竞争工作水平。[2]积极广泛地运用各方面资源，形成全社会共治的监管局面。加强与政府有关职能部门的协作配合，加强与行业组织和新闻媒体的通力合作，强化社会监督和社会协同监管。建立健全工作协调协作机制，及时通报反不正当竞争工作情况，共同研究解决突出问题，破解工作难题，积极构建社会化综合平台，努力形成行政监管、社会监督与行业规范相结合，优势互补、协同共治的工作格局，不断提升反不正当竞争工作水平。

实际上，国务院建立反不正当竞争工作协调机制，可以参照今年1月中旬建立的市场监管部际联席会议制度理解。该联席会议的牵头单位为国家工商行政管理总局。[3]"部际联席会议机制，作为折衷方案，较好地解决了分别执法与统一执法的关系，在权威性、知识性、执法性等方面的兼顾上，也算是一种值得肯定的进步。"[4]

2. 执法队伍总体水平尚待提高

与传统的不正当竞争行为相比，互联网领域的不正当竞争都是在虚拟的网络环境中进行，具有更强的隐蔽性。同时互联网技术更新迅速，立法速度明显滞后，导致执法人员对互联网不正当竞争行为的评判标准难以把握，区分界限模糊，相关证据收集困难，执法难度较大。

---

〔1〕 参见《互联网信息服务管理办法》第18条第1款："国务院信息产业主管部门和省、自治区、直辖市电信管理机构，依法对互联网信息服务实施监督管理"；《中华人民共和国电信条例》第42条："国务院信息产业部门或者省、自治区、直辖市电信管理机构应当依据职权对电信业务经营者的电信服务质量和经营活动进行监督检查，并向社会公布监督抽查结果"。

〔2〕 参见"工商总局关于积极开展宣传贯彻新《反不正当竞争法》工作的通知"，载 http://www.gov.cn/xinwen/2017-11/09/content_5238241.hm，最后访问日期：2018年1月22日。

〔3〕 联席会议由工商总局作为牵头单位，国家发展改革委、商务部、国家质检总局等35个部门组成。参见"国务院办公厅关于同意建立市场监管部际联席会议制度的函"，载 http://www.gov.cn/zhengce/content/2017-11/13/content_5239296.htm，最后访问日期：2018年3月18日。

〔4〕 肖江平："新反不正当竞争法的主要进步"，载《中国市场监管研究》2017年第12期。

行政监管人员的专业技术能力急需提高，注重现有行政人员的业务水平培养，积极吸纳网络科技人才，可以借鉴我国当前司法审判中的专家辅助人制度，在执法过程中引进互联网领域的专家对案情进行辅助研究判断。同时要增加技术力量和设备，提高办理涉网不正当竞争案件的能力和水平，并及时对相关线索进行记录，方便作为日后处罚的证据。

（二）市场监管局执法技术性要求与现实需要的矛盾

对于查处互联网不正当竞争行为，新建立的市场监管局是以原工商局的力量为主体组建的。从过去的执法经验上看，原来工商局只查处少量的互联网不正当竞争案件，且限于传统的互联网不正当竞争行为。

例如，玫瑰医院等民营医院假冒知名医院网站系列案。该案为国家工商总局 2014 年公布的五起不正当竞争典型案例[1]中一种新型的互联网不正当竞争执法案件的代表，属于利用网络技术进行仿冒、虚假宣传的典型案例。此案案情并不复杂，但呈现出与传统案件不同的利用百度推广链接假冒网站、利用域名漏洞开设虚假网站、利用远程控制企图毁灭证据等互联网违法行为特征。玫瑰医院主要利用网络搜索中的关键字查询功能，设定本网站的链接，同时在本网站上发布与九院网页相同或近似的内容，最终造成消费者的误认误解，上海市工商局最终认定玫瑰医院的上述行为构成原《反不正当竞争法》第 9 条第 1 款所指的作引人误解虚假宣传的违法行为，玫瑰医院在证据面前对违法事实供认不讳，并当即修改违法网页，接受了行政处罚。传统不正当竞争手段与网络技术的结合，增加了工商机关查处工作的难度。

目前，新法通过以后，工商局查处的案件也主要是传统的互联网不正当竞争行为。如李某虚假宣传案。该案为四川省工商局依据新修订《反不正当竞争法》查处的第一案[2]。从事电商推广的泸州某网络科技有限公司虚构国资委商业发展中心大数据研究与应用中心电商支付系统大数据研究所泸州实验基地的名称，并委托他人制作牌匾悬挂于其经营场所，吸引客户。泸州市江阳区工商局接群众举报对该公司进行调查，执法人员认为该公司的行为涉

---

〔1〕　参见"国家工商总局公布并点评五起不正当竞争典型案例"，载 http://www.s-aic.gov.cn/zt/jg/fldybzdjz/201412/t20141224_219969.html，最后访问日期：2018 年 1 月 22 日。

〔2〕　参见"四川依据新《反不正当竞争法》查处首案"，载 http://www.saic.gov.cn/xw/yw/df/201801/t20180116_271810.html，最后访问日期：2018 年 1 月 22 日。

嫌违反新《反不正当竞争法》第 8 条 "经营者不得对其商品的性能、功能、质量、销售状况、用户评价、曾获荣誉等作虚假或者引人误解的商业宣传，欺骗、误导消费者" 规定，构成了虚假宣传行为。对此，江阳区工商局责令该公司立即改正违法行为，并处罚款 10 万元。

再如，什邡市某商贸有限公司淘宝刷单案。刷单炒信是指是指在电商平台上的卖家通过安排刷手进行虚假交易，提高商品销量、好评率和店铺的信誉，从而提升商品或店铺检索排名，增加被消费者选择的交易机会的行为[1]。刷单炒信的目的是获取更多的交易机会，刷单者实际上盈利而消费者受到了损害，明显是一种不正当的竞争行为。什邡市某商贸有限公司公司淘宝网店截至 2018 年 1 月 31 日共显示有 456 条评论，评论时间段高度集中，评价晒图 164 条，占比 40%，评论 20 字以上的占 99%，90% 以上的评论都有超 15 字以上的追评，而且大部分评价内容相近。同时，网页显示交易成功为 172 条，所有评论都是好评且均有使用后感受和推荐购买等内容，另有 284 个未交易的消费者进行了好评和追评并进行推荐。经执法人员集体研究初步研判，该经营者涉嫌刷单炒信。现场检查中后台管理人员陈述，2017 年网店实际退款约 46 万元，其余通过刷单退款的方式。现场检查结束后，什邡市工商质监局立即对当事人使用用户评价虚假宣传的行为按照新《反不正当竞争法》立案调查，目前该案已被德阳市工商局列为挂牌督办案件。

上述案件均为传统不正当竞争行为在互联网领域的延伸，工商部门尚可根据《反不正当竞争法》中第二章传统的类型化条款对相应的违法行为进行处罚。但针对新型的互联网不正当竞争行为，工商部门则缺少有力的执法依据以致在对其监管规制时感到力不从心。因此，从执法层面来讲，互联网专条的设立也确有必要性。

对于新型互联网不正当竞争行为，主要以新反法第 12 条互联网专条为执法依据。新法颁布之前，北京市工商局约见奇虎公司负责人对其利用 "360 安全卫士" 在浏览器领域实施不正当竞争行为予以行政告诫，这一行为还因缺乏相应的执法依据遭到部分公众对工商行政管理机关能否对互联网领域进

---

〔1〕 参见 "国家工商总局有关负责人谈新《反不正当竞争法》"，载 http://www.saic.gov.cn/hd/ftzb/zxft/tfbzd/zx/201711/t20171120_270476.html，最后访问日期：2018 年 1 月 22 日。

行监管的质疑〔1〕。实践中大多也由工信部和网信办在代位行使管理的职能，工商行政机关对互联网中的不正当竞争行为没有管理权。新反法中第 24 条明确规定由监督检查部门责令停止违法行为并处罚款，而监督检查部门既包括工商行政管理部门，也包括工信部、网信办等部门。今后这一敏感的管辖权问题是协商解决还是维持共管，需要进一步的明确。

（三）改进思路

1. 对于新型互联网不正当竞争行为，建立审慎监管的原则

基于互联网行业特性和经济法适度干预的理念，反不正当竞争执法机关在互联网领域反不正当竞争执法过程中，应采取审慎包容的态度，既要鼓励创业、创新，也要维护好市场竞争秩序。审慎监管在《"十三五"市场监管规划》里面也有所强调〔2〕，尤其对新技术、新产业、新业态、新模式的监管，在还不太清楚了解的时候，我们要对这个行业进行跟踪，对这个情况进行了解，在有一定依据的情况下做出价值判断，再根据《反不正当竞争法》的规定进行执法。至于执法的实际行动，对一些已经有明确判例的、已经有明确法律原则适用的、被实践证明有效的案件该查就查。

《反不正当竞争法》第 12 条第 4 款规定了其他互联网的不正当竞争行为，这种兜底的规定使《反不正当竞争法》的适应性和开放性更强，更有利于制止基于网络技术的不正当竞争。我们在执法中既要保护知识产权、维护公平竞争，还要促进创新发展，不能因为保护一个技术使整个行业的发展受到影响。所以我们现在对互联网提出的监管是一定要审慎、包容的监管执法原则。把握这个度很关键。对执法机关和监管部门来说，实际上提出了很高的要求，必须对互联网技术有一定的研究，才能更好地把握。遇到这种案子不仅从技

---

〔1〕 竞争执法局负责人对此回应如下："工商行政管理机关是国家主管市场监督管理和行政执法的职能部门，对损害经营者和消费者合法权益、破坏公平竞争市场秩序的行为，不论其违法行为的表现形式如何，也不论发生在传统经济领域还是互联网领域，工商行政管理机关均有权查处。"参见"依法维护公平竞争营造良好市场环境——国家工商总局竞争执法局负责人和专家就互联网不正当竞争行为监管答记者问"，载 http://www.gov.cn/gzdt/2013-01/31/content_ 2323764. html，最后访问日期：2018 年 1 月 22 日。

〔2〕 《"十三五"市场监管规划》明确了坚持依法依规监管、简约监管、审慎监管、综合监管、智慧监管、协同监管六大原则。参见"国家工商总局解读《'十三五'市场监管规划》"，载 http://www.gov.cn/zhengce/2017-02/17/content_5168667. htm，最后访问日期：2018 年 2 月 26 日。

术上，还要从消费者、经营者利益等方方面面去考量，才能较好地把握这一条款，才能把握审慎监管的原则。突出行政处罚虽然是我国法律的特色，但仍以竞争自由为根本取向，尤其是在行政执法中有必要时刻高度重视竞争自由的基本价值。[1]

2. 在方式上，约谈、叫停机制有待进一步推广

2018 年 3 月 30 日下午，成都市交委、市公安局、市发改委、市工商局、市网信办等部门约谈了上海路团科技有限公司，要求美团打车不得恶性竞争以抢夺市场。美团平台相关负责人签订了承诺保证书，承诺按照相关管理要求，依法依规合法运营。约谈制度，是指国家互联网信息办公室、地方互联网信息办公室在互联网新闻信息服务单位发生严重违法违规情形时，约见其相关负责人，进行警示谈话、指出问题、责令整改纠正的行政行为。[2]这一制度可以有效地预防不正当竞争行为的扩大化，及时遏制其违法萌芽，但实践中适用并不充分和广泛。

叫停机制只在工信部的《规范互联网信息服务市场秩序若干规定》[3]中有所体现，也仅在"3Q 大战"案件中使用过一次。执法机关可以在实践中继续采取这一手段以及时喊停不正当竞争侵权、有效保障当事人合法权益。另一方面，还可以克服诉前保全程序申请程序复杂、周期长、适用条件过于严苛等弊端。

四、司法层面

近些年随着互联网行业自身的快速发展，互联网企业之间的竞争日益加剧，与之相关的不正当竞争行为开始随之增多。从行为类别上看，不仅是传统不正当竞争行为在互联网领域有进一步蔓延之势，诸如"数据之争""竞价排名""流量劫持"等互联网新型不正当竞争行为同样不断涌现。面对着层出

---

　〔1〕　参见孔祥俊："继承基础上的创新——新修订反不正当竞争法解读"，载《中国市场监管研究》2017 年第 12 期。

　〔2〕　参见《互联网新闻信息服务单位约谈工作规定》（2015 年 6 月 1 日实施）第 2 条。

　〔3〕　《规范互联网信息服务市场秩序若干规定》第 15 条第 2 款：电信管理机构应当对报告或者发现的可能违反本规定的行为的影响进行评估；影响特别重大的，相关省、自治区、直辖市通信管理局应当向工业和信息化部报告。电信管理机构在依据本规定作出处理决定前，可以要求互联网信息服务提供者暂停有关行为，互联网信息服务提供者应当执行。

不穷的互联网不正当竞争行为，许多法院开始纷纷转向《反不正当竞争法》第 2 条（即一般条款），并将其作为裁判依据对此类行为加以规制。就规制效果层面而言，法院适用《反不正当竞争法》一般条款固然可以在很大程度上解决前述案件面临的具体条款欠缺之困境，但相关互联网不正当竞争司法实践中凸显出来的诸多缺陷与弊端却不容小觑。2017 年 11 月 4 日，备受瞩目的新《反不正当竞争法》在第十二届全国人民代表大会常务委员会第三十次会议中得以审议通过，新法已于 2018 年 1 月 1 日起开始正式施行；其中，新增设的"互联网专条"即第 12 条规定尤为引人关注。作为新法中的"明星条款"，"互联网专条"被不少理论界与实务界人士寄予了厚望，希望通过这一条款可以有效降低互联网领域不正当竞争行为频发多发的势头，从而构建与维护良好的互联网竞争环境。但也有部分学者对于新法中的"互联网专条"持怀疑态度。鉴于此，本部分将首先通过对旧法背景下互联网不正当竞争司法规制面临的问题的梳理与分析，在此基础上，进一步探究新法实施对于互联网不正当竞争司法实践可能带来的影响，最后提出相应的改进建议。

（一）新法施行后互联网不正当竞争行为司法规制可能面临的挑战

如前所述，当前法院均是适用《反不正当竞争法》一般条款来处理有关互联网不正当竞争纠纷；但是，随着新修订的《反不正当竞争法》的生效施行，尤其是其中新增设的互联网不正当竞争行为类型化条款（简称"互联网专条"或者"互联网条款"），亦即该法第 12 条〔1〕，因而今后此类不正当案件司法适用的规范依据有可能发生"改弦更张"——由"一般条款"转向"互联网专条"。尽管"互联网专条"能够在一定程度上克服前述一般条款司法适用存在的不足，但其中也存在一些新问题值得重视。

---

〔1〕《反不正当竞争法》第 12 条规定："经营者利用网络从事生产经营活动，应当遵守本法的各项规定。

经营者不得利用技术手段，通过影响用户选择或者其他方式，实施下列妨碍、破坏其他经营者合法提供的网络产品或者服务正常运行的行为：

①未经其他经营者同意，在其合法提供的网络产品或者服务中，插入链接、强制进行目标跳转；

②误导、欺骗、强迫用户修改、关闭、卸载其他经营者合法提供的网络产品或者服务；

③恶意对其他经营者合法提供的网络产品或者服务实施不兼容；

④其他妨碍、破坏其他经营者合法提供的网络产品或者服务正常运行的行为。"

1. 新法中的"互联网专条"规则本身存在问题

结合新修订的《反不正当竞争法》第 12 条规定本身来看，在规范构造方面，"互联网专条"在采取"概括+列举"模式的同时，还附加有兜底性规定。具体而言，此处的所谓"概括性规定"是指，"经营者不得利用技术手段，通过影响用户选择或者其他方式，实施下列妨碍、破坏其他经营者合法提供的网络产品或者服务正常运行的行为"。而"列举性规定"则涉及如下三种具体类型：未经其他经营者同意，在其合法提供的网络产品或者服务中，插入链接、强制进行目标跳转；误导、欺骗、强迫用户修改、关闭、卸载其他经营者合法提供的网络产品或者服务；恶意对其他经营者合法提供的网络产品或者服务实施不兼容。"兜底性规定"主要指向的是"其他妨碍、破坏其他经营者合法提供的网络产品或者服务正常运行的行为"。毋庸置疑，前述"概括+列举+兜底"的立法模式势必会使得"互联网专条"具有较强的适用灵活性与宽泛的解释力。从某种意义上来看，前述有关"互联网专条"的优势在司法实践可能也会面临如下一些问题。

一方面，互联网不正当竞争行为类型归纳的科学性问题。在新法颁布之前，学界对于互联网不正当竞争行为类型的梳理工作已经取得了相对丰硕的成果。例如，有的学者采取两分法，将互联网不正当竞争行为分为"不当滋扰行为"与"不当妨碍营业行为"；有的学者采取三分法，将互联网不正当竞争行为分为"无正当理由的侵犯""欺诈、误导用户行为"以及"不当模仿及搭便车行为"；有的学者六分法，将互联网不正当竞争行为分为"损害竞争对手商誉的行为""侵犯商业秘密的行为""流量劫持行为""利用客户端软件破坏、干扰他人合法产品或服务行为""商业抄袭行为"以及"网络搭便车行为"。[1]事实上，除此之外，学者们对于互联网不正当竞争行为类型还有其他分类。与此同时，在此次《反不正当竞争法》的修订过程中，有关互联网不正当竞争行为类型化规定也经历了反复的增删修改，由此足以看出相关类型归纳并非一件容易的事情。有学者进一步梳理了互联网不正当竞争行为类型化存在的问题，主要包括如下几方面的问题：首先，类型化并未有效区

---

[1] 参见李扬："互联网领域新型不正当竞争行为类型化之困境及其法律适用"，载《知识产权》2017 年第 9 期。

分传统不正当竞争行为与互联网新型不正当竞争行为；其次，所列举的具体行为类型之间存在交叉重合；最后，有些类型化行为可能会限制互联网市场的自由竞争。[1]结合新法中"互联网专条"所设置的类型化行为来看，其同样也会面临类似问题。

另一方面，相关概念表述的解释与适用问题。基于新修订的《反不正当竞争法》第12条的特殊规范构造模式，其不可避免将导致"互联网专条"具有较强的不确定性，从而有可能导致司法裁判过程过多掺入法院的主观判断，而充满不确定性。首先，就"概括性规定"而言，按照现有规定，可以得出的结论是，经营者利用其他非技术手段实施的妨碍、破坏其他经营者合法提供的网络产品或者服务正常运行的行为，将不构成不正当竞争。也有学者指出，由于"互联网专条"意图维护经营者合法提供的网络产品或者服务正常运行，问题随之产生。"何谓网络产品或服务的'正常'运行？此系指技术判断标准抑或法律判断标准？谁认定？谁举证？怎么举证？另外，网络产品或服务怎样运行才属不正常、失常或者异常？"[2]与此同时，将"影响用户选择"作为构成互联网新型不正当竞争行为的构成要件之一是否合理？进一步来看，互联网企业之间的竞争目的就是为了争夺用户，那么如果不通过一定的方式影响用户选择，何来用户增长？事实上，即便是互联网企业之间开展的正当竞争，最终也需要借助影响用户选择的方式。其次，结合"列举性规定"来看，尤其是新法第12条第2款第三项规定禁止恶意对其他经营者合法提供的网络产品或者服务实施不兼容。但是，什么情况经营者的行为构成"恶意"，或者是"恶意"应当如何认定？与此同时，"在自由竞争的市场经济中，企业应享有自主经营权，在未扰乱市场竞争秩序及损害社会公共利益时，并无'兼容'其他竞争者产品或者服务的义务。"[3]此时，在新《反不正当竞争法》要求经营者之间必须兼容，无异于用司法机关介入取代本应由市场机制自身解决的问题。最后，就"兜底性规定"而言，其面临的问题在

---

〔1〕　参见李扬："互联网领域新型不正当竞争行为类型化之困境及其法律适用"，载《知识产权》2017年第9期。

〔2〕　郑友德、王活涛："新修订反不正当竞争法的顶层设计与实施中的疑难问题探讨"，载《知识产权》2018年第1期。

〔3〕　郑友德、王活涛："新修订反不正当竞争法的顶层设计与实施中的疑难问题探讨"，载《知识产权》2018年第1期。

于，在《反不正当竞争法》类型化条款之中有无必要设置兜底规定呢？正如学者所言，"原则上应当尽量减少立法中出现所谓的'兜底条款'，而且越是争议较大的领域，越不应一'兜'了之"。[1]综上所述，新法中"互联网专条"自身存在的上述不足势必会对今后互联网不正当竞争案件审理工作产生不利影响。

2. 与一般条款的适用协调问题

基于前述分析，可以预见的是，在今后涉及到的互联网不正当竞争案件中，一些法院有可能会通过适用"互联网专条"来对相关行为加以规制；但是，也有观点指出，新法中的"互联网专条"更侧重于其宣示意义，实用价值并不太大，更多的只是一项"形象工程"。[2]换言之，"互联网专条"在今后互联网不正当竞争案件处理之中可能并无多少真正适用机会。之所以有此结论，理由如下：其一，就"互联网专条"自身而言，该规定中所列举的相关互联网不正当竞争行为类型是否具有普适性、稳定性与长期性其实是值得商榷的。原因在于，一方面，互联网领域中的大多数竞争行为往往仅存在于特定阶段，并不是具有普遍性。例如，互联网早期十分常见的弹窗广告行为在现阶段几乎不见踪影便为例证。另一方面，就互联网不正当竞争行为类型化所需的基础来看，由于缺乏较为丰富、成熟且相对稳定的司法案例群，因此相关行为类型化缺乏必要性。[3]如此一来，今后在互联网不正当竞争案件中，法院在此类案件中究竟应当优先适用"互联网专条"，还是继续适用一般条款，实际上还是存在较大争议的。其二，从规范之间的形式逻辑关系上看，相较于一般条款而言，"互联网专条"作为具体类型化条款理应具有优先适用性。但问题在于，新法中的"互联网专条"具有较强的不确定性，这不仅体现在规范构造方面，而且反映在具体条文的相关概念与表述的模糊性之中。例如，何谓"妨碍、破坏"，"恶意"应当如何认定，等等。从某种意义上而言，新法中的"互联网专条"甚至可以形象地称为"互联网领域的反不正当

---

〔1〕 李阁霞："互联网不正当竞争行为分析——兼评《反不正当竞争法》中'互联网不正当竞争行为'条款"，载《知识产权》2018年第2期。

〔2〕 参见孔祥俊："论新修订《反不正当竞争法》的时代精神"，载《东方法学》2018年第1期。

〔3〕 参见李扬："互联网领域新型不正当竞争行为类型化之困境及其法律适用"，载《知识产权》2017年第9期。

竞争法一般条款"。就此而言，今后在涉及互联网不正当竞争纠纷时，法院事实上就面临着如何协调一般条款与"互联网专条"司法适用问题，而这势必会给法院带来不小的挑战。

（二）互联网不正当竞争行为司法规制的改进思路

针对旧法背景下互联网不正当竞争行为司法实践中凸显出来的相关问题，以及结合新法施行可能带来的新挑战的双重考量，适时改进互联网不正当竞争审理工作显得势在必行。

1. 严格限制一般条款的适用

值得注意的是，新修订的《反不正当竞争法》确立了"互联网专条"，这无疑会在一定程度上压缩和限制在互联网不正当竞争司法领域适用空间，但这不意味着一般条款从此就失去了"用武之地"。原因在于，"互联网专条"规定自身存在着诸多不足，而互联网领域的不正当竞争行为自身也在不断发展变化，因此很难保证利用"互联网专条"就可以实现有效规制违法行为。与此同时，立法者设立一般条款的目的就在于弥补类型化条款的局限性。就此而言，一般条款在今后互联网不正当竞争领域仍有适用的余地，但是此种适用必须吸取以往此类司法实践中的教训。从这个意义上讲，所谓有效限制一般条款的适用，主要是针对互联网不正当竞争司法实践中出现的"向一般条款逃逸"现象而言的。如前所述，在以往涉及互联网相关纠纷之中，法院一方面有时会错误地将本应由其他部门法调整的行为纳入其规制范围，另一方面也会出现本可以直接依据《反不正当竞争法》类型化条款最终转而适用一般条款的情形。而要防止互联网不正当竞争领域出现"向一般条款逃逸"，首先需要尽可能避免发生前述两类错误情形。进一步而言，法院在今后适用一般条款解决互联网不正当竞争纠纷时，必须做到"两个明确"：一是明确反不正当竞争法与其他部门法的调整界限；二是明确一般条款与具体类型化条款的差异及其适用顺序。而要做到前述的"两个明确"，尤为关键的是需要掌握与明晰有关《反不正当竞争法》一般条款适用的基本条件。

值得一提的是，在"山东省食品进出口公司、山东山孚集团有限公司、山东山孚日水有限公司与马达庆、青岛圣克达诚贸易有限公司不正当竞争纠纷案"中，最高人民法院指出："适用《反不正当竞争法》第2条第1款和第

2 款认定构成不正当竞争应当同时具备以下条件:一是法律对该种竞争行为未作出特别规定;二是其他经营者的合法权益确因该竞争行为而受到了实际损害;三是该种竞争行为因确属违反诚实信用原则和公认的商业道德而具有不正当性或者说可责性,这也是问题的关键和判断的重点"。[1]必须补充说明的是,严格限制一般条款的适用也是互联网行业自身发展的需要。互联网领域中的竞争,不仅需要公平竞争,同时也离不开自由竞争。因此,当法院试图适用《反不正当竞争法》一般条款来介入相关互联网不正当纠纷时以维护市场公平竞争,必须加以严格限制。只有在完全符合《反不正当竞争法》一般条款适用条件时,法院才能予以适用。

2. 明确竞争关系的认定标准

面对互联网新型不正当竞争案件,如果继续沿用狭隘的传统竞争关系认定思路,其结果必将导致一般条款无从适用,因而挣脱传统的直接竞争关系的思维束缚显得势在必行。需要指出的是,事实上国内许多法院在审理涉及互联网不正当竞争纠纷时,为了克服直接竞争关系之不足,已经广泛采用间接竞争关系,即对竞争关系加以相对宽泛的解读。由此也产生了一些问题。诚如学者所指出的,"为解决实践问题,又不想或者认为不能够抛弃竞争关系,司法开始想方设法以其他方式或理论从广义上进行解读,甚至有时不惜进行扭曲性解释。广义解释虽然部分地解决了实际问题,但仍是在'竞争关系'的束缚和影子下解决问题和进行论证。"[2]在此基础上,该学者认为,现有互联网不正当竞争的司法实践的诸多做法,从形式上看似乎是在尽其所能对竞争关系加以扩展,但本质上却使得竞争关系处于虚置状态,但共同的目的均在于摆脱不正当竞争认定中传统竞争关系的束缚。进一步结合反不正当竞争法的时代背景演变来看,该学者指出,"传统的狭义竞争关系是后基尔特的工业经济时代的产物,反不正当竞争法也是由此而命名的,但后来在其不适应现代社会新需求之时又未被抛弃,而是旧瓶装了新酒"。[3]依此理路加以延伸,基于时代背景的转换,如果再坚持以往的做法而不与时俱进将显得不合时宜,今后反不正当竞争法应当盘起抛掉竞争关系的束缚。然而这样一

---

〔1〕 最高人民法院 (2009) 民申字第 1065 号民事裁定书。
〔2〕 孔祥俊:"论新修订《反不正当竞争法》的时代精神",载《东方法学》2018 年第 1 期。
〔3〕 孔祥俊:"论反不正当竞争法的新定位",载《中外法学》2017 年第 3 期。

种看法显然是有待推敲的。理由在于：一方面，在互联网不正当竞争司法实践中，法院千方百计对竞争关系加以扩张解释，虽然有虚置竞争关系之嫌，但其目的并非如前述学者所言，是为了摆脱竞争关系的束缚；恰恰相反，司法实践中之所以这样一种做法很大程度上是基于互联网行业的自身特性考量，而采取扩张性解释是为了维持竞争关系作为不正当竞争认定的构成要件。另一方面，如果真的如该学者主张的，在今后的不正当竞争中放弃对竞争关系的考察，但由此可能引发的消极后果将是"人为制造了不同法律制度间的冲突，甚至使得反不正当竞争法架空了其他法律制度"。[1]

必须承认的是，在互联网不正当竞争案件中，法院对竞争关系进行扩张性解释本身并无不当之处。但是问题在于，如果没有一个相对统一、确定的标准，那么各个法院就有可能充分发挥自身能动性，由此带来的后果将是"一千个案件，就有一千个不同的竞争关系界定"。更为严重的后果是，如果竞争关系的扩张性适用不能得到合理限制的话，那么这样一种泛化的解读实际上无异前述学者所主张的完全抛弃竞争关系束缚的做法。应当说，切合实际的做法应当是明晰相统一的竞争关系认定标准。具体而言，就标准制定的主体而言，由最高人民法院行使相关权力较为合理，这样也可以保证标准的统一性；就标准确立的基础而言，近些年我国已经累积了较为丰富的互联网不正当竞争司法案例，因此从中梳理、归纳与提炼竞争关系的认定标准也是具有可行性的。

3. 优化竞争行为的正当性认定

在今后互联网不正当竞争案件中，无论法院是适用"互联网专条"，还是选择适用一般条款，两者均会面临的问题是如何准确认定商业道德。而要优化竞争行为的正当性认定，必须及时纠正以往司法实践中法院认定商业道德出现的不当做法，尤其尽可能避免出现道德分析泛化现象。

首先，必须严格限制法院在具体案件中自主创制不正当竞争认定规则。事实上，近些年法院除了创设前文述及的"非公益不干扰原则"外，类似的还有"最小特权规则"以及"协商—通知规则"等。原因在于，法院创制的这些规则或者原则大多时候在正当性方面有待商榷，实际上也不符合市场竞

---

〔1〕　焦海涛："不正当竞争行为认定中的实用主义批判"，载《中国法学》2017年第1期。

争机制的需要。正如"非公益必要不干扰原则"便极大的偏离了互联网竞争的现实情况，甚至有可能极大地遏制行业的创新。究其缘由，在于法院创制规则时往往是从法律自身出发，缺少对行业特性尤其是自由竞争的考量。更为重要的是，偏离反不正当竞争法之外创制另外一套独立额度标准有可能导致架空法律自身的相关规定。因此面对互联网新型不正当竞争纠纷，必须合理把控司法裁判过程中的法官创制或者提炼新规则的任意性。其次，应当有效甄别商业道德与社会日常道德的差异。事实上，在现有的互联网不正当竞争案件中，法院之所以经常采用禁止"搭便车"理论与禁止"不劳而获"理论，很大程度上就在于混淆了商业道德与社会日常生活道德。事实上，这两者并不能直接等同，不符合日常生活意义上的道德，并不代表不符合商业道德。认定某一竞争行为是否构成不正当竞争，必须回归商业道德。最后，法院应当树立中性损害观。所谓中性损害，是指"竞争行为的损害或者说由竞争行为给其他竞争者造成损害是常态，损害本身通常不构成评价竞争行为正当性的倾向性要件，只有特定的损害才成为不正当竞争的考量因素"。[1]之所以提出这样一种损害观，主要是为了纠正司法实践中的"由损害倒推行为具有不正当性"错误做法。

4. 注重利益保护的平衡

在互联网不正当竞争司法实践中，要做到利益保护的平衡，必须重视加强消费者利益及社会公共利益保护。在互联网环境下，这一主张更具时代意涵。原因在于，当前互联网经济又被称之为"注意力经济"，互联网企业之间进行竞争目的在于抢夺用户，能否拥有用户将直接关乎互联网企业的生死存亡。在具体的互联网新型不正当竞争案件中，一般直接表现出来的往往是相关竞争企业的利益受损，法院在采用损害结果适用模式审理此类案件时，通常更多的关注不正当竞争行为给其他互联网企业造成的利益损害，作为互联网重要参与者的用户（或者说消费者）的利益以及与之密切关联的社会公共利益并未得到应有的重视与保护。因此，法院在审理互联网新型不正当竞争案件时，必须强化消费者利益及社会公共利益保护。具体来说，可从以下方面加以完善：

─────────────

〔1〕 孔祥俊："论反不正当竞争的基本范式"，载《法学家》2018 年第 1 期。

首先，法院通过一般条款来规制互联网新型不正当竞争行为时，应当重视个案中经营者利益、消费者利益以及社会公共利益的综合考察，将消费者利益与社会公共利益受损情况作为认定竞争行为正当性与否的考量因素，此做法与现行《反不正当竞争法》第 2 条第 2 款之规定基本保持一致。虽然我国《反不正当竞争法》第 1 条仅仅明确了对消费者合法权益进行保护，似乎忽略了社会公共利益。作为一般条款，实际上其已直接或者间接包含了对社会公共利益保护之规定，无论是该条第 1 款中的"自愿、平等、公平、诚实信用原则"，还是该条第 2 款涉及的"社会经济秩序"，其均将社会公共利益保护涵括在内。其次，在强调适用一般条款时须重视消费者利益及社会公共利益保护的同时，还必须准确区分消费者利益及公共利益，而不能将二者予以混同。在司法实践中，曾经出现过混淆消费者利益与社会公共利益的情形，例如百度诉奇虎插标案中提到的"保护网络用户等社会公共利益的需要"，似有将公共利益当做包含消费者利益和竞争者利益在内的利益之嫌。[1]再次，衡量个案中的消费者利益或者社会公共利益是否受损，需要以全面、长远的视角来分析，并且应当进行相应的精细化论证。在涉及广告屏蔽行为的不正当竞争案件中，法院基于纯粹形式的逻辑推理得出下述结论：长期来看，如果允许广告屏蔽行为存在，很有可能会导致视频网站丧失生存空间甚至危及整个视频行业，消费者利益与公共利益最终也会受到损害。[2]从形式上而言，为了规避此种预期风险的发生，尤其为了维护消费者利益与公共利益，借助反不正当竞争法来规制广告屏蔽行为似乎显得顺理成章。但被忽略的问题是：前述预设风险真的存在吗？遗憾的是，法院对于这一风险预设缺乏充分说理与有效论证。最后，必须遏止滥用消费者利益或者社会公共利益抗辩情形的发生。针对互联网新型不正当竞争案件当中可能出现的消费者利益或者公共利益抗辩，应当严格遵循"谁主张，谁举证"这一原则，明确划分当事人之间的举证责任负担，当其抗辩主张无法得到充分有效证明时需承担不利后果。

---

〔1〕 参见杨华权、郑创新："论网络经济下反不正当竞争法对消费者利益的独立保护"，载《知识产权》2016 年第 3 期，转引自石必胜："网络不正当竞争认定中的公共利益考量"，载《电子知识产权》2015 年第 3 期。

〔2〕 参见芮松艳："浏览器针对视频网站使用广告过滤功能构成不正当竞争"，载《人民司法》2015 年第 16 期。

5. 合理适用"互联网专条"

所谓合理适用"互联网专条",一方面是为了回应前文述及的"与一般条款适用协调问题",另一方面提出这一主张对于互联网行业发展本身也具有十分重要的意义。就前者来说,在互联网不正当竞争司法实践中,法院要想合理适用"互联网专条",首要任务就是需要界分其与一般条款各自的适用范围。具体而言,今后法院在适用"互联网专条"处理相关互联网不正当竞争纠纷时,应当尤为重视如下两个方面:

其一,"互联网专条"不应调整在互联网领域延伸的传统不正当竞争行为。究其根源在于,这些发生在互联网领域的传统不正当竞争行为在本质上与发生在传统领域的不正当竞争行为并无本质差异,仅仅是行为所发生的领域有所不同而已。以互联网领域较为常见的商业诋毁行为为例,其与普通的商业诋毁之间很难说有本质区别。恰恰相反,由于依据《反不正当竞争法》中的其他类型化条款可以有效规制此类不正当竞争行为,因此"互联网专条"此时就不应"超越本分"。

其二,"互联网专条"应当调整互联网新型不正当竞争行为。前述的"新型",也有学者将之称为"具有网络特色"。具体而言,是指"涉案侵权行为判断、过错认定、举证责任分配等因网络而产生新的、独特的规则"[1]。从某种意义上来讲,前述主张似乎显得有些累赘。但是问题在于,如前所述,有学者提出的"互联网专条"的形式意义大于实用价值。换言之,"互联网专条"仅仅是一项"形象工程",并不会真正用于司法实践。应当承认,这样一种观点有一定的合理性,但同时也未免有失偏颇。之所以认为其具有一定合理性,主要是由于新法中的"互联网专条"本身的局限性十分明显,例如诸多概念与表述含糊不清,加之所归纳梳理的类型化行为本身也不严谨,新法之中增设这样一项规定似乎是形势所迫。但值得注意的是,法律的制定就在于实施,如果一个法律条文出台后仅仅是"束之高阁",显然是有欠妥当的。即便如有关学者所言,"互联网专条"面临着诸多缺陷,但是并不能由此否定该条的适用性与实用价值,否则该做法无异于"因噎废食"。事实上,立法者

---

〔1〕 张璇、曹丽萍:"'互联网专条'存废之争与规范模式的思考",载《法学杂志》2017 年第 12 期。

不可能保证所制定出来的法律条文均完美无缺，而司法适用过程本身却可以借助个案解释从而在一定程度上完善相关规定。正如学者们对一般条款同样也存在诸多批评与质疑一样，面对一项新事物——"互联网专条"，我们应该给予其相应的司法适用空间。正如有学者所指出的，我们应当"期待'互联网专条'能在未来不确定的商业竞争中扮演执剑人角色"。[1]唯有经过实践的检验与总结，才能为今后相关条款的进一步完善提供经验。

---

[1]　田小军、朱莺："新修订《反不正当竞争法》'互联网专条'评述"，载《电子知识产权》2018 年第 1 期。